主编：辛建荣　毕华　陈扬乐

休闲学概论

罗艳菊　申琳琳　编著

哈尔滨工程大学出版社
Harbin Engineering University Press

图书在版编目（CIP）数据

休闲学概论 /罗艳菊，申琳琳编著. —哈尔滨：哈尔滨工程大学出版社，2011.11(2019.1 重印)

ISBN 978-7-5661-0144-0

Ⅰ. 休… Ⅱ. ①罗… ②申… Ⅲ. 闲暇社会学—概论 Ⅳ. C913.3

中国版本图书馆 CIP 数据核字(2011)第 212977 号

出版发行 哈尔滨工程大学出版社
地　　址 哈尔滨市南岗区东大直街 124 号
邮政编码 150001
发行电话 0451-82519328
传　　真 0451-82519699
经　　销 新华书店
印　　刷 北京中石油彩色印刷有限责任公司
开　　本 787 mm × 960 mm　1/16
印　　张 12.75
字　　数 234 千字
版　　次 2012 年 1 月第 1 版
印　　次 2019 年 1 月第 4 次印刷
定　　价 25.00 元
http:// http://www.hrbeupress.com
E-mail: heupress@hrbeu.edu.cn

序 言

有许多人，包括我和我的同仁，总想对旅游说点什么——对旅游的认识、感悟、理解，总想为旅游做点什么——探索旅游学科体系的建设、完善和科学化。旅游已经成为人类生活密不可分的一部分，是社会、经济发展的必然产物，是社会生产力发展的新的需求方式，即现代人类社会、经济、文化发展到一定历史阶段的特定生活现象。

旅游是“行万里路，读万卷书”。我们把自然、人生、社会作为万卷百科全书，通过旅游真正认识、了解博大精深的天、地、生、人。

旅游活动在经历了漫长的历史演进后，直到近代旅游的兴起，人们才真正对旅游开展学术性的研究，所以她是年轻的。由此为旅游业和旅游学科的发展提供了平台和空间。尤其是现代旅游活动与旅游业的发展，其参与的广泛和发展的迅速是空前的，这说明旅游活动已经成为人类社会不可或缺的生活方式。

旅游学是一门不成熟的学科，关于旅游学科的许多概念、内涵和学科体系的建设等，不同的学者有着不同的见地，由此带来了争论和发展的契机。现代旅游的兴起与快速发展，促使更多的学者探索旅游学科的内涵。旅游界学者们各自从不同的视角、视野发表观点，大有“百家争鸣、百花齐放”之势。

旅游学科还需要在未来的发展中进一步深化认识，因为旅游活动关联到人类社会的方方面面，几乎涉猎我们周围的整个世界和人类文化。但是作为旅游科学，我们要从中理出自己的一套严谨的、完善的学科体系，这不是一件容易的事情，而是一项巨大而浩繁的系统工程。

参与旅游活动是人类的爱好，发展旅游产业是企业家的追求，探索旅游学科的建设与发展是从事旅游研究者的使命。有志于旅游学科的研究者凭借自己的睿智，使旅游学科更加臻于完善，趋于完美，最终达到成熟，这是我们永恒的职责，也是我们编写新概念旅游教材的初衷。

新概念旅游教材问世了，首先必须说明，我们的工作仅仅是一种探索和尝试，旅游学科毕竟是一株稚嫩的幼苗，还需要精心浇灌、护理，使其茁壮成长，枝繁叶茂；其次，在学科的认识方面若与其他学者的观点不完全相同，请告诉我们，我们会谦虚谨慎，真诚与您商榷；同时，著书期间必然要查阅和采用大量的著作成果与资料，在这里我们真诚地向相关作者表示衷心的感谢，若有遗漏和不到之处，恳请谅解。

我们总是有一种满足，那就是与旅游活动结缘；我们总是有一种责任，那就是更加透彻地探索旅游的科学内涵；我们总是有一种欣慰，那就是在旅游学科建设方面能够徜徉于旅游的海洋里享受其中的愉悦和美感。

真诚祝愿我们这支年轻的团队能够通过共同努力，在旅游科学的大潮中，留下一点闪光的纪念。

辛建荣

2011 年 6 月

前　言

人类即将进入休闲时代。休闲是一个国家生产力水平高低的标志，是衡量人类社会进步的标准，是人类物质文明与精神文明的结晶，是人的一种崭新的生活方式，是提高现代人生活质量的途径。

我国居民现在每年有法定节假日 115 天,这意味着人们有近 1/3 的时间在休闲中度过，休闲已成为居民生活中最重要的组成部分之一。我国休闲经济已具备相当规模，且呈现出蓬勃发展的势头。

与此同时，我国一些高校开始开设与休闲学相关的课程，但是关于休闲学的教材还十分少，为此我们编写了这本书。本书也是海南师范大学校级重点学科自然地理学（旅游管理方向，HS-1-2011-120203）的系列成果之一。

本书在广泛参考国内外休闲学有关研究成果的基础上，介绍了休闲学的基础理论。全书共分为九章，分别是绪论；休闲、闲暇与工作；休闲需要、动机与行为；休闲经济与休闲业；休闲的影响；休闲教育、休闲政策；休闲组织；未来社会休闲发展趋势。本书体系完整、内容新颖、可读性强，力求以简明扼要的形式给读者一个关于休闲学基本理论的清晰认识。

本书由罗艳菊设计大纲，组织编写，最后统稿、定稿和修改完善。全书各章节具体编写分工如下：第一章、第四章田宇；第二章、第八章申琳琳；第三章、第九章罗艳菊；第五章、第六章韩奇；第七章罗艳菊。

本书的编写得到了孙淑兰老师、辛建荣教授、毕华教授的悉心指导，同时出版社的编辑也为本书的出版付出了许多心血，在此表示衷心感谢。

在本书的编写过程中，张冬、林剑为部分章节的编写做了一些前期的资料搜集工作，在此亦表示感谢。

由于水平有限，错误和疏漏在所难免，在此恳请广大读者批评指正。

编著者

2011 年 7 月

目　　录

第一章 绪 论

【学习目标】

- 了解休闲研究的起源与我国休闲研究的进展
- 熟悉休闲学的研究对象、研究方法、研究意义

【知识要点】

- 休闲研究的产生与发展历程
- 休闲学研究的对象
- 休闲学研究的方法
- 休闲学研究的意义

第一节 休闲研究的开始与发展

一、休闲研究的开始

在人类几千年的文明发展史中，“休闲”最初是思想家们关注的焦点和探讨的领域，休闲对于人类的生产和生活意义何在？这成为现今休闲研究的起源。

人们对于休闲的认知，在西方可以追溯到古希腊时代，当时著名的哲学家亚里士多德（前384—前322）在《政治学》中提出“休闲是一切事物环绕的中心”、“人唯独在休闲时才有幸福可言，恰当的利用闲暇是一生做自由人的基础”，他用古希腊哲学家所推崇的从容、忘我来解释休闲，认为休闲应该是一种心无羁绊的自由状态。这些思想成为西方文化传统的重要组成部分，亚里士多德也因此被西方休闲学家誉为“休闲学之父”。亚里士多德以后，晚期希腊哲学的研究中心完全是个人伦理学，个人伦理学的兴起对注重人性、提倡自然的休闲伦理来说具有助推作用。这时期的个人伦理学派主要有伊壁鸠鲁学派、怀疑学派、犬儒学派。伊壁鸠鲁学派提出，要以寻求美好生活为准则，教导人们去体验个

人的感官快乐，指出真正的幸福在于避免各种痛苦、烦恼和忧虑，主张人们从毫无益处的公共生活牵累中隐退。怀疑学派主张，不受任何外在于个人价值判断的左右。犬儒学派认为，最简单的生活方式就是顺应自然和个人自由，主张从个人自己的立场出发，去建构自满自足的生活价值。总之，对个人价值的推崇、对人性的张扬、对幸福生活的自主选择构成希腊晚期休闲伦理的核心，也使当时的休闲伦理达到一个前所未有的高度。之后，13 世纪的学者托马斯·阿奎纳（Thomas Aquinas）和 20 世纪的 J 皮普尔（Josef Pieper）和葛拉齐亚（Grazia）三位基督徒学者吸收并发展了亚里士多德的观点，形成所谓“古典标准”的休闲论，认为人们应由“沉思”去了解基督的真理，进而得到终极的快乐，冠之以“古典”是因为它源于希腊文明时期，并贯穿整个基督教时代，谓之以“标准”是因它描述了休闲应该或者能够拥有的形式。可以看出，在西方哲学世界中，休闲之所以引发人们的讨论，是因为它对人自身价值的实现、人精神生活的丰富有着至关重要的作用，它给人们提供了“额外”的时间，人们可以在这个时间段里得到充分的自由。

同样，在中国的先秦文化中也可以摸索到古人丰富的休闲思想。“休”、“闲”二字在中国的古代典籍中出现较多。《诗经·商颂·长发》写道：“人依木而休”；《论语·子张》中的“大德不逾闲”，将“休”解释为“吉庆、美善”，“闲”解释为“限制、约束”，这些都体现了古人对于休、闲二字的独到见解；此外，《小雅·十月之交》中写道“民莫不逸，我独不敢休”，表明了统治者对人民休闲的关心；还有一向崇尚达观主义的老庄“大知闲闲”的哲学；受玄学思想影响形成的魏晋时代隐逸休闲之风；封建时代发展的顶峰时期，唐宋时代兴起的兼容并蓄的休闲文化等，都构成了我国现代休闲文化、休闲研究的哲学基础。

然而随着人类历史进程的发展，特别是西方工业化时代的到来，亚里士多德所提倡的休闲思想遭到了现实的挑战。伴随着为资本家提高生产效率服务的科学管理理念的出现，人们实实在在的成为社会工业运转中一个个普通的机器零件。虽然物质财富在不断加速积累，但精神显得越发贫乏和疲倦。人们工作与休闲的平衡关系被打破，休闲再也不是亚里士多德所说的那种自由的、无拘束的状态，而是充满压抑感和匆忙感。特别是在追求高度经济发展的美国，人们对于所谓物质美梦的渴望几乎使之沦为工作的奴隶。法国贵族托克维尔（Alexis de Tocqueville）曾访问美国，他在自己于 1835～1840 年间编写的《美国的民主》一书中提到他的访美感受：所谓的有闲阶级在美国这样的资本主义国家是不存在的，人们只重视物质利益的追求和财富的急剧积累，来显示和衡量自己的成功程度，只存在“道德的实利主义”，不存在孕育艺术、科学、哲学和文化的沉思，人们只重视今朝。在美国到处充斥着有界限，但不是很清楚的“契约”领域，然而却没有哲学，尤其没有休闲哲学。于是德国哲学家尼采哀叹“人死了”、马克思说人被异化了……古希腊以来的思想传统和经院哲学受到了资本主义精神和工作伦理的挑战，诸多思想家、哲学家，如现象学大师胡塞尔（Edmund Husserl）、存在主义创始人海德格尔（Martin Heidegger）、法国哲学家列菲伏尔（Henri Lefebvre，）等再次把研究的焦点转移到人类的生活方面，探讨人的本质和主体性的发挥问题，研究休闲与人类生活的关系。以上是休闲研究重要的社会和学术背景。

休闲学超越了零散的哲学思想，真正上升到学术层面并形成一门学科体系是在近100多年间。正如亚里士多德开启了古典休闲理论的思想渊源一样，卡尔·马克思的哲学思想对现代休闲理论的形成、休闲研究的发展有着深远影响。我国学者马惠娣在其编著的《休闲：人类美丽的精神家园》中探讨了马克思的休闲思想，马克思认为“休闲”一是指用于娱乐和休息的闲暇时间；二是指发展智力，在精神上自由的时间，是马克思所提倡的人类全面发展自我的必要条件。马克思认为：“我们已经把自己生来已有的权利局限在一碗汤上，而对于其他东西，我们似乎懒得去想它们，或者说，对之缺乏十分优雅的爱好。”休闲哲学与休闲美学在这个时期显得没有意义，休闲仅仅因为“工作”为“创造剩余价值”而存在。不仅如此，恩格斯和马克思还最早提出了休闲补偿理论（Compensation Theory），该理论主要对休闲与工作之间的关系进行探讨，主张把工作视为生活的主体，而休闲则被视为工作后的补偿，休闲的目的是为了更好地工作。马克思关于休闲的思想成为现代休闲行为、休闲文化等研究的哲学基础之一。

一般认为，现代休闲学的诞生是以美国社会学家、经济学家索尔斯坦·凡勃伦（Thorstein Veblen）在1899年发表的《有闲阶级论》（The Theory of The Leisure Class）为标志。作为一名经济学家，凡勃伦阐述了休闲与消费之间的关系，这本书之所以成为休闲研究的标志性论著是因为它将“休闲”作为划分不同社会阶层的指标。凡勃伦注意到资产阶级新贵在获得物质享受之后，正逐步寻求精神上的富足，休闲正是寻求丰富精神生活的方式，而底层阶级尚未有这种需求，因此休闲已经成为一种社会制度，可以用它来区分上层阶级和普通民众之间不同的生活方式。凡勃伦的思想对哲学、社会科学均产生了深远影响，更开启了休闲研究的新领域。

二、西方休闲研究的发展

“休闲研究”英文翻译为Leisure Studies而非Leisure Science（休闲科学），Leisure Studies侧重指学科建设方面的休闲理论研究，而Leisure Science主要指研究休闲学所使用的研究方法，特别是定量的方法，因此Leisure Studies往往涵盖了Leisure Science，西方人更多的将休闲研究译作Leisure Studies。休闲作为学科层面的研究首先产生于西方，继凡勃伦发表《有闲阶级论》之后，诸多欧美学者加入到休闲研究的行列之中，休闲研究进入了空前的发展阶段，休闲学科建设也愈发完善。但由于受到休闲研究产生的历史背景和社会发展现状的影响，可以将休闲研究的发展分为三个阶段。

（一）20世纪60年代以前：重视基础理论的休闲研究

西方休闲研究源于西方传统的哲学思想，早期的休闲研究以此为基点，从哲学、社会学、心理学、管理学、经济学等多个角度探讨休闲观念、休闲思想、休闲文化等问题，进行初步的休闲学科基础理论研究，这种研究风格起源于欧洲，在休闲研究发展早期占有相当大的比重，这为休闲学科的建设打下了坚实的基础。

在休闲哲学方面，1938年约翰赫伊津哈发表了《游戏的人》，从游戏的角度阐述了游戏与人的文化进化的相关性，认为游戏作为文化的本质和意义对现代文明有着重要的价值。人只有在游戏中才最自由、最本真、最具有创造力，游戏是一个阳光灿烂的世界。在20世纪60年代以前，休闲学研究的典范要数瑞典天主教哲学家皮普尔，他在1952年出版了《休闲：文化的基础》一书，该书一经问世便被西方休闲研究界广泛关注，这本从哲学角度探讨休闲学精神和意义的书籍被誉为西方休闲学研究的经典之作。皮普尔的这本书仅几万字，但却对休闲与人类文化的关系进行了深刻精辟的探讨——“休闲是人的一种思想和精神的态度，不是外部因素作用的结果，也不由空闲时间所决定，更不是游手好闲的产物。”“休闲有三个特征：第一，休闲是一种精神的态度，它意味着人所保持的平和、宁静的状态；第二，休闲是一种为了使自己沉浸在‘整个创造过程中’的机会和能力；第三，休闲是上帝给予人类的‘赠品’”。[①] 皮普尔的观点成为后人研究何为休闲以及休闲对于人类生活的价值的依据，正是因为休闲可以使人的心态平和并感到生命的快乐，所以休闲成为人类文化的基础和必备条件。

① 马惠娣. 休闲：人类美丽的精神家园[M]. 北京：中国经济出版社，2004：205.

在社会学研究方面，美国学者卡普兰1960年撰写的《美国的休闲——社会调查》（Leisure in American：A Social Inquiry）是最早的休闲名著之一。该作者是休闲社会学研究三大集大成者之一，[①] 代表了60年代休闲社会学研究的最高水平。在这本书中，卡普兰把休闲作为一个多维度的概念来研究，这些维度涉及美国社会制度的诸多方面，其中包括工作、家庭、社会阶层、宗教、世俗的价值观等等。卡普兰指出，如果一个"好的生活"概念尚未形成，那么我们将不可能理智地决定什么是好的休闲。

纵观这一时期的休闲学研究，学者们更多的是将一些基础学科引入休闲，主要在于探讨什么是休闲、休闲与人们生活工作的关系、为什么要进行休闲学的研究等方面，并且对这一时期现实社会生活中休闲所占的地位和发挥的作用给予评判，这些都为接下来休闲学研究的拓展提供了理论和实际依据。

（二）20世纪60～80年代：向应用型转变的休闲研究

20世纪60年代之后，休闲学问题在一些哲学家、心理学家研究的基础上得以拓展和延伸。这是因为，一方面二战结束后，各国积极进行战后重建，使得西方国家的经济得以复苏，社会逐步重新恢复繁荣；另一方面这一时期西方国家普遍推行以"贝弗里奇计划"为蓝图的福利国家模式，而休闲则成为实施这种福利国家模式的一种重要途径；此外，从旅游这种休闲活动的角度来看，20世纪60年代之后，西方世界率先进入大众旅游时代，这标志着社会和经济的全面发展促使普通民众的休闲及旅游需求逐步成熟。从工作的机器到渴望工作后休闲，这些为60年代后休闲学的研究提供了现实背景。休闲学研究的重点也逐步从休闲学研究的价值转变为休闲及休闲学研究对人们生活的现实意义及作用，休闲哲学得到进一步发展，休闲与工作等之间的关系探讨越来越明朗和深化，休闲心理研究日益系统化，社会上的咨询调查公司也将休闲问题纳入调查范围，这些都推动休闲学研究从理论上升到实际应用的层面。

休闲观念是引导人们开展休闲活动和进行休闲学研究的重要支点，1962年，葛拉齐亚（Sebastien de Grazia）在《论时间、工作和休闲》这本专著中从雅典人的休闲观开始，通过政治哲学的观点讨论休闲，追溯这种观念在工业革命初期消失的过程，并且讨论了西方社会中社会、经济和政治给休闲带来的障碍。另外不得不提到美国哲学家查里斯·波瑞特比尔（Charles K Brightbill）1966年发表的两部著作《挑战休闲》（Challenge Leisure）和《以休闲为中心的教育》（Educating For Leisure-Centered Living），这是西方公认的休闲学研究力著。该

① 西方休闲学三大集大成者：杜马兹迪埃（Dumazedier）、卡普兰（Kaplan）和凯利（Kelly）。

书指出：随着人的自由时间的增多，我们社会的不安定因素也越来越多，我们只注意到工作的伦理，却没有思考如何发展休闲的伦理，因此该书提出以休闲为中心的教育。这两本书作为姊妹篇集中讨论了以下问题：我们的社会为什么要关注休闲？这将意味着什么？休闲在人的知识结构中扮演什么样的角色？休闲教育的概念基础是什么？它与人类的价值和情感具有什么样的联系？作者认为，只要我们勇于改变当下的价值观，我们就不仅能以欣然的心态去欣赏休闲，而且也能为有意义地享受休闲去设计生活的蓝图。法国学者杜马兹迪埃 1967 年出版了其开创性著作——《走向休闲的社会》（Toward a Society of Leisure），在书中，他提出休闲已经是一种新的、个人是自己主人并使自己感到愉快的社会需要，他以批判现实主义的观点，探讨了休闲与家庭、工作、社会政策及共同体的关系和意义，并指出休闲是个人从工作岗位、家庭、社会义务中解脱出来的时间，是为了休息、消遣或培养与谋生无关的智慧，以及为了自发地参加社会活动和自由发挥创造力。著名的“休闲三部曲”也正是在这本书中被正式提出来：休闲包括放松、娱乐和个性发展三个层次，其中个性发展是最重要的，通过阅读、旅行、教育等来发现真我，摆脱功利主义，休闲可使人们摆脱工作的疲乏与压力，尽情地发挥个人的创造力，有助于健全人格的发展。

20 世纪 70 年代，托马斯·古德尔（Thomas L Goodale）和杰弗瑞·戈比（Geoffrey Godbey）合著的《人类思想史中的休闲》（The Evolution of Leisure: Historical and Philosophical Perspectives）一书中，通过对西方休闲从在雅典城邦的出现到它在当代的发展状况的考察，探索了休闲在人类思想史中的演变及其价值问题，提出了“探索与思考衡量人类进步的标准和人类生存的真正目标的问题”。这一时期休闲研究已向应用领域转变。

休闲心理学更侧重对休闲动机与休闲活动之间关系的研究，美国马里兰州大学的教授艾索·阿荷拉（Iso-Ahola）是一位对休闲心理学作出重要贡献的学者，他于 1980 发表了该领域的一部重要著作《休闲与娱乐的社会心理学》，吸收了齐克森特米哈伊的一些思想，提出根据两个变量——自由选择与内在动机——把人们工作外的活动分为三个层次：自由选择程度较低、内在动机较弱的活动称为“必需的非工作活动”；有一定的自由选择和内在动机的活动是“自由时间的活动”；而具有高度的自由选择与很强的内在动机的活动，才是“休闲活动”。他指出休闲并非消极的无事闲着，而是有着积极的意义——它为人们实现自我、追求高尚的精神生活、获得“畅”或“心醉神迷”的心灵体验提供了机会。

可以看出，这一时期关于休闲学有一系列丰硕的研究成果，但是这些研究普遍都建立在一个假设的基础上：工作是人们的生活重心，休闲是工作的补充，以此为基础，诸多学者对促使休闲活动展开的各种动机、人们休闲观念的转变历程及原因、休闲带给人类工作与生活的实际具体作用等问题进行深入探讨，这些都使休闲学研究逐步脱离纯理论或纯哲学研究，进而上升到与人们的现实生活更为贴近的层面。

（三）20 世纪 80 年代以后：为休闲产业发展服务的休闲研究

1990 年，洛佩尔媒介调查公司（Roper Organization）做了一项民意调查，结果显示 41%的人选择休闲作为生活中最重要的因素，只有 36%的人选择工作；而在 1985 年，选择工作的人占 46%，选择休闲的人占 33%。① 另外一家研究所——斯坦福国际研究所（Stanford Research International）1991 年推出了一份研究报告，列出了 1991～2001 这未来 10 年最重要的社会地位象征，其中包括自我支配的自由时间、工作与玩乐的统一、对个人创造力的认可、非金钱的回报和对社会的回报等，② 可以看到“自我支配的自由时间”列在首位，而不是“金钱财富”。这些情况反映了休闲在人们的生活中越来越重要，休闲伦理中的“自由”、“自主”价值观也得到了前所未有的发展，人们已经基本实现了休闲观念的转变，开始越来越重视休闲对自身生活质量的意义，这从客观上刺激了 20 世纪 80 年代后休闲产业的兴起和繁荣，也为应用型的休闲研究提供了孕育和发展的温床。

基于人们休闲观念转变这一背景，美国心理学家席齐克森特米哈伊（M Csikszentmihalyi）在 1982 年发表了论文《建立最佳体验的心理学》，1990 年出版了对休闲心理学影响深远的专著《畅：最佳体验的心理学》。此书从心理学的角度对休闲体验的性质作了深入的研究，提出了“畅”（flow）的概念，即“具有适当的挑战性而能让一个人深深沉浸于其中，以至忘记了时间的流逝，意识不到自己的存在的体验。”“适当的挑战”指活动的难度与一个人所掌握的技能相应，太难的活动会让人感到紧张焦虑，而太容易的活动则会让人感到厌烦，都不能让人获得真正的休闲。这样，休闲从根本上是一种有益于个人健康发展的内心体验，而不用外在标准界定的具体活动；体验“畅”的能力使人能超越“工作—休闲”的断然划分，从而不论在工作中还是闲暇活动中都更能积极地去寻求最佳的心灵体验。

80 年代之后，休闲产业成了西方发达国家很重要的一个产业，如 20 世纪

---

① 泽林斯基·厄尼.你能不能工作[M].吴婷，译.北京：中信出版社，2004：4.

② 张建.国际休闲研究动向与我国休闲研究主要命题刍议[J].旅游学刊，2008，23（5）：70.

90年代中期，休闲业已成为西班牙经济的第四大产业，其收入占国内生产总值的4.5%。根据英国国家统计办公室提供的数据，2001年英国人全年花在旅游和休闲上的开支为642亿英镑，休闲行业的就业人数为350万，各类休闲企业达22.3万家。[①] 显然，休闲已从凡勃伦所说的“有闲阶级”发展为一个重要的消费门类，从人类社会发展的未来预测变成了现实经济社会中越来越重要的一个特征。但在休闲服务的规划与管理上，仍缺乏很好的理论指导和科学方法。在此背景下，很多学者将关注的目光投向休闲经济与休闲服务，通过大量的研究，建立了一些对休闲服务业及政府的休闲政策颇有实用价值的分析、预测、规划和管理方法。

其中较为突出的，已得到休闲服务业与政府有关部门的重视，并在休闲研究和休闲项目的规划与管理上得到广泛应用的有基于效益的管理（Benefit-Based Management，简称BBM）及由BBM进一步发展而成的休闲效益方法（Benefit Approach to Leisure，简称BAL）、休闲服务需求的预测方法、政府在发展休闲服务中的作用分析等。BBM与BAL概念的提出者德莱佛（Driver），还极力将其理论应用到实践中。1989年，他与席莱尔（Schreyer）合作发表《休闲的效益》一文，首次提出休闲服务项目的管理不能只借用其他领域的管理方法，而应多从一个休闲服务项目能给有关各方带来的益处着眼，从整体上对之进行规划和管理。此观点引起了政府有关部门的重视。人们认识到从休闲给人们带来的益处考虑问题也是进行休闲研究的一种有效方法，于是提出了意义更为广泛的“休闲效益方法”，认为这种分析方法不仅对实际参与管理的人员有重要的价值，而且对休闲学者、从事休闲教育的人以及制定休闲政策的政府部门都是一种重要的视角和分析方法。

休闲预测（即预测未来人们对休闲服务的需求）方法的发展也与近几十年来西方国家休闲服务的发展密切相关。早在1958年，美国联邦政府成立了户外娱乐资源审察委员会（Outdoor Recreation Resources Review Commission，简称ORRRC），对美国休闲资源进行了广泛的调查，于1962年出版了资料丰富的《美国的户外娱乐》。一些学者利用这些资料提供的数据，建立了以一系列描述人口及社会经济状况的指标为自变量、休闲需求为因变量的多元回归模型，用来定量地预测未来的休闲需求。在这方面的研究中，西彻蒂（C J Cicchetti）1973年发表的《预测美国未来的娱乐》较有代表性。这种模型不仅被用于后来美国各州的“户外娱乐规划”项目，而且被一些欧洲国家所采纳，用于其休闲服务

① 宋瑞.国内外休闲研究扫描[J].旅游学刊，2004，19（3）：47.

的规划。另外还有用于休闲服务项目计划审核的 SWOT 方法，即对一个项目的优势（Strengths）、劣势（Weaknesses）、其为人们提供的机会（Opportunities）及其对人或环境可能有的威胁（Threats）进行分析，该方法得到了较为广泛的应用。

三、中国的休闲研究

（一）中国休闲研究产生和发展的背景

休闲是一种社会活动和社会现象，休闲潮流的形成也势必要有一定的社会背景和基础，休闲研究也如此。我国的“休闲”二字早在《诗经》中就已出现，但是真正意义上的休闲及休闲研究开始于 20 世纪 80 年代。首先，1978 年改革开放以来，经过几十年的发展，我国社会生产力的发展突飞猛进，随着社会生产的各个领域从西方引进或自主研制先进的机械设备，现代化的生产线逐步建立和完善起来，脑力劳动占的比例加大，逐渐将人们从繁重的体力劳动中解放出来，使人们有了一定的休闲观念。其次，在工业生产企业由科学管理的理念向“以人为本”转变的过程中，人们获得了“八小时工作制”的权利，这使得人们更为关注“八小时以外”的生活，开始将大量的时间和金钱投入到职业生活以外的休闲中，加上我国自 1999 年推行“五一、十一、春节”三个长假制度，并将“端午节、清明节”定为法定假期，这让我国普通民众有了更多可自由支配的时间，为休闲活动的开展提供了时间上的可能性，也为各类休闲研究的进行提供了素材。另外，经济的增长也是休闲开展的必要条件，中国人民大学休闲经济研究中心主任王琪延教授认为，人均 GDP 达到 1 000 美元时，就会产生休闲需求，我国在 2003 年就已步入这个阶段。在 2003 年，我国的 GDP 总值达到 13.58 万亿元人民币，人均 GDP 为 1.05 万元人民币（约 1 200 美元），到 2007 年两个指标分别上升到 24.95 万亿元人民币和 1.87 万元人民币（约 2 400 美元），充分表明我国普通民众开展休闲活动的经济条件已得到强有力的支撑。如今，休闲、娱乐运动、旅游业将成为下一个经济大潮，并席卷世界各地，在经济生活条件有了根本转变的同时，人们的社会生活也有了极大的改善。中共十七大报告明确提出“深入贯彻落实科学发展观”和争取“实现全面小康社会奋斗目标的新要求”，到 2020 年使中国“成为人民富裕程度普遍提高、生活质量明显改善、生态环境良好的国家”，这些都为休闲业的发展和休闲学的深入研究拓展了前所未有的空间。

（二）中国休闲研究的发展历程

1. 第一阶段（1978～1994年）

与西方休闲研究的初始阶段一样，我国休闲研究最初也多是被来自社会学界、哲学界的学者的关注，他们采用哲学理论，诸如马克思主义理论，将研究焦点集中于闲暇时间、闲暇生活方式、闲暇与人的个性解放和全面发展的关系等研究中，并且从国外，尤其是社会主义国家引入了大量的文献，这也使得这一时期的休闲研究表现出明显的社会意识形态特征。早期的休闲研究也有一些学术论文和著作，这些研究成果往往是社会学或哲学与休闲的结合，而非专门的休闲研究论著。

在学术论文方面，我国最早提出要对休闲进行研究的学者是于光远，他在《社会主义建设与生活方式、价值观和人的成长》这篇文章中，首次倡导对休闲问题进行研究，之后他发表的一系列学术论文在我国休闲研究早期具有较强的影响力。1979年，他在《经济效果和时间经济》一文中指出：自由支配时间的长短是由生产力发展水平决定的，在人一天的时间里，闲暇时间、享受时间、发展时间是很重要的，一个没有闲暇时间的社会是无法进步的。1983年，他又指出："我国对体育竞赛是很重视的，但对体育之外的竞赛和游戏研究得很不够。在中国的高等院校中，没有一门研究游戏的课程，没有一门游戏专业，没有一个研究游戏的学者。这不是什么优点，而是弱点。"这些论述可以看作是中国休闲研究的开篇语。

在学术论著方面，虽然早在20世纪80年代初期我国已有学者开始涉足闲暇研究，但是这一时期尚未有专门性的休闲学术论著。1992年正式出版发行的由王雅林、董鸿扬主编的《闲暇社会学》是我国较早的与休闲相关的学术作品，也是国家哲学社会科学"七五"重点科研项目"我国城乡居民生活方式研究"课题的重要成果。在书中，作者主要借鉴前苏联和东欧国家的研究思路，从社会学的视角对闲暇做了较为深入的研究。尽管其理论和方法较为传统，对欧美的研究成果引介不多，但毕竟开启了中国休闲学研究的先河。正因为其开创性的研究，该书成为我国最早的一部系统的闲暇社会学著作。之后在1993年，李新实、张楠等编写并出版了《第二职业：化闲暇为财富》，这也是从闲暇时间探讨休闲的一本著作。总的看来，这一时期的学术论著只是从一个侧面来研究休闲问题，研究的领域、深度都很有局限性。

2. 第二阶段（1995～2000年）

这一时期我国出台了法定假日改革的规定，1995年起实行五天工作制，1999年又实施"春节、五一、十一"三个长假日，我国人民的生活中有1/3的时间要在休闲中度过，这成为该阶段休闲研究进一步深化的助推力。休闲作为一种新的社会现象，引起了学术界和政府有关部门的极大关注。这期间共有文章 2 690 篇、著作 61 部，比较多地集中于对休闲哲学、休闲社会学、休闲经济的研究。

在学术机构方面，1995 年在于光远先生的大力倡导下，我国第一个休闲研究民间学术机构——北京六合休闲文化策划中心成立，这成为我国休闲研究在学术机构方面的创举。2000 年 8 月“中国休闲产业国际研讨会”在北京召开，这是我国休闲研究的一个里程碑，诸多的休闲研究成果应运而生。

在学术论文方面，《自然辩证法》杂志社主编马惠娣女士是中国休闲研究的扛鼎人物，她师从于光远先生，在西方休闲学研究方面有较深刻的见解。从 1995 年至今，她公开发表的休闲研究论文已达 30 余篇，其中的《休闲：建造人类美丽的精神家园》和《西方休闲学研究述评》（与刘耳合作）被新华文摘转载。马惠娣认为“休闲是人的生命状态的一种形式，一般意义上是指两个方面：一是消除体力上的疲劳，二是获得精神上的慰藉”，“休闲是以欣然之态做心爱之事”。休闲不仅与人的全面发展密切相关，而且与实现人的自我价值和“心灵的永恒性”密切相关，因为休闲不仅是寻求快乐，同时也是寻找生命的价值与意义。这是从哲学角度对休闲所作的诠释，也是对西方休闲学研究成果的理解和发展。除马惠娣外，还有一些学者对休闲问题进行了探讨，较有代表性的是孙承志在 1999 年发表的文章《休闲哲学观思辨》，他以休闲活动的历史演进为发展主线，在明确休闲概念与范畴的基础上，从休闲与劳动的客观规定性出发，阐述了休闲的存在缘由和价值体现。《闲暇社会学》的主编王雅林在这一阶段也发表了多篇时间预算和休闲研究的文章，在 2000 年发表的《信息化与文明休闲时代》中，他指出，全球信息化进程将把人类带入“休闲文明时代”，人们的休闲时间将超过工作时间，休闲经济将占 GNP 的 50%以上，社会主导价值观将向“时间自由”转型，并进而使社会的时间结构从劳动时间轴心化过渡到劳动—休闲“两轮化”。

2000 年，中山大学社会学系的王宁首先提出了“休闲经济”的概念，他对休闲经济的基本特征、轮廓和所覆盖的范围进行了分析，对休闲产业的经济和社会意义进行了简要的讨论。主张大力发展休闲产业，加强对休闲经济和休闲营销的研究。这为我国休闲研究向应用型转变、为休闲产业服务打下了基础。

3. 第三阶段（2001 年至今）

这一时期我国共有休闲类文章 16 882 篇、著作 140 本，休闲研究呈现出百花齐放的局面，研究的视角日益多元，研究的范围日益扩大，研究的领域日益拓展，休闲专业化程度进一步增强。

西方的休闲研究至今已有一百多年的历史，我国休闲研究的发展离不开对西方理论和成果的借鉴，这一时期国内学者出版了一系列翻译著作，如威廉姆斯、巴斯韦尔的《旅游与休闲业服务质量管理》、皮珀的《闲暇：文化的基础》等，这对了解西方休闲学理论、引导我国休闲研究在休闲产业方面的应用起到很好的指导作用。

除了翻译著作外，国内休闲学术著作也硕果累累。其中以于光远、成思危、龚育之、马惠娣等主编，中国经济出版社出版发行的“中国学人休闲研究丛书”最具影响力。这套丛书包括《论普遍有闲的社会》《民闲论》《走向人文关怀的休闲经济》《休闲：人类美丽的精神家园》《中国公众休闲状况调查》，较系统地探讨了有关休闲的理论与实践问题。另外还有较多从休闲学基本理论、休闲美学、休闲经济等角度探讨休闲问题的著作，如吕尚彬、彭光芒等编写的《休闲美学》、徐明宏的《休闲城市》、王雅林主编的《城市休闲：上海、天津、哈尔滨城市居民时间分配的考查》、章海荣和方起东的《休闲学概论》、于可红和钱宏颖的《休闲体育基础理论》、王琪延等编写的《休闲经济》、田松青编著的《休闲经济》等等。

在学术机构和团体方面，继我国第一个民间休闲研究学术机构成立之后，2002 年国内第一个专业休闲研究机构——中国休闲文化研究中心在中国艺术研究院成立，随后国内一些著名休闲研究学者被吸纳其中，发表了诸多研究成果，成为我国休闲研究人才队伍的基地。至此之后，我国各地相继成立了休闲研究的学术团体：2003 年 11 月 14 日，杭州成立了中国休闲研究会；2004 年 2 月中国人民大学成立了中国休闲经济研究中心；2004 年 11 月浙江大学亚太休闲教育研究中心揭牌。另外，一些学科性的研究会和行业协会也相继设立各类休闲研究的专业委员会，如中国自然辩证法研究会中的休闲哲学专业委员会、中国软科学研究会中的休闲研究专业委员会、中国保健协会中的休闲保健专业委员会等等。

网络是传播文化的媒介，2002 年，我国第一家以休闲经济与休闲文化研究为宗旨的专业网站——中国休闲研究网由中国艺术研究院休闲研究中心建立；2004 年，世界休闲组织在中国设立了“世界休闲组织”网站中文版。这些网站极大促进了休闲文化的传播。

在学术活动方面，继 2000 年 8 月“中国休闲产业国际论坛”在北京举行后，我国相继举办了一系列重要的休闲研究会议和学术活动，如 2001 年中国休闲经济国际论坛、2004 年中国休闲经济国际论坛、2005 年中国休闲与社会进步学术年会、2006年杭州世界休闲博览会等。

随着中国休闲研究的深入，自2002年北京联合大学旅游学院设立休闲管理系开始，国内其他高校也开始设立休闲或与休闲相关的课程、专业。目前中山大学成立了旅游与休闲学系，杭州商学院旅游学院、东北财经大学旅游学院均在相关专业的课程中加入了休闲学内容。2007年国内第一个休闲学博士点在浙江大学设立，这标志着我国休闲学科建设步入正轨。

纵观中国休闲研究的发展历程，从发展时间上来看，我国仅有三十多年的时间，这与西方一百多年的休闲研究历史相比显得十分短暂。从研究成果来看，我国的休闲研究成果多是对西方研究成果的借鉴和应用，真正独创性的、富有深度的内容相对较少。在休闲的应用研究领域也与西方存在较大的差距。我国休闲研究的领军人物和骨干力量尚未形成，休闲研究的人才队伍建设也成为我国未来休闲研究能否进一步发展的关键。

第二节　休闲学的研究对象、内容

一、休闲学的研究对象

根据现代学科理论的要求，休闲学能否成为一门独立的学科，要看它是否具有独立的研究对象，是否由此建立了一整套特有的概念，并按一定的逻辑结构形成知识体系；是否能够解释某一领域内的实物特征和本质规律，从而形成专门的研究方法；是否能够解决某一领域内的特殊矛盾，从而具有一定的社会功能。其中，相对独立的研究对象是学科成熟与否的重要标志。就中西方休闲研究的发展历程及目前的研究现状来看，休闲学已经具备这些条件，它正在以一个崭新的学科体系独立发展。

从西方休闲学研究的历史来看，支撑其成熟发展的支流非常多，如亚里士多德、皮普尔的哲学角度，美国学者卡普兰、布赖特贝尔的社会学角度等，这从一定程度上也决定了休闲学能够成为独立的学科体系，以及在以一个独立的学科体系发展的过程中，其研究对象必然是十分广泛的，涉及到社会、政治、经济生活的各个方面。从宏观的角度来讲，休闲学的研究对象是人类的休闲行为，以及由此引起的社会、政治、经济、生活中的休闲现象、休闲问题、休闲文化、休闲事业、休闲消费、休闲产业、社会休闲工作和相关的休闲政策等。

休闲学研究对象的形成和完善如同其他学科一样经历了一个漫长的博弈和拓展的过程，其根本问题取决于对休闲、休闲学概念的理解。中西方学者都曾对休闲、休闲学的概念和外延进行探究。如从时间的角度看，休闲是人们在劳动和其他义务活动之余所拥有的自由时间，由此休闲被定义为空闲时间，即除了工作和其他责任之外的时间，亚里士多德称之为“手边儿的时间”（Available Time）。从活动的角度来定义休闲，休闲是在自由时间内的活动或体验，是让自由意志得以尽情发挥的活动，以此来解读休闲有其悠久的历史渊源。从存在状态及心态的角度定义，休闲常被人形容为平静、不急不缓、不计时间的状态，这种观点大概源于古代雅典人。总的来说，休闲需要自由时间作为支撑的必要条件；以休闲活动为表现和实现方式；其开展的环境、目的和意义在于一种精神上的放松状态。这些对休闲概念的理解为定义休闲学及休闲学的研究对象起着尤为重要的作用。我国学者对于休闲学”概念进行界定，其中以马惠娣、刘耳的观点为代表，认为休闲学，是以人的休闲行为、休闲方式、休闲需求、休闲观念、休闲心理、休闲动机等为研究对象，探索休闲与人的生命意义和价值，以及休闲与社会进步、人类文明的相互关系。二位学者的这一定义具有创造性和相当的合理性，其中也揭示了休闲学的研究对象。

随着休闲学的发展，一方面理论研究已经从早期零散的、描述性的休闲哲学思想演变为系统性的、完整性的休闲理论；另一方面社会的发展、人类对于高生活质量的需求、新的人类休闲行为的产生推动着应用休闲研究的进步，许多教学、科研、管理、生产、工程技术等部门也会越来越地迫切需要休闲学的支持。因此休闲学的研究对象在未来的发展过程中势必会得到进一步拓展，并在此基础上形成一系列的休闲学的分支，如休闲文化、休闲经济等，为社会经济的发展和人类生活的提高提供必要的支撑。

二、休闲学的研究内容

（一）休闲学发展的基本规律

何为休闲、休闲是如何产生和发展的、休闲与休闲学的关系、休闲学的研究历程及为什么要对“休闲”进行探究、其意义何在等，诸如此类的问题是“休闲学”的基本问题，也是休闲学研究的基本内容。

（二）休闲学的基本理论

如何理解休闲、休闲的本质、特征与功能是什么、休闲与闲暇、休闲活动的关系如何，这是对休闲学进行拓展研究的基础，明确这些问题则更容易对休闲的产生和发展的条件、休闲的影响等有更清楚的认知。

（三）休闲主体

休闲学对于休闲主体的研究一般包括两个方面：休闲的心理学动因、休闲主体的感受。二者一个是诱因，一个是结果，共同构成休闲学中对休闲主体研究的主要内容。

休闲主要通过休闲活动来实现，这涉及到确切的休闲行为，这些休闲行为是如何被激发的，历来是中西方休闲学者探讨的焦点。休闲学的重要内容之一就是了解什么引发了休闲行为，进而影响休闲决策、如何通过这些影响因素来引导休闲行为。

休闲主体的感受主要通过休闲体验这个名词来判断，休闲体验的内涵、类型以及如何来衡量休闲体验成为研究重点，这为休闲供给方提高休闲主体的休闲体验、使其获得较好的休闲感受提供方法和途径。

（四）休闲介体（休闲供给）

休闲学研究的重要意义之一在于促进经济的发展，休闲经济的形成和发展依赖于日臻繁荣的休闲业，休闲产业的构成、发挥休闲产业潜力的休闲产业部门是休闲的主要供给方，有了他们的存在才使得休闲主体能够参与到休闲活动中来并获得一定的休闲体验，实现社会发展和个人进步的目标。

（五）休闲的影响

任何一个学科门类都不是孤立存在的，其发展需要深厚的理论和现实作支撑，同时也会对社会、政治、经济、文化生活产生影响。

（六）休闲学发展的社会环境

休闲学发展的社会环境主要包括休闲政策、休闲教育、休闲组织等因素。其中休闲政策引导和规范着休闲活动的开展和休闲产业的运转。休闲教育为休闲学的研究提供理论支撑也为休闲产业培养专业人才。休闲组织则是休闲学得以继续拓展的官方或非官方机构，是承担引领休闲业和休闲学发展的实体。在由这些因素构成的社会环境中，休闲学才能够得到快速健康的发展。

第三节 休闲学的研究方法

一、定性分析方法

在定性方法论指导下的调研和分析起始于现实世界，数据和信息从现实中被收集起来，经过分析、归纳得到结论。这类方法多用于全面了解少数人的休闲旅游行为或状况，或者反映在特定情境下的情况，也可以通过对文献资料的回顾，归纳总结出休闲市场等状况。其基本原则正如鲍斯（Boas）于 1943 年所讲的——我们的目的是去了解人们的想法，所有的分析都必须基于他们的观念和思想，而不是我们的。可见客观的收集数据资料和被调研人员的想法，客观地得出摆脱本我影响结论是定性分析的关键所在。在进行休闲研究时所采用的具体的定性分析方法主要有以下两种。

（一）访谈法

访谈即谈话，它是一种面对面的调研方法，也是进行定性分析比较重要的收集数据等信息的方法。由于该方法面对受访对象，因此所得到的资料较为真实、准确和具体，通过访谈，调研人员可以了解被调研者的观点、想法和行为。根据调研对象的多寡可以分为深度访谈法和群体访谈法。深度访谈法是调研人员通过提出一些话题激发被调研者的兴趣，进而与被调研者进行深层的讨论，多是一对一的交流，这有助于研究人们对于一些问题的想法、感情和相应的行为，特别是一些存在较大个体差异的或比较敏感的不易在公共场所扩大化的问题，如休闲动机可以采用此种方法。群体访谈法是类型相同的一小群人聚在一起，通过群体讨论的方式收集信息的方法，目的是通过对社会学特征相似人群的访谈揭示他们观点、态度和某些行为的缘由，该方法可以研究休闲细分市场的特点，为休闲企业经营提供依据。

（二）观察法

休闲是一种社会现象，通过个人行为表现出来，要了解人的休闲心理、休闲观念等，一方面可以通过访谈实现，另一方面也可以使用观察法。观察法是一种以对调研对象的描述为目的，包含对调研对象的行为进行直接观察的技术手段，适用于对一个调研对象、一个人、一群人或者整个事件的调查研究。根据调研者的参与程度可以分为直接观察法和参与观察法。直接观察法应用于一些特定的调研主体或调研对象有所限制的情况，在休闲研究中如对免费的或者非经营性的休闲设施的使用情况进行调查便可采用直接观察的方法，因为使用程度无法通过门票等进行统计。参与观察法要求调研人员成为所研究的社会过程的被调研者，以求获得对调研对象的深层了解，如在研究消费者对某一休闲产品的休闲体验时，调研人员可以亲自消费该休闲产品，这是最典型的一种有关休闲体验的参与观察法。当然参与观察法更多的是通过调研人员与调研对象的互动来完成对某一休闲问题的调查。

二、定量分析方法

定量分析是与假设—推理的调研理论密切相关的一种方法论，调研始于对某一理论或对某一现象的假设，调研人员在现实世界中收集数据进行分析，从而支持或者推翻假设。定量分析方法往往需要收集大量的数据资料，因为需要从众多的数据中获得对调查对象的整体把握，这样才能验证假设或得出相对准确的结论，其数据分析往往依托计算机来进行。用于休闲研究的定量分析方法具体有三种。

（一）统计分析法

统计分析法是指借助统计工具，如 Office 办公软件、Spss 分析工具等，对休闲现象进行研究的方法，是统计方法在休闲学研究中的拓展。由于该方法既可以用于历史性的时间数列分析以预测休闲现象的发展趋势，又可以用于共时性分析以研究休闲现象空间关系，同时还可以描述休闲现象的分布模式和结构，因此统计分析在休闲学研究中被广泛应用于定量研究中。

休闲统计资料对研究休闲活动的规律性具有重要作用，它是休闲活动最客观、最现实的反映。统计分析法的第一步就是要搜集整理统计资料，这些资料多数是数据资料，且数量繁多、计算方式复杂，休闲数据资料主要来源于国家以及各省市州县的各部门各行业的统计年鉴，或以网络的形式发布出来，具有很大的真实性和权威性，这些专门机构是我们获取休闲统计资料最直接有效的渠道。接下来就是对数据进行处理，这是一个非常重要的实际操作过程，影响着结论的准确性，这些分析工作可依托计算机技术完成。

（二）抽样调查法

在社会科学领域，抽样调查法是研究问题常用的方法之一。休闲学研究内容的繁杂性与动态性无形中加大了其研究的难度，采用抽样调查法可以将重点研究的对象限定在一个相对较小的范围之内，因而是一种经济、省时且高效的方法。事实上，在许多日常性的休闲研究工作中，这种方法已得到广泛的应用。如在一些休闲娱乐场所都备有请顾客填写的表格，用来征询意见或做调查，对这些调查资料加以分析研究，就能掌握顾客的动机、兴趣以及休闲娱乐活动类别选择要求等信息，从而了解到客源市场的现状。当然，抽样调查法更普遍的做法是根据研究目的，预先拟订问卷调查表，然后在各休闲场所向休闲活动的参与者随机发放，回收后剔除无效问卷，最后对余下的有效问卷进行系统分析。

（三）图表模型法

图表模型法是处理各项休闲指标的数据排列及对比较为方便、直观的方法，在进行横纵向的比较研究时，表格的运用尤其广泛。模型是一种描述性分析工具，用于刻画现象的结构、形态、关系和流程，具有很强的表现力和抽象力。复杂的现象，模型分析可以通过图像形式加以有意简化的描述。一个模型旨在表明某种结构或过程的主要组成部分以及这些部分之间的相互关系。此外，休闲作为一种多因素综合体，各部分的内外关联错综复杂，借助建立模型来阐释其中各关联因子之间的组成关系和作用机制，有助于我们更好地理解与记忆。因此图表模型法是休闲学的基本研究方法之一。

【阅读材料】

休博会成为亚洲休闲娱乐产业风向标
逾万种最新休闲娱乐产品聚广州休博会①

2011年第八届广州国际休闲娱乐产业博览会（简称广州休博会）经过八年的成长，于3月3日至5日再次亮相中国进出口交易会琶洲展馆。

“引领休闲时尚、缔造娱乐商机”，八年成为现实

广州休博会以“引领休闲时尚、缔造娱乐商机”为主题，从2004年首届的3 000多平方米，到2011年的50 000平方米，规模已扩大16倍，展位数高达3 000个，成为国际休闲娱乐产业的盛会。

展会吸引了来自美国、法国、意大利、西班牙、比利时、澳大利亚、日本、韩国、泰国、德国等22个国家和地区的800多家参展企业，其中包括Sega、Namco、Taito、Brunswick、Sunseeker等国际休闲娱乐设备的顶级企业。展会现场展示了游戏游艺设备，KTV、迪厅、影剧院产品，台球、健身按摩器材，泳池、桑拿、水疗，游艇水上运动，钓鱼用品等产品。现场展示的产品超过12 000种，成为全面诠释现代休闲娱乐生活方式的综合平台。展览已经成为位居亚洲前列的大展，展商与展品代表了国际领先水平，成为亚洲休闲娱乐行业的风向标。

高端水上商务休闲盛宴

千年海港商埠广州，2010年迎来亚运会。广州这个水上丝绸之路的起点，在亚运会开幕式上极尽诠释了海文化与现代水上休闲娱乐。接力亚运，游艇品牌首次争辉羊城，成为游艇亚运会在推广海文化与现代水上休闲娱乐之后的一

---

① 李敏. 休博会成为亚洲休闲娱乐产业风向标，逾万种最新休闲娱乐产品聚广州休博会[N]. 亚太经济时报，2011-3-2.

大水上盛世。本次展会由美国第一大游艇品牌 Brunswick 以及英国皇室御用游艇品牌 Sunseeker 领衔，汇聚了包括 Kingsway、Jebsen、Nautic、Omnia marine、Smooth marine、Alfa、泛兴、EverPeace、太阳鸟等众多国内外的实力厂商和代理商，展览现场共展示了大小船艇近百艘，以盛大的规模成为国内游艇行业的瞩目盛事。华南春季最大规模的游艇展示也为 2011 广州休博会添彩，拉开了广州水上商务休闲产业的序幕。

展会活动精彩纷呈，观众数量突破历史

本届展会的各个展区各具特色与亮点。台球展区邀请亨得利、吉米·怀特、卡尔·博伊斯、潘晓婷、凯伦·科尔、金佳映、付小芳、刘莎莎、凯利·费雪、张舒涵等将近 30 位台球明星亲临展馆助阵。在电玩展区，日本世嘉 Sega、南梦宫 Namco、Taito、华立、凯昌等电玩巨头均以超大展位参展，并首发日韩最新电子游戏产品。在首次设立的游艇展区，由美国第一大游艇品牌 Brunswick 以及英国皇室专业游艇品牌 Sunseeker 领衔，为广大观众以及买家提供了近距离接触豪华游艇的难得机会。新兴的休闲娱乐活动“抛杆运动”借助休博会钓具展开启中国的首站推广，该活动最权威的国际组织——国际抛杆运动协会在展览现场做抛杆运动推广会。

前瞻未来，休博会发展势头强劲

据休博会承办单位广州市鸿威展览服务有限公司介绍，借助休闲娱乐产业发展的强劲势头，联合国际权威休闲组织机构引进先进展会运作理念，打造复合型综合性品牌展会，成就国际休闲产业全球贸易采购和品牌营销“一站式”权威平台。组委会目标在 2013 年的第十届广州国际休博会将展览规模扩大到 8 万平方米；展位 4 000 个；国际展商参会比例达到 25%；参会观众 10 万人次，把广州国际休博会办成全球休闲产业最权威、规模最大的展会。

【思考题】

1. 休闲学研究是怎样产生的，它有什么意义？
2. 休闲学研究的对象是什么？
3. 休闲博览会对我国休闲产业的发展有哪些作用？

第二章　休闲、闲暇与工作

【学习目标】

- 理解并分析休闲、闲暇的概念、性质与作用
- 从工作理论入手，理解休闲与工作的关系
- 了解休闲—工作范式的演进与转换，以及中西方休闲活动的产生与发展

【知识要点】

- 休闲的性质
- 闲暇分布现状与特征
- 休闲与工作的关系

第一节　休闲概述

一、休闲的概念

（一）词义解释

1. 英文词义解释

休闲的英文 leisure 是由拉丁词 licere 转化而来，从词源上看，leisure 可被视作 license（许可）和 liberty（自由）的合成词，即“被允许”（to be permitted），指的是摆脱生产劳动后的自由时间或自由活动。在法文中也有休闲一词，意指可以自由选择或利用的时间。而拉丁文的 licere 又和希腊文中的 schole 意思相同，休闲与学校（school）、学者（scholar）皆由同一字根（schole）发展而来。从西洋教育史也可以发现古代希腊罗马的教育理想，是培养各方面均衡发展的公民。他们将休闲视为教育和生活中非常重要的一环。

2. 中文词义解释

在中文里，“休”有休息、休憩、休养等暂停劳动的意思。“休”在《康熙

字典》和《辞海》中被解释为“吉庆、欢乐”。《诗·商颂·长发》中解释“休”为吉庆、美善、福禄。“闲”的繁体字写作“閒”，即由“门”与“月”组合而成，其意象为家中一轮明月，或独处静思，或与家人相聚。所以“闲”有安闲、闲适、闲逸等意思。“闲”通常引申为范围，多指道德、法度。《论语·子张》中有“大德不逾闲”。另外，“闲”有限制、约束之意。《易·家人》中有“闲有家”“闲”通“娴”，具有娴静、思想的纯洁与安宁的意思。于光远认为闲是人们社会生活中不得已的劳动与非不得已的劳动在时间上的分配状况，也就是不自由的劳动时间与自由劳动时间在时间上的分配状况。

从词意的组合上，“休闲”二字颇具哲学意味。人倚木而休，使精神的休整和身体的颐养活动得以充分进行，使人与自然浑为一体，赋予生命真、善、美，使生命具有价值意义；它又不同于“闲暇”、“空闲”、“消闲”。表达了人类生存过程中劳作与休憩的辩证关系，又喻示着物质生命活动之外的精神生命活动。

（二）休闲的定义

关于休闲的定义，学术界至今仍未达成一致。由于国内外学者或机构对休闲的内涵和外延有不同的理解，他们对休闲的定义也各有侧重。以下介绍一些比较有代表性的定义。

（1）古希腊哲学家亚里士多德认为休闲就是一种深思的状态，是“不需要考虑生活问题的心无羁绊的状态”，也可认为是一种“冥想的状态”。

（2）国际休闲与游憩协会（International Leisure and Recreation Association）在《休闲宪章》中写道：（人们）通过（在消遣、休闲的时间内）放松身体、竞技、欣赏艺术、欣赏科学和大自然，为丰富生活提供可能，还为人们提供了激发基本才能的条件。建立于闲暇时间基础之上的行为情趣，或者是休息、娱乐，或者是学习、交往等，他们都有一个共同的特点，即获得一种愉悦的心理体验与满足，产生一种美好感。

（3）1965年，葛拉奇亚（Glazia）提出，休闲是一种“存在状态”（State of Being），是一种虽然短暂但却现实的个人存在状态。休闲最好被理解为一种“成为……的状态”（State of Becoming），也就是说，休闲并不仅仅是当前的现实，而是动态的、连续的不确定状态，它包含许多面向未来的因素，而不仅仅是现存的形式、情景和意义。因此应当通过其行为取向而不应以时空、形式或结果来对休闲加以界定。任何一个静态模式都应加入对人的存在及其情感的动态分析。至少在某种意义上，休闲既是“成为……的状态”，又是“存在状态”。

（4）法国社会学家杜马兹迪埃指出：所谓休闲，就是个人从工作岗位、家庭、社会义务中解脱出来，为了休息、为了消遣或者为了培养与谋生无关的智能，以及为了自发地参加社会活动和自由发挥创造力，是随心所欲的总称。

（5）美国学者杰弗瑞·戈比认为：休闲是从文化环境和物质环境的外在压力中解脱出来的一种相对自由的生活，它使个体能够以自己所喜爱的、本能地感到有价值的方式，在内心喜爱的驱动下行动，并为信仰提供一个基础参考。①

（6）马惠娣认为：休闲是指已完成社会必要劳动之外的时间。它以缩短劳动工时为前提。劳动工时的缩短会使劳动时间更紧凑，劳动条件更好，休闲活动更丰富，对劳动产生更有益的影响。因此休闲是一个国家生产力水平高低的标准，是衡量社会文明的尺度。②

（7）张广瑞、宋瑞认为：休闲是人们在可自由支配的时间内自主选择地从事某些个人偏好性活动，并从这些活动中获得惯常生活事务所不能给予的身心愉快、精神满足和自我实现与发展。③

（8）王雅林认为：休闲同人们每天所占有的可自由支配的时间有极大的相关性，人们在这样一种相对自由的时间中能够从事自己所喜爱的、有助于满足心理和文化需要的活动，并本能地感到从事这些活动是有价值的。④

（9）中国休闲网对休闲的狭义定义：休闲是建立在一定物质基础上，用自己喜欢的方式去放松身心、追求精神上的愉悦与充实，以提高生活品质的一种生活方式。并认为休闲首先是一种生活方式，休闲的最终目的是为了提高生活品质，包括身心和精神上的，休闲的表现形式和方法是“自己喜欢的方式”。

总的来看，国内外学者在休闲一词的内涵上认识一致的主要包括以下几个方面：第一，是在闲暇时间里进行的，具有暂时性；第二，它是一种自由选择，是个人自己支配的时间，是自愿的活动；第三，通过休闲，人们能够达到一种自在心境，令身心感到愉悦。

二、旅游、休闲与游憩的关系

（一）旅游

旅游是非定居者的旅行和暂时逗留而引起的现象和关系的总和。这些人不会长期定居，并且不会牵涉任何赚钱的活动。⑤ 同时旅游具有以下突出特征。

（1）异地性　旅行和逗留发生在游客常居环境或定居、工作之外的地方。

---

① 戈比·杰弗瑞. 你生命中的休闲[M]. 康等，译. 昆明：云南人民出版社，2000:6.

② 马惠娣. 文化精神之域的休闲理论初探[J]. 齐鲁学刊，1998，3.

③ 张广瑞，宋瑞. 关于休闲的研究[J]. 社会科学家，2001, 16（5）：17-20.

④ 王雅林. 信息化与文明休闲时代[J]. 学习与探索，2002，6.

⑤ 李天元. 旅游学概论[M]. 北京：高等教育出版社，2006.

因此旅游活动所带来的表现和结果与在居住地定居和工作的活动截然不同。通常通过规定旅行的距离来辨别是否具有异地性特征，这使得异地性具有了可操作性。不同的国家、区域和机构采用居住地和目的地之间的往返距离标准也不一样。所以从严格意义来讲，在家里或在附近的休闲活动就不能算旅游。

（2）暂时性 “旅游者”在目的地必须至少逗留1夜，即所谓“过夜游客”；没有过夜，但是具有异地性等旅游特征的游客通常称为短程旅游者。根据罗马会议定义，是指到一个国家作短暂访问，停留时间不超过24小时的游客（包括海上巡游过程中的到访者）。

（3）非定居性和非就业性 旅游不是为了在访问地定居和就业。

（二）游憩

游憩是指在闲暇时间内，进行的以放松身心、恢复体力和精力为目的的休闲活动，主要包括非竞技性的运动、娱乐、户外散步、游览、游戏等。在心理体验方面，大多学者认为游憩体验是指游憩者经由游憩参与过程的潜在需求，及实质获得的某种特有奖励，如刺激、独处及友谊等。

旅游也是一种游憩活动，有旅之游憩就是旅游，如休闲旅游、观光旅游、度假旅游等。无旅之游憩即休闲。

（三）游憩与旅游、休闲三者之间的关系

与游憩、休闲相比，旅游的一个显著特征：离开熟悉的环境（居住地和工作地）而进行的活动，活动的最终目的可以是益智，可以是消遣，也可以是愉悦身心。可以认为旅游是游憩的一种方式，旅游是在异地进行的游憩活动。而休闲与游憩的基本内涵相似，两者有时很难区分。不过，游憩活动更倾向于户外的活动，更着重于游玩、健身和放松心情的功能。在目的上，游憩、旅游、休闲活动都是以获得愉悦而不是经济报酬为目的。

三、休闲的本质

对于休闲的本质属性及其范畴，由于其研究角度或应用的基本理论上的差别，使其表现出各自不同的见解。以下我们将这些观点和研究成果简要地进行介绍。

（1）从时间的角度定义休闲 是对时间的消费，是可以自由地耗费、消磨甚至浪费时间。

（2）从存在和体验的角度考察休闲 如果把休闲理解为做出决定和采取行动，那么可以用存在主义的理论去解释休闲，因为“存在主义坚信，做人就是做决定”。休闲应是在感知自由现实化并发现其创造价值后产生的。

“我们并不是出于理性推断或者功利权衡才认识到休闲对我们的益处,从而致力于获得休闲的感受，而是出于直觉和本能。我们在尝试一件新事物以前，会理智地权衡风险与收益，可是随着我们的逐渐深入，从这件事中得到了‘休闲’的体验，我们就会有越来越高的热情，愿意将自我融入其中，对于最初我们期待的这种活动能够带来的实际好处，反而越来越不关心”。这是把休闲作为直接体验来研究的较为典型的表述。

休闲恰恰不是“摆脱”（absence）了羁绊，而是一种“参与”（presence），一种我们乐于放弃自我意识而投入的“参与”。我们乐于放弃，是因为我们肯定了这件事的意义，能够给我们以超越自我的快乐。

（3）从活动的角度考察休闲　休闲感是一种发自内心的冲动。不过，不能简单地把这种冲动理解为寻求快乐,而应是通过特定的活动去发掘生活的意义。

休闲是人类通过自身行为，去发现生活意义的一种活动。休闲的反义词不是“工作”，而应该是毫无意义的活动。

休闲并非活动本身，它是一种过程，只不过这一过程必然要涉及到某种具体的活动。约翰·凯利认为:“休闲是由多种不同的、可被识别与分析的要素共同构成的体验。”因此可以建构表现不同的方面，休闲依情况而变，每个新的环境会构造一种新的休闲。

（4）从消费的角度认识休闲　休闲是一种消费，特别是在近、现代社会，由于社会劳动、社会教育、社会分工、社会收入等方面的原因，依据不同的标准，社会中的人群被划分为几类。其中按照经济收入水平划分出来的社会阶层更加具有现实意义。从消费的角度来看，不同阶层的人群，其消费水平存在着明显的差异。休闲就是消费的观念乃至社会现实的反映。一方面，人们通过技术手段，如全自动洗衣机、速冻食品等，缩短了家务劳动的时间，减轻了家务劳动的强度；另一方面，一些家务劳动的社会化，如现代家政服务，也使人获得了更多的余暇时间。但从经济学的角度来看，这种余暇时间是付出了代价或者说是花钱买来的，因此可以看作是一种消费；另外，人们越来越倾向于将获得的自由时间用作消费——对物质的消费和对服务的消费，而在这种消费活动过程中，人们也在对时间进行消费——即对价值生产时间的消费。

总结这些前人对休闲的本质探索，我们看到，他们都从不同角度揭示了休闲的本质，具有很好的参考价值。我们在历史唯物主义的基础上，对休闲的本质作一概括。

休闲是物质生产发展到一定阶段，即实现社会分工劳动之后的历史产物。从历史形成过程看，休闲表现为与劳动相分离和相对立的人的生存状态；从具体实现情况看，休闲表现为与紧张相区别且相对立的人的生存状态，休闲是主体在物质和文化同时作用下表现出来的生命实现过程中的轻松、愉悦和享受状态，进一步说是主体在休闲中获得一定的自由解放的品质。一项活动是否成为休闲活动，区别在于主体在闲暇时间里从事这些活动，是否能获得休闲的品质，即轻松、愉悦与享受的品质。一旦这些活动具有了这些休闲的品质，它们便成为主体的休闲活动，而主体也就在其中获得了休闲的享受。

四、休闲的特征

（一）解脱感

“休闲是劳动或工作以外的活动，休闲的重要特征之一就是人们在休闲中，在一定程度上实现从各种各样的义务和约束中解脱出来的属性。”休闲也在一定程度上表现为使人们从维持生计和心理压迫中解放出来的属性。例如有时候人们虽然过着美好富足的生活，却想摆脱沉闷、陈旧、单调、固定的生活方式。

休闲活动一定发生在个人的自由时间之内，这种自由时间既可能是工作之后的闲暇，也可能是工作间隙的时间。按照纽美耶（Neumeyer）的说法，休闲是可以进行某项活动的机会，不管这项活动开心与否，它都是日常生活的必要组成部分，不应该受到制约。

对于休闲的解脱感，杜马哲迪尔（Dumazedier）评价道：“休闲一般具有从形式的、制度的义务中摆脱出来得到自由的特性，同时，除了学校课程教育的学习以及工作岗位雇佣关系等基本义务之外，休闲必须使人得到自由。”休闲意味着暂时地摆脱义务性的社会拘束和不能充分满足个人欲望的惯常活动。与此类似，土雷因（Touraine）也强调休闲是对制约的摆脱，是为了获得社会承认的活动自由。休闲意味着暂时摆脱义务性的社会拘束和不能充分满足个人欲望的惯常活动。可以认为，这种解脱感在理想社会中的实现就是一种自由感。

（二）自主性

人类一旦摆脱制约和义务，休闲时间的使用将处于完全自发的状态。因而休闲是一种自主性的活动，是人们主动并乐于参与各项活动。个人所从事的休闲活动是根据自由意愿来选择的。

真正的休闲是个人自由选择的结果，是根据每个人的个性、兴趣选择喜爱的活动，休闲生活的参与方式也具有自由选择的属性。被迫参与的休闲活动是准休闲状态，也就是说这些休闲行为中包括义务性、商业性等非休闲因素。

另外，并不是所有的休闲都是完全自由化的。在享受休闲的过程中，还应受社会基本规范的制约，遵守人与人之间关系的义务和大众的基本态度取向。

（三）享受性

休闲作为自主性的活动还有一个重要特征，就是享受性。人们在休闲过程中获得心理和精神上的愉悦。这种享受性也是休闲的趣味性及人们在其中获得解脱感，摆脱各种约束后必然形成的一种主体精神状态。休闲的享受性在劳动与享乐分离状态下，显得尤为重要并具有极大的感召力和吸引力。马克思指出，享受的本质是实现人的本质力量的感觉。而长期以来，人们的享受感觉不是从劳动中，而是从休闲等生存形式中获得，从而使休闲在相当长时期中成为人们追求自身的本质力量实现的重要形式。

（四）趣味性

休闲是为了获得纯粹的快乐而进行的活动。纯粹的快乐是指行为的目的，即快乐本身。休闲活动要具有乐趣、轻松与消遣的特性，必须使参与者愿意付出热情，并感到愉快和满足。从事休闲活动应该感到安适，在休闲活动中为了获胜而焦急不安、竭力竞争，那么休闲将无异于工作，不会产生发自内心的轻松与宁静。人类在实现自己的兴趣等内在追求时会感到满足和快乐，这是因为在参与休闲活动中感受到了生活的意义，丰富了人生的内容并得到精神上的极大满足。

休闲应体现出个人内在的原动力和自我完善的特征，不应带有社会和经济秩序的强迫性，休闲必须能使人对某一类事物保持相对持久的兴趣。它包含着内在的喜爱，这种喜爱使得人们对所做的活动有着持久的兴趣。

（五）建设性

休闲一方面是消费，另一方面是生产，就是对人的心理和生理的再生产，这就是休闲的生产性或建设性。人们在休闲中获得生理和心理方面的再生产，休闲使人身体强健、理智清醒、道德高尚，并获得快乐和价值的实现，从而有助于主体的进一步发展和完善。休闲具有追求快乐和价值的性质，在现代社会，通过休闲获得的满足和快乐能使人们从社会责任的压迫中解放出来，满足人们对内在价值的追求和情感的需要。

杜马哲迪尔说过，休闲能使人摆脱日常生活的单调和乏味。在超越现实的世界里自由地补偿自己命运的价值，这些价值包括自我尊重、挑战、自由，支配、成就、地位等等。如果这些价值要素不能通过休闲得到满足，那么人类将会在高度工业化和城市化社会的劳动环境、家庭环境的制约中备受无所不在的挫折和折磨。因此休闲的价值创造性，是提高人类生活质量的重要手段。

五、休闲的功能

休闲对个体和社会都有功能意义，既能满足个体的需要，促进人的自由全面发展；又能满足社会发展的需要，促进社会进步与和谐。

（一）休闲的个体功能

1. 放松功能

对个人而言，放松可以说是人们从事休闲活动最基本的功能，是身心健康的保证，也是个体自我发展的基础。现代社会竞争激烈，生活节奏加快，人们的工作、生活压力越来越大，摆脱压力和紧张成为人们的一种普遍心理需求。人们从事许多休闲活动正是想让自己从繁重的工作或其他强制性活动中缓解过来，舒缓心情，避免连续的工作给人们的身心带来伤害。

2. 教育功能

马克思认为休闲具有“发展智力”的功能，是个人获得广博知识、发展能力的途径。在休闲时间里，通过阅读、旅行、交谈或独处自省而获得信息，或发展新观点，使认知的深度和广度拓宽。

3. 娱乐功能

闲暇时间内的活动、游戏和娱乐的价值，通常被认为是为了摆脱由社会规范强加给我们的习惯性和强制性的活动而带给人的一种愉悦。大众媒体提供了娱乐的功能，使每天的生活得到片刻舒缓。电视、电影、戏剧、音乐、小说、杂志和报纸等等，这些视觉、声音及印刷媒体全都提供娱乐。

4. 社交功能

通过休闲娱乐活动，可以增加与他人互助的机会，不但可认识和结交更多志趣相同的朋友，而且能够扩大视野、更新观念、满足归属感。更因为我们从中真切体会到人际交往与合作的宝贵经验，从而有益地促进个人成熟的社会化历程。

5. 康健功能

休闲活动是个人依其意愿选择参加的，不受约束和限制，所以人们在活动中较容易获得各种心理的满足，如成就感、好奇心、自我肯定或排解不良情绪等。而完成具有一定难度和技巧的休闲活动能博得众人对自己的肯定和自我满足感，因而有益于心理健康。

对于一些身心障碍者而言，可以通过休闲活动恢复健康，即“休闲疗法”，也被称为“娱乐疗法”。“休闲疗法”以广博的休闲活动知识为媒介，通过活动项目的进行，以适应病患的状态而实施的一种活动程序。它的功能在于提高工作的持久性、注意力、责任感、富有表达能力、调剂人际关系、促进身体健康、扩展社会视野等，一般最常见的有游戏治疗、音乐治疗及运动治疗等。

（二）休闲的社会功能

1. 文化功能

休闲是文化创造的动力源。首先休闲能推动社会整体发展和科学文化创造。科学史家丹皮尔在《科学史及其与哲学和宗教的关系》一书中指出，人类历史上三个学术发展最惊人的时期，即希腊极盛时期、文艺复兴时期和我们这个世纪，是财富增多、闲暇生活机会增多的时期。其次，休闲为各种科学、文化、艺术、观念交流和文化心理的交往提供了时间与空间。“没有自由时间，就没有一切科学、艺术、诗歌等富于创造性、融智慧与浪漫于一体的社会文明。”只有享有充分的自由时间，人类才能发展创新文化，从事一切有益于人类进步的文化创新。

2. 经济功能

休闲与社会的经济发展水平息息相关，社会经济发展水平越高，人们的收入和自由支配的时间就越富裕，闲暇的总量就越多。反过来，休闲的普及又是变成推动经济发展的重要力量。目前，休闲产业已经成为发达国家经济体系中的支柱产业或主导产业，休闲经济作为发达国家新的经济增长点正在发挥着不可替代的作用，并且仍将作为其经济增长的发动机，为经济的稳定、迅速发展提供动力。

3. 社会协调功能

休闲活动丰富了人们的文化生活，促进精神文明建设。休闲还可以排解不良情绪，使人保持身心愉悦，保持开朗的心态和开放的姿态对待人与社会，成为促进社会和谐的有效手段。

第二节 闲 暇

一、闲暇的概念

闲暇时间是人们从事休闲活动的必要条件之一。闲暇时间的不断增多，是社会进步的一个重要标志。人类的各种知识、科学、艺术的发展都依赖于闲暇时间的不断扩展。马克思、恩格斯预言，未来的理想社会是闲暇时间十分充沛的时代。马克思说："那时，财富的尺度决不再是劳动时间，而是可以自由支配的时间。"

什么是闲暇时间？学者们对闲暇有各种各样的理解和定义。

亚里士多德称之为手边儿的时间。

赫伯特 L 梅伊（Herbert L May）和多罗西·佩特根（Dorothy Petgen）将闲暇定义为在生存问题解决以后剩下的时间。

凡勃伦认为，闲暇时间是人们除劳动外，用于消费产品和自由活动的时间。

马克思强调，闲暇是摆脱了各种社会责任之后的、剩余的时间，而且这种时间不被直接生产劳动吸收，主要用于娱乐、休息和满足个人精神文化需要。有意义的闲暇生活取决于个人在闲暇生活中自由程度的提高，闲暇的本质是自由。

联合国《社会和人口统计体系》把人们每天的时间分为三部分：第一部分为学习、挣钱、上下班途中、买东西和家务劳动等；第二部分为睡觉吃饭等；第三部分为个人可以支配的时间。这种分法基本合理，但过于笼统。

20 世纪 70 年代，前苏联及英美等国的社会学家对闲暇时间进行了专门的社会学研究，并把每天 24 小时划分为 7 个部分。①

（1）工作时间，即用于劳动和其他职业活动的时间。

（2）上下班往返时间，即用于上下班路程及上班前的准备时间。

（3）家务劳动和个人副业劳动时间，如做饭、洗衣、购物、打扫房间，以及为照顾老人和病人所进行的各种劳动等。

（4）照料孩子和教育孩子的时间。

（5）满足生理需要的时间，即用于吃饭、睡觉、个人洗漱等时间。

（6）空闲时间（闲暇时间），用于娱乐、休息、学习和交往。在有些国家还把参与一定的社会工作以及举行宗教仪式也归入这一类。

（7）与空闲时间内各种活动有关的往返时间。

从以上 7 个方面看，前 5 项与闲暇的目的不相吻合，不应包括于闲暇时间之内，只有后两项，即空闲时间中的各种活动及与这些活动有关的往返所占的时间，才应包括在闲暇时间之中。

现代休闲学一般认为，闲暇时间也被称为余暇时间，是指人们可以自由支配的时间，是指人们扣除谋生活动时间、睡眠时间、个人和家庭事务活动时间

① 前苏联科学院社会学研究所. 社会学与现时代：1 卷[M]. 潘培新，等，译. 北京：中国人民大学出版社，1979：306-309.

之外剩余的时间。

二、闲暇时间变化的历史进程

在人类文明的历史长河中，人们的生活时间也在不断地发生变化，这种变化主要体现在劳动时间与闲暇时间的消长方面。社会每前进一步，闲暇时间就延长一次。

（一）狩猎时代

在以狩猎采集为主的原始社会，闲暇时间多于劳动时间。根据实际调查，在大猿猴的自然栖息地，它们花在打扮、嬉戏、睡觉上的时间一点不比用于寻找食物的时间少。多伦多大学理查德·李对南非卡拉哈里沙漠边缘布须曼族狩猎者和采集者在觅食方面花费时间的记录表明，每个布须曼族的成人每天用不了三小时就足以获得有丰富蛋白质和其他基本营养的食物，一名妇女在一天内可以获得足够全家吃三天的食物，其余时间用于休息、招待客人、绣花、去别人帐篷中做客，做饭、剥硬壳果、拾柴禾、打水等，这类家务杂事每天要占用她 1～3 个小时。在这样一个既有丰富的动物蛋白质作为食物，又有大量闲暇时间的社会里，文化发展处于初级阶段，闲暇与劳动相互混为一体，处于时间混沌状态。

（二）农业社会

农业作为一种食物生产体制确定以后，由于落后的生产力水平，可以使每单位土地吸纳更多劳动力，但劳动时间明显增加，“日出而作，日落而息”，劳动者闲暇时间很少。社会的阶级分化与社会分层，导致时间的权力分离和地位分离，统治阶级享有充分的闲暇时间。在古希腊和罗马，闲暇标志着自由人和富者的地位，旅游成为少数特权者享乐的消费领域。在中国，平民以上的上层阶级享有不同程度的闲暇，以休闲别墅、私家园林作为地位的象征。

（三）工业社会

工业社会尽管生产力水平有了很大发展，但是由于对利润的追求，迫使工人延长劳动时间。与农业社会相比，同样出现闲暇的权力分离和地位分离。工业机器给时间和时间分配赋予了效益的新法则，工人劳动时间每天达 17 个小时，有的甚至长达 18 个小时，没有假期，但工资却很低。1886 年 5 月 1 日，芝加哥的工人为争取 8 小时工作制掀起罢工浪潮。国际劳工大会为了缩短劳动者的工时，先后在 1919 年国际劳工大会通过的第一号公约中规定，工业企业工作时间一天不得超过 8 小时，一周不得超过 48 小时。在 1935 年，国际劳工大会又通过了《关于一周工作时间缩短为 40 小时的公约》。从此，8 小时工作制得到了资本主义国家的普遍确认。

除了工作时间缩短以外，1936 年，法国在全球率先对本国工薪阶层实行每年享受两周带薪假期的制度。1948 年，联合国大会通过的《世界人权宣言》提出，“人人享受休息和闲暇的权利，包括工作时间有合理限制和定期带薪休假的权利”。

每周劳动 40 小时制和带薪休假制的确立，让工人拥有了真正的闲暇时间。

（四）后工业社会

近现代大工业社会的崛起，使闲暇时间增多成为必然。20 世纪 60 年代以来，随着各国经济的快速增长与生活水平的不断提高，要求缩短工作日、延长闲暇时间的呼声越来越大，使得这一时期带薪休假制度在发达国家和地区日益推广。目前，几乎所有经济发达国家和地区，以及大多数经济高速发展的国家和地区、部分发展中国家都不同程度地实行了带薪休假制度。发达国家的带薪假期一般在 2～4 周之间。例如美国公民带薪假期为 3～4 周半，法国为 4 周，德国为 2 周半～3 周，意大利为 2 周，比利时为 3 周，丹麦为 5 周，荷兰为 3 周，英国至少 3 周，韩国为 20 天，西班牙为 30 天，澳大利亚最少为 20 天，泰国最少为 6 天，中国香港为 7～14 天，中国台湾为 7～30 天。

为更好地推行带薪休假制度，各国还出台了有关配套政策。例如在巴西，在 30 天的带薪休假期间，雇主不仅要保证雇员的工资照发，还需支付至少为 1/3 工资额的补贴；在澳大利亚，本国公民在每年至少 20 天有奖金的带薪休假期间，还可获得相当于平时工资 17.5%的奖励金额，在休假前支付；在法国，对年度休假者实行铁路车票优惠制度。

我国由于经济发展水平相对落后，直到 1994 年 5 月 1 日，才开始尝试实行 5 天半工作制。1995 年 5 月 1 日正式实行每周 40 小时的工作制。1999 年开始增加“五一”、“十一”两个黄金周，推行春节带薪长假制度。2008 年 1 月 1 日起，中国实施新的《全国年节及纪念日放假办法》及《职工带薪年休假条例》，此次节假日调整后，中国法定节假日和周末休息日达到 115 天，如加上职工带薪年假，一年中，中国工薪阶层平均休假时间超过 1/3。

工作周的缩短、闲暇时间的增加不仅仅是人们自身发展的需要，也折射了一个国家的社会发展程度和技术应用水平。因为闲暇时间与社会生产力的发展有着密切的联系。闲暇时间的增多是社会进步的标志，是具有重要意义的社会现象。

三、闲暇时间的变化与特征

（一）现代人闲暇时间变化

1. 自由时间持续增加，任意时间逐渐减少

现代社会自由时间持续增加的原因主要是经济发展水平提高；8 小时工作制、5 天工作制以及更短工时制度的实施；教育水平提高与就业年龄的推迟；退休年龄提前；寿命的延长等，自由时间是不受约束的时间。任意时间是指不受约束、有充分的选择余地，可以任意决定使用的时间，例如一个无业者有大量的自由时间，但如果没有收入或其他必要条件的话，他的行为就没有选择的自由，为了获得收入，他只能将自由时间用于寻找工作。

现代人任意时间的减少主要表现为生活节奏加快，生活更加匆忙，总有事情等着去做，感觉从来没有生活过。社会学家把这种现象称为时间饥渴症。杰弗瑞·戈比和 A 格拉耶夫（A Graefe）等人的调查表明，尽管大多数人工作所占时间比重已经下降，但北美地区的居民依然觉得，比起前几十年来，生活忙碌多了。

一般来说，生活节奏越快，人们越感到忙碌，快乐水平越低。感觉自己最忙碌、烦恼最多的是 25～57 岁之间的年龄段，处在这个时间段的人们大多数是全职职工，或要赡养老人，或抚养下一代。随着年龄的增长，这种忙碌感和烦恼将趋于下降。

2. 闲暇分布弹性增加

闲暇分布弹性增加的主要原因是现代人生活模式的改变。传统社会普遍的生活模式是直线型生活模式，而现代的生活模式却日趋增加弹性。弹性生活模式是指根据自己的活动特点和需要自由灵活地安排日常时间，在保证工作时间没有减少的条件下使之让位于生活的其他活动。近年来，随着工作制度的柔性化、网络应用等技术的进步，弹性假期和在家庭工作已经逐步成为现实，而且在知识社会里，工作日与周末的差异将逐渐消失。

（二）闲暇时间的分布

闲暇分布是指人们在各类活动上占用的闲暇时间的情况。闲暇分布可以反映各类活动在人们闲暇活动中所占的比重，从而反映人们实际的闲暇生活内容。通常使用闲暇明细表来分析和掌握人们的闲暇时间分布状况。闲暇明细表对个人、社会和政府都有重要意义。它可以使人们更全面了解闲暇活动状况，知道控制闲暇的各种因素；在对闲暇分布进行分析、评价的基础上，可判断闲暇分布是否符合个人需要，也可以为社会和政府提供闲暇活动需求的信息。

中国居民闲暇时间和方式作为社会学研究的一个方兴未艾的领域也逐渐引起了广大学者的关注。王延琪等人通过调查研究，发现我国城市居民闲暇分布有如下主要特征。

（1）从性别看，男女闲暇时间分布在总量上趋于平等。一个总的趋势是男女双方家务劳动时间减少，男女的闲暇时间均有所增加，并且男女闲暇时间差在缩小。

1997 年城市男性每周家务劳动时间为 2 小时 37 分钟，女性为 5 小时 43 分钟，比 1990 年男性和女性家务劳动时间分别减少 27 分钟和 1 小时 20 分钟。

1990 年中国城市女性职工周平均每日闲暇时间为 4 小时 50 分钟，男性为 5 小时 38 分钟。1997 年女性职工周平均闲暇时间为 5 小时 45 分钟，男性为 5 小时 57 分钟。

（2）从学历看，学历越高工作时间越长，知识分子加班加点现象大量存在。

从制度内工作时间看，不识字者为 100 分钟，小学为 139 分钟，初中毕业者为 280 分钟，高中毕业者为 358 分钟，大学毕业者为 383 分钟，硕士以上毕业者为 404 分钟，表现出明显的学历越高工作时间越长的特征。

从文体娱乐时间、家务劳动时间、聊天休息时间、睡眠时间看，则呈现相反的趋势，即学历越高者文体娱乐时间、家务劳动时间、聊天休息时间、睡眠时间越短。

从教育子女的时间看，高中毕业者及初中毕业者都是较多的，其中高中毕业者为 48 分钟，小学毕业和不识字者教育子女的时间分别为 28 分钟和 21 分钟，相对来说，硕士以上毕业者用于教育子女的时间也是较多的，为 47 分钟。

（3）职工的生活时间分配与家庭人口的多少也有关系。家庭为三口人和四口人的文体娱乐时间、家务劳动时间、睡眠时间、聊天时间为较短；两口之家的职工文体娱乐时间、家务劳动时间、睡眠时间、聊天时间最多。

（4）从就业状况看，在职人员和下岗人员、失业人员及无业人员的生活时间分配差异很大。在职者的文体娱乐时间只相当于下岗人员、无业人员的 2/3。在职者的家务劳动时间为 113 分钟，明显少于下岗人员、无业人员、失业人员及离退休人员。在职者的睡眠时间比其他各类人员少 30 分钟左右，聊天时间为 60 分钟，分别比其他各类人员少 40～70 分钟。

（5）从职业看，脑力劳动者与体力劳动者的生活时间分配存在一定差异，从周平均每日工作时间来看，公务员及专业技术人员为最长，分别为 461 分钟和 456 分钟。从学习和阅读时间来看，企业管理人员和专业技术人员为最长，分别为 71 分钟和 65 分钟。从家务劳动时间来看，自由职业者和工人、服务员为最多，分别为144分钟和121分钟；公务员和专业技术人员为最低，分别为107分钟和101分钟。从睡眠时间来看，脑力劳动者少于体力劳动者。

（6）看电视是城市居民打发闲暇时光的主要方式。据王琪延等专家对广州、上海、西安、北京和沈阳这5个城市的调查，在人们的闲暇时间中，看电视的时间占去了一半以上，达到2小时42分钟至3小时20分钟。

【阅读材料】

休假文化与经济效应①

2010年路透社和益普索集团针对24个国家进行的一项联合调查显示，全球2/3的人会选择用完当年所有假期，其中89%的法国人会休完假期，而日本人仅有33%会这么做。

在大部分欧洲人眼里，休假是神圣不可侵犯的权利。欧盟的有关规定赋予欧洲人每年最少四周带薪假期的权利，许多欧洲国家在本国立法和劳资协议中规定的假期甚至超过这一标准。法国是带薪休假制度的起源地，早在1936年，法国就立法保护平民带薪休假权。太阳暴晒后留下的古铜肤色，不再仅仅为权贵富豪的“专利”，而是公民权利的体现。美国社会学家马洛·吉兰指出，欧洲人的自我价值与是否开雷克萨斯或保时捷无关，而是和能否享受精彩的假期联系在一起。在欧洲，懂得享受生活同样是成功的标志。当然，这要有完善的福利制度作为保障。

美国没有法定的最低带薪假期天数，美国人的带薪休假时间大约只有欧洲人的一半。美国是一个移民国家，清教徒构成了早期北美移民的主体，清教文化对美国有着深远影响。清教文化崇尚的“虔敬、谦卑、严肃、诚实、勤勉和节俭”，塑造出美国人勤劳致富的观念。美国社会普遍标榜高生产率和高收入，“工作狂”比比皆是，因此一周左右的小假期在美国更为流行。与欧洲人强调完全从工作中抽身的休假方式不同，美国人即使度假也可能仍然同办公室保持联系。这种现象被戏称为“黑莓之咒”，即在假期中仍通过黑莓等智能手机保持工作联系。对美国人来说，度假带来的放松感，可能远不及成功的荣耀那般诱人。

① 蔡乔伊.休假文化与经济效应[EB/OL].人民日报，(2010-8-26).http://i.ifeng.com/news?aid=6192525.2010.8.26.

第三节 休闲与工作

一、休闲与工作的关系

在传统思想中，工作决定休闲，是休闲的前提条件，休闲依附和模仿工作，空闲时间也是由工作所塑造的。休闲和工作都是人的基本需求，是人本性的一部分，它们一直伴随着人类社会的发展历程，是围绕人的生存和发展过程的基本矛盾之一。

（一）什么是工作

人们通常把工作定义为从事体力或脑力劳动，也泛指机器、工具受人操纵而发挥生产作用。有人认为工作是“为达成某项目标而进行的有规范而又需要持之以恒的活动。在其间所做的任何具体的活动，都不过是实现最终目标的辅助性手段。”或者“工作是一种受外界驱使而非发自内心意愿的活动。”[①] 我们认为工作是为达到一定目的而进行的具有一定约束性的活动。它具有目的性、约束性、成果性、组织性和相对稳定性等主要特征。

（二）工作和休闲关系模式

1. 工作和休闲的排斥和分离

在有着严格的等级制度的古希腊人看来，休闲和劳动是两个相互排斥、毫不兼容的概念，休闲和不劳动是特权和地位的象征。古希腊人的休闲“说到底是一部分人的劳动才使另一部分人能休闲”。进入 19 世纪，由于社会对劳动和休闲给予道德观念上的肯定与否定，工作和休闲仍被看作是对立的关系。因为从经济学角度讲，经济学家们认为为了创造经济腾飞的资本，有必要积累劳动，这就使得整个经济体制倾向于加强新兴资本主义的节俭。

休闲不仅是不生产的，相反还刺激消费，这在强调“有必要积累劳动”的社会当中受到了“一个生产的社会”的谴责。从道德角度讲，劳动被认为是“社会体制的中心价值”，休闲“因为与劳动的严格道德相比，它使人习惯于闲逸、放纵习俗、产生不正常行为”。[①] 早期社会主义者圣西门以新兴资本主义社会的经济理性主义抨击休闲，认为“游手好闲”是对社会、对组成社会的所有成员，

---

① 苏·罗歇. 休闲[M]. 姜依群，译. 北京：商务印书馆，1996：3.

尤其是对工人的犯罪。

2. 工作和休闲的相容

随着产业革命的出现和人们对劳动性质的认识变化，尤其是类似于保尔·拉法格等人对工人休息权利的必要性的认识和生产社会化进程中，工人为争取缩短工作时间而进行的一系列不懈的斗争，使“劳动”和“休闲”主体的分离程度逐步降低。J杜马兹埃迪认为：“休闲并非游手好闲，它不取消劳动，而必须以劳动为前提。”瑞士天主教哲学家皮普尔认为，休闲和劳动之间是没有界限的。休闲活动内容的变化，在某种程度上也促进了工作和休闲的相互融合，劳动和休闲的界限变得模糊了，“为什么劳动不能成为休闲呢？”[①] 维兰斯基根据工作和休闲之间的界限模糊或者对立关系缓和的事实，把工作和休闲混合在一起时休闲的功能称为“渗透”——工作在向休闲渗透，这种渗透甚至可以达到这样一种程度：休闲不过是工作心境和工作心态的延续；当工作和休闲分离很远时，休闲的功能成为“补偿”——休闲对工作的补偿，用它来弥补工作中的不满足感。帕克在“渗透”和“补偿”之间又增加了一个“中立”，它所代表的意思是，此时工作和休闲的内容虽然“不尽相同”，但二者之间只有一个“大概”的界限。

二、休闲／工作范式的演进

在工业化社会，人们经常将工作与休闲视为相反两极的职能。但在人类漫长的历史中，工作不是一直被认为比休闲重要的，有正当性的；而休闲也不一定是工作的相反词，相互排他的，二者是可以并存的。

（一）原始社会时期

原始社会大部分人的生存完全依赖农牧收成，必需储存足够的蔬果以过冬，畜养动物的饲料也得备妥，肉类需要先烟熏或腌渍。长时间在田地中劳动，食物是每日的主要关注点。女性在这时期，不仅负担家事责任，还要做其他粗重工作，如纺线、织布、烘烤及清扫。女性在耕种及收成时节需在田地工作，之外的时间必需忙着将食物装罐及腌制，且必需满足家中每个人的需要。

在对原始土著部落的研究中，发现生活在游猎型态社会中的人，他们每天劳动的时间不到4小时，在某些易于生存的环境之中，甚至劳动时间不到2个小时，他们有大量的空闲时间，当然这并不一定意味着他们就有着丰富的休闲生活。但这些社会中的人们是按照大自然中日出与日落的自然时间过日子，他

① 戈比·杰弗瑞.你生命中的休闲[M].昆明：云南人民出版社，2000.

们的时间并未被明确的划分为工作与非工作的时间，这些社会中，人们工作与休闲的职能可以不是泾渭分明、井水不犯河水的。

原始文化中，人们的时间绝大部分都必须用在维持生活的活动中，工作与休闲没有严格的界限，从事任何经济生活都伴随有消遣娱乐的成分。但是参加者并不认为这些活动是休闲活动，他们认为这些活动仅是日常生活中的一部分。

（二）古希腊罗马时代

探索人类文明对工作与休闲的看法，不得不从古希腊罗马时代论起。古希腊是建立在奴隶劳动基础上的社会，柏拉图（Plato）所认为的休闲“以自我表现为目的的自由时间”，以及亚里士多德（Ariosto）认为休闲是“从劳动的必然性转换到的自由”都只属于特权阶级。著名的休闲学者托马斯·古德尔（Thomas Goodale）称亚里士多德为“休闲之父”，在他所处的时代，雅典及希腊城邦的文化是建立在奴隶制度之上的，奴隶从事各种劳动以提供希腊城邦公民安逸的生活，而包括亚里士多德在内的公民们并不从事这样的劳动。亚里士多德认为“休闲优越于劳动，而且是我们通过劳动来寻找的最终目标”，他认为“空闲时间并不等于休闲，休闲是一种终身的志向与幸福的追寻，短暂的嬉戏娱乐并不是真正的愉快与幸福泉源，与休闲也毫不相干。休闲不仅仅是摆脱必然性，也不是我们能够选择做什么的一段时间，而是实现文化理想的一个基本要素，知识引导着符合道德的行为，而这些东西又反过来引出了真正的愉快与幸福。”依据亚里士多德的观点，只有音乐及冥想才是休闲活动，而冥想是所有人类活动中最理想的休闲行为。

古希腊人认为工作是人们脱离饥饿的手段，也是人们达到富裕的手段，当人们处在富裕的阶段，才会有美德、善良及独立。休闲不仅仅是自由时间，也是锻炼自己、提高修养的途径，是从必须的劳动到自由的状态。古希腊人的休闲观建立在维持自己和环境的协调的前提下，追求自己认为有价值的生活、自我修练、学习等。对人的一生有重要影响的休闲活动包括政治、哲学、教养活动、学习、美术、趣味活动、宗教文化仪式、竞技大会以及奥林匹克运动会等定期举行的仪式。为了给每个人提供休闲的机会和设施，必须要有好的政府来支持。

早期的希伯来人承继并引申希腊人对工作的看法，认为工作不是一种必然的悲剧，工作是痛苦难当、沉闷无趣的，但工作不见得全无意义，工作被解释成对罪恶的一种惩罚，也是重获心灵尊严的必要手段。换句话说，“工作不仅是一种惩罚也是一种赎罪的方式；工作能够惩罚人也能使人重获新生。”

而在罗马时代以及公元的前几世纪，在西方文化中，休闲的重要性仍是超过于工作的。在当时人们认为工作与财富会使得一个人无法专心地侍奉上帝，金钱并不是一个人努力的目标，而只是达成目标的手段而已，拥有财富反而会使得一个人无法善尽公民的义务与帮助别人的美德，甚至是一个缺乏信仰的指针。工作虽然有其重要性，但它只是提供一个人基本的温饱而已。此可见证于圣经中的暗示：追求财富等于面临许多诱惑和干扰，会成为通往天堂之路的障碍。大体而言，基督教对工作的态度是能糊口就好，其余就听凭上帝的旨意。在工业革命之前，人们看待时间仍是依大自然的时间来安排他们的工作、休闲与娱乐，一直到工业革命之后，自然时间的韵律才被机械的时间所取代。

在工业革命之前的这段时间里，人们的休闲生活交织于农业活动以及牧猎活动之间，也配合着四季、日夜及人们的信仰，会有诸如年节、宗教节庆，以及婚丧喜庆等等的休闲时间与活动。由文献中推算，在英格兰的一般平民中，这样的休闲时间每年有 1/3，而在法国，一年中竟有半年是可休闲的时间。

（三）十六七世纪

直至十六七世纪，人类社会对休闲与工作的看法开始有了明显的转变。圣经新约中，圣保罗肯定了为维持秩序，工作、公平的报酬和纪律是非常重要的，强调“工作是规律生活的一部分，使人们不惹麻烦；不亲自努力赚取食物是不公平的。”圣汤姆斯·阿奎那（St Thomas Aquinas）依据人的职业和工作来排定理想的社会阶级，而职业的贵贱又依对社会的贡献大小来决定，至此，工作才有了价值，它是社会合法、安定的基础。

文艺复兴及宗教改革（Protestant Reformation）后，工作的意义因人而存在，而非人的意义因工作而存在，换句话说，人成就工作，而非工作成就人。马丁·路德（Martin Luther）认为工作不应只是为上帝服务，而是人人都应该负起的道德责任，乞丐从原本值得同情的对象变成人人不齿、不劳而获的寄生虫。马丁路德认为“工作是神圣的，是服侍上帝的方法，能够将人类精力妥善转化到物质世界中”。此时期，清教徒的工作观逐渐崛起，劳动工作不再被认为是低下的，反之，工作被认为可以带来报酬，而且会给一个人的未来带来精神以及物质上的好处。休闲反被认为是一个罪恶的诱惑，而且安于逸乐的人被认为是缺乏自我控制、缺乏人生目标、缺乏理性思考，而且是不敬神的。清教徒的工作观颠覆了传统的工作与休闲之间的平衡，他们认为需通过勤奋的工作来侍奉上帝，而节庆的休闲是不必要的。通常他们一周工作六天，每天工作的时间极长，只剩下星期天作为休息时间。清教徒认为工作与休闲的平衡，是在辛勤的工作六天之后终得有一天的休息。在西方世界里，清教徒的工作观随着中产阶级的兴起，渐渐的占据了一个主导的地位。

（四）工业时代

18 世纪机械动力发展后，人们劳动重担减轻，每日的工作产量的潜能也同时大增。许多小镇成为制造中心，但是人们仍需长时间工作，工作人员被视为可替换的零件，或是尽可能以低价获取的用品。伴随工业时代而来的是片段工作，为了符合规格化、一致性和零件可替换，人工制作过程因而演变为组合过程，生产线无可避免的出现。在过去的日子里，工匠可以从自己一手完成的工艺品上得到成就感及骄傲的感觉，可以按自己悠闲的步伐工作，但在工厂里，个人成就被团体成就所取代，工作有固定步调，否则每个人的工作次序便会混乱不堪。此时期，机械式重复动作的劳动给予劳工极少的回馈与满足感。工厂工作造成劳工的心智完全变成空洞，过去的工艺家因为在过程中的摸索做出决定，而能够感受到最高的生命力。

工业时代是人类史上最以工作为导向的文化。原始人民工作虽然辛劳但是却没有被工作征服或隔离的迹象，工作成果虽并不能全部满足个体，但是工作成果是存在的，而且是立即的。工业时代，对多数劳工而言，工作上的回馈是遥不可及的。家居农牧劳工在机械化及高度生产的步调下，原有的社交回馈也减到最低。木匠过去觉得刨子、锯子就像延伸的手臂，在使用现代机械动力或按钮机器后，那种感觉也已经减少。劳工生产力增加，但在过程中却造成距离感与淡漠感。

此时的观点是“国家富足依赖劳动生产量；后世子孙视富足为累积金钱与物质。”然而此观点受到批评：国家的富足依赖的是人民的喜乐幸福，喜乐幸福来自于劳动也来自于休闲；“物质虽好，但是也要人们有时间享用它。”

工业革命不但对人类的经济活动产生了巨大的改变，对人类的工作与休闲也造成了巨大的影响，同一时期机械时钟制造技术的普及，使得十八世纪的工作者有办法精确地测量他们工作的时间，因而对于他们的工作步调能够精确的加以控制，以及再进一步的强化。农民摇身一变，成了工厂的工人。受制于工作天、工作周，工作在这里可以跟游戏、休闲清楚的划分开来。人们无法像在农业以及游猎时代的社会，随时可以把手边生产线的工作停下来，去从事一些休闲或游戏的活动，再回过来继续从事他的工作活动，也较难像农猎时代将休闲与工作融合在一起。

工业革命是一个重要的分水岭，从此之后工作与休闲（游戏）被认为是相反的两个极端，主要表现如下。

（1）工业使得工作时间与游戏或休闲时间分割得非常清楚。

（2）工业革命使得人们认为工作与休闲应该是发生在不同的物理空间里，

是相反的，不能相辅相成的。

（3）工作与休闲对于男女两性工作者的意义是不同的，在工业革命之前，女性也是这个社会的生产者；但在工业革命之后，男性逐渐被认为是主要的工资赚取者，女性的角色则被局限于家庭劳务的提供，以及照顾幼童、老人，而这样的工作是无法换取工资的。

（4）工业革命也带来了工作与休闲时间的重分配，工业革命使得休闲与游戏从劳动中分离出来，使得工作不同于大自然的时间脉络，造就了新型态的休闲时间，例如周末、夜晚以及年休假。个人可以工作之前的“孩童期”以及该从工作岗位退下的“退休期”也悄悄的被延长了。

（5）分析一般人工作的时间，会发现工业革命之后个人的工作时间增加了。以一个17世纪的工匠而言，他一年平均工作1 980个小时（38小时/周），但是在19世纪，一个美国的工人则平均一年约工作3 500个小时（67小时/周）。个人的工作时间在19世纪达到一个高峰，而在20世纪则随着工作伦理与价值的改变，及新型态的种种产业变革，工作时数又逐渐的减少，在20世纪80年代，一个美国工人平均一年工作的时间约1 955个小时（37小时/周），大致恢复到17世纪的水平。

（6）休闲的特质也有所改变。社会学家麦克斯·卡普兰（Max Kaplan）将社会分为两大类：农村社会组织及都市化社会。依此分类，将休闲行为特质列于表2-1。

表2–1 休闲的特质

农村社会（桑梓社会）	都市化社会（资本社会）
户外：大多使用大型庭院、溪流，且内容多为户外活动	室内：大多使用特定的建筑物或家庭的房间，且内容多为室内活动
参与型：较多以自我为主的休闲型态，并较常与人交谈或探访他人	观察型：较为依赖娱乐的领导者，较常使用大众媒体及阅读的方式
非商业化：有较多活动是在学校、家里及小区活动中心举办	商业化：愿意付费以换取娱乐，如电影院以及其他设施
以团体为主：休闲活动以家庭及教堂活动为主，大都以团体的方式进行	以个人为主：容许自我主义的存在，家庭的控制力较低
选择较少：居民的兴趣狭隘	选择较多：包含各种类型的人，且兴趣多样
一般化的活动：较无机会去建立或使用特殊的游戏技巧	特殊化活动：较为特殊的训练或使用方式
实用导向：休闲是家庭事务或工作技巧的延伸	文化导向：在艺术活动方面有较为广泛的兴趣

表 2-1（续）

农村社会（桑梓社会）	都市化社会（资本社会）
自发性的：较不需要正式的休闲组织来引导	组织性的：依赖休闲专业人员的引导
以身体为中心：力量与劳力付出的游戏为主，如自行建屋、收割	以心灵为中心：较多阅读或创造性的活动
无阶级导向：活动跨越社会阶级	阶级导向：休闲是一种地位的象征
保守的：游戏型态变化缓慢	追求时尚的：紧跟着最新流行时尚的脚步改变

资料来源：叶怡矜，吴崇旗，王伟琴，等.休闲游憩概论：探索生命中的休闲[M]. 台北：品度股份有限公司，2005：44.

（五）后工业时代

电子科技时代的来临，自动化的机械已能执行以往靠人操作的工厂杂事及危险性的工作，白领工作者渐渐取代操作重机械的蓝领劳工，大量劳动力解散，更高比例的人投入服务业，如医生、律师、教师、推销员、簿记员、公务员、提供娱乐与游憩的服务员等。在后工业时代，低于 25%的劳动力从事制造生产劳动，其余工作者从事运送、纸上作业、其他沟通，或是提供服务。

这个时代虽然让许多人解脱了沉重的劳动，但是从事无趣味及无意义的工作者增加了，对许多人而言，工作成为纯粹赚钱的途径以便可以做点别的，工作本身不再是目的，而是达到其他目的的手段，如为了持家、偿还贷款、获得游憩娱乐机会等。以帮助他人为内容的工作，比工厂工作或推销工作的工作满意度要高，研究显示，律师、医生、护士和牧师要比待遇良好的工厂工作者或管理者有较高的满意度。而那些有手工技艺或体能的人，或那些能在工作中得到创作乐趣的人，都有较高的工作满意度。

虽然在 20 世纪末，我们可以观察到工作时间逐渐缩短的趋势。蒸汽机的发明，使人们的闲暇时间提高到 23%；电动机器的普及，使人们的闲暇时间提高到 41%。20 世纪 90 年代，有些国家周工作时间已不到 40 个小时，一些欧洲国家仅为 30 个小时。但是人们对于时间的心理感觉及社会感觉则相对地被压缩了，人们反而会抱怨他们更加地没有时间。

（1）自由时间被转化成消费时间，而休闲活动由时间密集转型成为财物密集的形式。逛街购物是许多人的重要休闲活动之一，而与休闲相关的消费行为则被大力强化，市场上有琳琅满目的、巧经包装的便利化休闲活动，使得休闲不再是休闲而已，是格调的象征，是关乎于国民生计的经济活动。

（2）市场上泛滥的信息使得 21 世纪的人们开始感到安排休闲活动的压力，

过多唾手可得的信息与广告的强力游说，使我们开始认为在所谓的空闲时间里安排多姿多彩的休闲活动，才是善用时间的休闲方式。

（3）清教徒的工作观，也在相当程度上影响到人们对于休闲活动的安排与选择。由于时间是珍贵的，所以人们会想尽办法将空下来的、不用工作的夜晚时间，或者周末的时间，充分安排他们认为有意义的、有价值的休闲活动，而认为这样是一个善于安排休闲生活及充分做好时间管理的表现。

（4）休闲被认为是活动密集的，为了弥补心理上的时间不足感，人们会将好几个活动组合在一起，使一个人可以同时休闲或工作，或者休闲并进行一些维持生活的活动，或同时从事多种休闲活动。人们为了要逃离工作的压力，选择参加非常密集的休闲活动，甚至成为休闲生活的奴隶。

后工业社会带给许多国家更多的沟通与旅行，使得许多国家建立起更多元的文化，许多种族与少数团体可以保留他们的文化与独特性，不需在价值观与行为上与他人同化。

【思考题】

1. 休闲、闲暇的概念是什么？
2. 休闲的本质是什么？
3. 休闲的特征及功能有哪些？
4. 简述休闲与工作的关系。
5. 休闲活动的类型有哪些？

第三章　休闲需要、动机与行为

【学习目标】

- 了解休闲需要以及休闲动机类型
- 了解主要的休闲动机是如何产生的
- 熟悉主要的休闲制约因素

【知识要点】

- 休闲需要以及休闲动机类型
- 休闲制约因素的分类
- 影响休闲行为的因素

第一节　休闲需要

一、需要

需要是有机体内部的某种缺乏或不平衡状态。它体现有机体的生存和发展对客观条件的依赖性，是有机体活动的积极性的源泉。① 心理上的稳定均衡状态是身心健康的表现。当某种需要出现时，非均衡或紧张感随即产生，促使有机体做出相应的行为选择用以满足这种需要，从而达到新的均衡；需要被满足后，则心理状态趋于均衡。

需要是个人活动积极性的源泉。人的需要、兴趣、爱好、动机、价值观、人生观等都是推动人们从事各种活动的动力因素，但需要是最根本的，其他的动力因素都是在需要的基础上形成和发展起来的。需要使人朝着一定的方向，追求一定的目标，以行动求得满足。需要越强烈、越迫切，就越容易引起并推

① 彼得罗夫斯基．普通心理学[M]．朱智贤，卢盛忠，等，译．北京：人民教育出版社，1981：112.

动人们的活动。可见需要是个人活动积极性的源泉。因此在西方心理学中，需要往往被称作内驱力（内部驱动力）。需要是人和动物共有的心理现象。

1943年，马斯洛（Maslow）提出了需要层次理论，这也是现有的所有动机理论中最为著名的一个理论。马斯洛认为人有许多需要，其中包括基本需要。鉴别基本需要的方法是验证某种需要是否符合下述情况："缺少它引起疾病；有了它免于疾病；恢复它治愈疾病；在某种非常复杂的、自由选择的情况下，丧失它的人宁愿寻求它，而不去寻求其他的满足；在一个健康人身上，它处于静止的、低潮的或不起作用的状态中。"据此马斯洛提出人所具有的一系列需要，这些需要分为五个层次：生理需要、安全需要、社交需要、受到尊重的需要和自我实现需要。

二、休闲需要

许多休闲研究者认同马斯洛的需要层次理论，并认为它有助于划分人们在休闲环境中的需要类型。休闲需要的本质是：休闲是由人的生存需要走向发展需要并随着人需要的升级产生和发展的，是融入生命的人的一种生活方式，是外化于休闲活动而融入精神的，是实现自我、追求自由而全面发展的有效需要。根据马斯洛的需要理论对休闲需要进行解释如表3-1所示。①

表3-1 马斯洛需要理论的休闲解释

需要的阶段	需要的表现	休闲需要的阶段
高级需要	美的追求 知识的需要	"内生"的生活方式
中级需要	自我实现的需要 受尊敬的需要	有意识的休闲需要
初级需要	归属与爱的需要 安全需要 生理需要	无意识的休闲需要

一些学者依此总结出广泛存在的休闲需要。例如曼尼尔与艾索·阿荷拉（Mannel & Iso-Ahola）提出两种主要的推动型和拉动型因素，即个人因素与人际因素。他们认为，人们休闲旅游的动机是为了摆脱现实环境中的个人或人际关系矛盾，并获得个人与人际关系补偿和回报。旅游带来的个人回报主要有自

① 吕宁.中国城市休闲和休闲城市发展研究[M].北京：旅游教育出版社，2010.

主决策、能力意识、挑战、学习、探险和放松，而人际关系的回报则源于社会交往，出于社会交往目的的休闲需要是一种对缺失和欲望的反应：生活在纷繁的社会中，人们产生对社交的需要，而这种需要又正是家庭环境所缺少的，如图 3-1 所示。

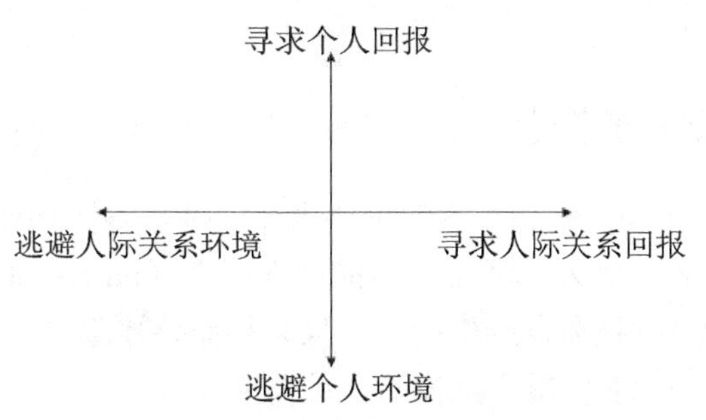

图 3–1 休闲动机的逃避—寻求维度[①]

提尔曼（Tillman）也依据需要层次理论总结了以下休闲需要：追求新体验（如探险经历）；放松、逃离和幻想；认可与身份；安全（免遭饥渴或疼痛之苦）；支配欲（控制自身环境）；社会反应与相互作用（与他人发生相互关系、相互影响）；心理活动（感知与理解）；创造性；必须的需要；生理活动和健康需要。[②]

但是休闲需要有现实的需要与潜在需要之分。需要在本质上体现了某些活动的行为特征与偏好，通常是指“个体偏好或者个体欲望，不管个体是否拥有能满足其需要的经济资源和其他资源”。[③] 现实的需要是我们可以观察到的，实际已经或者正在发生的需要。潜在需要则是由于缺少休闲机会而无法满足的需要。早在 20 世纪 60 年代，休闲学研究者就认识到，需要并不能等同于实际参与，休闲需要与休闲参与之间不能划等号。总体需要与实际参与之间的差异被称为“潜在需要（需求）”，当休闲机会的供应条件达到理想状态的时候，潜在需要（需求）就会转化成为参与。

促进潜在需要转化为实际行动的心理动因是动机，因而休闲需要的研究总是与休闲动机的研究结合在一起的。由于在现代心理学中，动机被认为是直接促使一个人产生某种行为的直接驱动力，因而关于休闲动机的研究就更为受到关注。

① R C MANNEL, S E ISO-AHOLA. Psychological Nature of Leisure and Tourism Experience[J]. Annals of Tourism Research，1987，14（3）：314-331.

② C 米歇尔·霍尔，斯蒂芬 J 佩奇. 旅游休闲地理学：环境·地点·空间[M]. 周昌军，何佳梅，译. 3 版. 北京：旅游教育出版社，2007.

③ J J PIGRAM. Outdoor Recreation and Resource Management[M]. London：Croom Helm, 1983.

第二节 休闲动机

一、休闲动机的概念

动机（motivation）是指行为的个体内在的推动力（driving force），或者是激活身体能量使之达到外部环境目标的内在状态（inner-state）；它是消费者希望其需要得到满足时被激发产生的，一旦某种需要被激发，一种紧张状态便会存在，它驱使消费者企图减少或排除这种需要。

休闲动机是指推动个体做出决定并参与休闲活动，努力追求达到某一目标的个体内在的推动力。

在整个休闲过程中，由于个体生产了休闲需要，进而才会产生休闲动机，并会促使休闲个体产生休闲行为，最终进行休闲活动。

二、休闲动机类型

休闲动机研究在理解人们的休闲行为方式与休闲活动结果方面有着关键作用。人们的休闲动机有很多，有人认为，许多人参与休闲的动机主要是为了“好玩”、“快乐”。但是这并不是人们参与休闲活动的全部动因，事实上，人们参与休闲活动的动机是较为复杂的。为尽可能多地了解户外休闲参与者的动机，早期的休闲动机研究常采用的是开放式问卷来调查休闲参与者。在此基础上，一些学者提出了休闲动机的分类，以下介绍在休闲动机领域影响较大的几种分类。

1983 年，比奇和瑞格荷伯（Beach & Ragheb）提出了休闲动机等级模型，他们以马斯洛的需求层次理论为基础，将动机划分为四种类型。这四种类型如下。①

（1）知识因素　是用来评价个体在多大程度上被激发参与休闲活动，它包括精神活动，如学习、探索、发现与挖掘、思考或者想象。

（2）社会因素　是用来评价个体参与休闲活动在多大程度上是源于社会原因，它包括两个基本的需要，一个是友情和建立人际关系的需要，另一个是获

① C 米歇尔·霍尔，斯蒂芬 J 佩奇. 旅游休闲地理学：环境·地点·空间[M]. 周昌军，何佳梅，译. 3 版. 北京：旅游教育出版社，2007.

得他人尊重的需要。

（3）技能掌握的因素 是用来评价个体为了获取和掌握某项技能，或者挑战和完成某个事务而参与休闲活动。这些活动从本质上看通常是与体力有关的活动。

（4）逃避刺激的因素 它评价的是想要逃避和远离过度刺激的生活境遇的欲望；对于一些个体有与世隔绝、寻求安静、平和环境的需要；对于另一些个体有寻求休息和释放自我的需要。

克兰德（Crandall）根据其对休闲动机的研究，综合了该领域以前的研究成果，列出 17 种动机因素，见表 3-2。①

表 3-2 克兰德的休闲动机清单

1. 享受大自然，逃离现代文明 暂时逃离现代文明 亲近大自然	10. 认可，身份 向其他人表明我能做这件事 因此其他人会对我进行高度评价
2. 逃离日常事务和责任 变化一下我的日常行为 躲避日常责任	11. 社会权力的显示 能够控制其他人 处于有权力的位置
3. 锻炼身体 锻炼、健美健身	12. 利他主义 帮助他人
4. 创造性 显示创造力	13. 寻求刺激 由于风险的存在，寻求刺激
5. 放松 身体放松、心理暂时松弛	14. 自我实现（反馈、自我提高、能力利用） 看见自已的工作成果、发挥各种技能和才干
6. 接触社会 我能与同伴一起做事 远离其他人	15. 成就感、挑战与竞争 培养我的技能和才干 由于竞争的存在，学习我能做到的事情
7. 接触新朋友 跟各种各样的新朋友交谈 与新朋友建立友谊	16. 打发时间、消除无聊 忙于各种事务 消除无聊
8. 接触异性 与异性在一起，与异性接触	17. 理性审美 利用我的思想，思考我的个人价值
9. 家庭接触 暂时离开家庭 有利于家庭成员关系更融洽	

综合国内外学者对休闲动机的研究，本书认为人们参与休闲的动机可以归纳为以下八点。

① 米歇尔·霍尔，斯蒂芬 J 佩奇. 旅游休闲地理学——环境·地点·空间[M]. 周昌军，何佳梅，译. 3 版. 北京：旅游教育出版社，2007.

1. 改换环境

暂时改换环境是从事休闲活动的常见动机。人们向往的休闲环境与生活并没有一个固定的模式，关键在于它带来的快乐方式与人们日常感受有区别，无论是有形还是无形的。长期生活在同一环境中，有时会使人感到困顿、无聊、单调。因此人们会在闲暇时间里，离开家庭和日常工作环境到郊外放松。

2. 放松与消除疲劳

人们在工作、学习后会感到疲劳。疲劳有两种情形：一种是由于体力透支而导致身体的疲惫不堪；另一种则是由于过度用脑而导致大脑或心理的劳累。休闲消除疲劳的作用就表现为它使人从体力与精神劳累的状态中恢复过来。自古以来，中国的先贤就认为休闲通常与放松、消除疲劳联系在一起。古人云：流水之声可以养耳，青禾绿草可以养目，观书绎理可以养心，弹琴学字可以养脑，逍遥杖履可以养足，静坐调息可以养筋骸。如此，休闲能使我们的耳、目、心、脑、足以及筋骸恢复活力、恢复健康。生产力和时代在进步，我们现代人休闲的途径也似乎比古人要丰富得多。对于现代人来说，很多人在休闲时会选择看电视、听音乐，唱卡拉OK、跳舞蹈、看展览、喝早茶、品咖啡，可以一个人独自享受，也可以与社会结合，参加社交活动。在休闲活动中，人的身体得到放松和恢复，人的精神得到休整和颐养，疲劳就会远离我们。

3. 健康

这是与身体保健、康复、治疗有关的动机。随着生活水平的提高，“现代文明综合症”也更加肆虐，在美国，由于缺乏休闲活动，每年有30多万人提早失去生命。越来越多的人认识到身体健康是人生的最大财富。人们在闲暇时间里参与体育锻炼、健身娱乐活动成为日常生活中不可缺少的重要内容。各国也相继实施了旨在发展大众闲暇体育、促进各自国家民众健康、改善民族体质、提高锻炼意识的计划，如中国的《全民健身计划纲要》、日本的《国民体质振兴计划》、韩国的《老虎计划》等都已经实施多年。[①] 因此为健康而进行休闲已深入人心，并成为人们的一个常见动机。事实上，健身和体育运动也成为各种休闲活动中人们选择几率最高的项目。对于生活在现代社会中的人们来说，运动型的休闲活动是对久坐不动的、以工作为导向的生活的最佳调节。

4. 声望

在前工业社会，休闲只是特权阶级的专利，是身份、地位和财富的象征。凡勃伦在《有闲阶级论》中指出，奢侈消费方式（包括休闲）在当时被视为一

① 周莹，申萍. 中、日、韩居民闲暇体育活动倾向的比较研究[J].中国体育科技，2001，37（11）：43-45.

种社会地位的象征。在现代社会，尽管普通大众拥有了休闲的权利，休闲活动已大众化，休闲活动的声望动机色彩已逐渐消退。但是不可否认，受传统观念影响，声望和地位仍然是有些人从事某些休闲活动的首要原因。例如人们通常会把豪华邮轮休闲、游艇休闲等活动看作是高端人士的休闲活动。

5. 怀旧

怀旧也是在休闲活动中常见的一种心理动机。怀旧舍弃复杂而趋从简单，回避喧嚣而向往古朴，逃避科技主义和物质主义的现实世界，具有浓重的浪漫色彩。怀旧可以帮助人调整心态，使人更加平和、返朴归真，可以帮助人认识自我、宣泄感情。休闲活动还可以为人们重现曾经历过的场景，满足其追寻过去生活方式的需要，如孩童时代曾经玩的游戏等。

6. 社会交往

包括增进与亲友之间的关系及结交新朋友两个方面。休闲是家庭聚会的重要机会。家庭成员共同参与某一个项目，可以促进家庭成员的相互交流，也可以强化家庭成员间的感情联系。

人类是喜欢社交、喜欢群体活动的。团体结伴进行休闲活动，不仅能享受更多的休闲乐趣，而且还能加深彼此之间的友谊。休闲活动还为人们结识新朋友、扩大自己的社会交际范围提供了机会。特别是在人们有共同喜好的休闲活动中更是如此，如集邮、园艺、下棋、打球等活动。

7. 体验新奇与求知

新奇性是指休闲中的新体验，但不一定是全新体验，它可能是“重新”体验。一般来说，具有好奇心和冒验精神的人喜欢体验新事物。求知能提高一个人的综合素质，是人们发展自已的主要手段，因而利用休闲机会来获得知识或教育孩子就成为许多人从事休闲活动的动机。

8. 个人完善和发展

发展和再发展是人们提高素养、完善人格、健全心理、提高技能的终级目标。休闲体验有助于自省、锻炼领导才能、提高审美意识和增长知识。这些都是促使人们参与休闲活动的强大动力。人们通过在闲暇时间里从事各种活动，可以提高自我素养与动手能力，最终实现自我再发展的目标。

三、休闲制约——影响休闲动机产生的因素

休闲制约因素研究致力于调查限制休闲偏好的形成或阻碍人们参与并享受休闲的因素，是个体或组织在从事休闲活动过程中遇到的阻挠或限制，并由此造成人们原本可以参与或追求的休闲娱乐活动无法进行。也有学者将休闲制

约定义为任何影响主体休闲偏好、休闲决策过程及休闲体验，而导致其无法、不愿意或减少参与休闲活动的因素及其内在制约机制。[①]

20 世纪 80 年代早期，西方学术界在探讨“休闲制约”时常采用“Leisure Barrier”一词。但是由于“barrier”一词特有的内涵，常常使得研究者只关注介于休闲偏好和休闲参与这两个阶段之间的某一种类型的制约，从而无法从整体上把握休闲制约的全过程。80 年代末，“Leisure Barrier”一词被“Leisure Constraint”所替代，以求更准确地概括休闲制约研究的内涵，即研究致使主体的休闲偏好不能发展为休闲参与活动所存在的一系列制约因素及其制约机制。

《女性休闲：女性主义视角》一书提出休闲空间的概念：虽然休闲在任何一种“空间”中（在各种活动中，在不同的物质与社会场景里）都可能发生，但有些“空间”容易产生休闲体验，而另一些则可能会限制休闲。这说明社会历史条件、微社会环境条件（个人所属的社会团体及阶层、周围的人际关系等）、家庭或个人的收入状况等会对人的休闲动机产生或大或小、或正或负的影响。此外，在影响休闲动机的个人因素中，一个人的个性心里特征也起着重要作用，不同个性心理特征的人有着不同的旅游动机，进而产生不同的休闲行为。除此之外，年龄、性别、个人的文化程度与修养等也可能会影响人们休闲动机的形成。

总的来看，休闲制约因素是颇为复杂的，许多学者对此进行了研究与总结，并形成了一些分类，以下选择其中较有影响的分类进行简要介绍。

（一）休闲制约因素的分类

（1）按制约因素发生在休闲活动之前或者进行过程之中，分为前置性制约（Antecedent Constraints）因素和干涉性制约（Intervening Constraints）因素两大类。[②]

①前置性制约因素　前置性制约因素　发生在休闲活动之前，包括个人休闲信念、社会性的强制等。这些因素影响人们对某些休闲活动的偏好。例如有人发现老年非裔美国人很少参与游泳、划船等水上运动，其原因在于在他们的少年时期，附近的游泳池、池塘等不向黑人少年开放，因而导致这个群体及其子女回避选择与水有关的娱乐休闲活动。

②干涉性制约因素　干涉性制约因素　即那些影响个体由倾向于选择某一种休闲活动向实际参与过渡发展的因素，发生在休闲活动与实际参与的选择之

① 王玮，黄震方.休闲制约研究综述[J]. 桂林旅游高等专科学校学报，2006，17（3）：370-374.

② HULTSMAN W. Recognizing Pattern of Leisure Constraints：An Extension of Dimensionality[J]. Journal of Leisure Research，1995，27（3）：229.

间。干预因素包括娱乐休闲设施的可用性、活动持续的时间、消费能力以及设施安全性等。

杰克逊（Jackson）和赫尔茨曼（Hultsman）将干涉性制约因素总结为六大因素，即可接近性、社会隔绝、个人原因、花销、时间保证和设施装备。

a. 可接近性　包括人们前往休闲活动场所是否方便，到达休闲活动场所需要支付的交通费用。如果距离较远或者要支付的交通费用较高，则将阻碍人们参与休闲活动。

b. 社会隔绝　包括没有机会参加住处附近的活动，缺乏（不能获得）可参加某些休闲活动方面的信息，以及较难找到他人一道参加休闲活动。

c. 个人原因　如缺乏从事某项休闲活动的必要技能、自律太强、体力和精力有限、没有兴趣。

d. 花销　涉及参与休闲活动所需要的装备、材料和供给用品的花销，以及入场费、租金、其他设施设备或项目的收费。

e. 时间保证　休闲需要一定的时间保证，如果没有足够的休闲时间，许多休闲活动都不可能进行。而一个人的休闲时间与其工作负担、家庭负担有关。如果工作负担过重，经常需要加班，或者家庭事务占据的时间太多，人们就很难获得足够的休闲时间。此外，由于参与其他休闲项目而无法分身也会阻碍人们参与某些休闲活动。

f. 设施装备　参与某项休闲活动的人过多，设施装备供不应求或场所人满为患；或者设施装备缺乏维修保养，影响使用，都将制约人们参与休闲活动。

（2）克罗弗德和戈比的分类　克罗弗德和戈比（Crawford & Godbey）将制约个体休闲偏好与休闲参与的影响因素归纳为以下三类。①

①个人内在制约（Intrapersonal Constraint）因素　它是指影响休闲偏好或参与的个人内在心理状态或态度的因素，即个人主观衡量是否适合参加活动，包括压力、沮丧、忧郁、信仰、焦虑、自我能力，以及对适当休闲活动的主观评价等。

有研究指出，就个人心理特质而言，压力、焦虑、沮丧，以及远离社交等是主要的个人心理特质。而缺乏体力、缺乏选择机会、依赖他人、担忧身体、缺乏心理安全感等是制约身心存在障碍的女性休闲的主要因素。制约人们参与休闲活动的个人内在因素也因某些特定活动而有不同，如吉尔伯特和哈德森（Gilbert & Hudson）在对观光滑雪活动的制约研究时发现，个人内在制约因素

① 王玮，黄震方. 休闲制约研究综述[J]. 桂林旅游高等专科学校学报，2006，17（3）：370-374.

主要有担心花费、害怕受伤、怕冷、害羞、太危险、担心下楼梯、怕高、压力太大等。

②人际间的制约（Interpersonal Constraint）因素　它是指个体因没有适当或足够的休闲伙伴，而影响其休闲喜好或参与的因素，例如缺乏友伴、与其他参与者不合、夫妻的休闲偏好不同，因此减少参与休闲活动。

一般来说，需要两人或两人以上参与的活动会产生制约与参与的交互影响。例如自我身份不适宜、无人邀约、与其他参与者偏好不同、没有同伴、双方休闲时间冲突等，这些都是人际间的制约因素。

因个人特殊情况而产生的因素，有家庭责任与缺乏同伴两种，其中家庭责任方面主要有家庭角色定位、职责及配偶无法配合等因素。在对身心存在障碍人士的休闲参与进行研究时，研究者发现他们对他人依赖度相当高，特别是残疾人，不论单独活动或团体活动他们都乐于参与，但是更需要朋友或家人陪同。

③结构性制约（Structural Constraint）因素　它是指影响个体休闲偏好或参与的外在因素，它是介于休闲偏好和休闲参与之间的中介制约因素，以及来自社会环境的制约因素，主要是针对人际间互动或个人特质的特殊情况产生的因素。结构性制约包括家庭生命周期、家庭财务状况、气候、休闲资源、休闲设备、工作时间、金钱及休闲机会、参考群体态度、社会及地理区位限制、缺乏相应技术和环境设施等。

吉尔伯特和哈德森（Gilbert & Hudson）在对观光滑雪活动的制约研究时发现，结构性制约因素主要有器材价格太高、缺乏合适完备的休闲行程、金钱、人潮拥挤、行程太紧凑、时间、与其他人约定活动等。

凯和杰克逊（Kay & Jackson）对英国成年人的休闲制约因素的研究发现，53%的人认为金钱是主要的制约因素，36%的人认为缺少时间是主要制约因素，与家庭或工作冲突、交通问题和关注健康是其他制约因素。①

哈瑞根（Harringeon）等人在分析残疾人参与的制约因素时，指出时间限制及缺乏机会或选择余地是主要的结构性制约因素。对这类人而言，来自社会环境的制约因素则有建筑物障碍、提供服务者态度不佳、休闲环境的不可及性等。休闲环境的不可及性是指包括各休闲景点、旅馆与目的地难以抵达，造成休闲制约。

（3）按制约因素的内外部条件来划分，可将其分为个人自身制约因素和外

① T Kay, G Jackson. Lesiure despite Constraint：The Impact of Leisure Constraints on Leisure Participation[J]. Journal of Leisure Research，1991，23：301-313.

部环境制约因素。

①个人内在制约因素　个人自身制约因素主要是指休闲活动的潜在参与者自身的原因所造成的。

a. 时间因素　主要是指个人可支配的自由时间。

b. 经济因素　个人和家庭所拥有的资产、经济状况等。

c. 能力因素　必要的休闲活动技能、个人的信息收集和获取能力。

d. 心理因素　包括价值取向、性格特征、态度等。

e. 社会人口因素　包括受教育程度、性别、年龄、种族等。

f. 身体因素　身体健康程度。

②外部环境制约因素　外部环境制约因素指的是人们所处的国家或地区的政治法律环境、经济环境、科学技术环境以及人文环境等六个方面。

a. 政治法律环境　国家政策、相关的法律条文、法定节假日、地方的扶持政策，以及税收政策、管理制度和管理方式。

b. 经济环境　人均国民收入、人均可支配收入、人均的工作时间、社会的福利水平、产业结构状况、市场供求状况、资源的稀缺程度、行业竞争强度、休闲娱乐场所的数量和质量、国家和社会的重视程度以及投资力度等。

c. 科学技术环境　网络的普及程度、通信的便捷程度、媒体的影响力度、休闲娱乐设施的现代化程度、运动器材的更新换代率、交通工具的提升、道路畅通等。

d. 人文环境　人们的休闲理念、价值观、生活方式、行为方式、社会伦理、治安秩序、“黄、毒、赌”的泛滥程度、饮食文化的发达程度、民众满意程度、民族传统习俗、宗教信仰、历史积淀、人文底蕴和社会遗产等。

e. 自然环境　自然秉赋、地理方位、气候条件、周边联系、资源特色等。

f. 其他因素　地方举办的一些休闲节事活动，如休闲博览会、嘉年华狂欢节、海南欢乐节等，为人们提供了参与休闲活动的机会。

四、休闲制约模型

（一）偏好、制约和休闲参与决策模型

图 3-1 是 20 世纪 80 年代早期提出的一个休闲制约模式，它说明参与休闲活动是因为没有受到因素的制约，但是遇到了制约因素之后，就不会参与休闲活动。这是一个较为简单的模式，在该模式中，人们仅仅注意到了制约因素导致了不参与休闲这一结果，其他的结果没有被考虑到。另外，制约因素也没有被认为能影响选择休闲活动时的偏好。因此不参与者被认为在某种程度上受到

了制约，但是参与者则被认为没有受到制约。

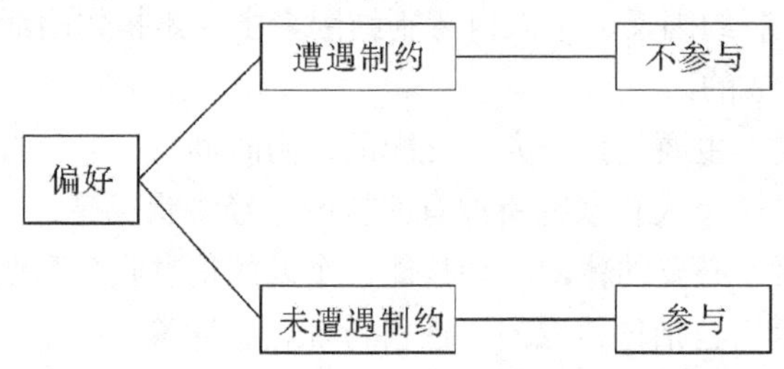

图 3–1 偏好、制约和休闲参与决策模型①

但是也有研究证实，不少人能够“抛开”制约因素而参与到他们选择的休闲活动中去，模型中受到制约而不参与休闲活动则不成立；另有学者甚至发现受制约多的人反而可能比那些受制约少的人更频繁地参加休闲活动，因此“制约多则休闲少”的假设受到质疑。②

（二）休闲制约等级模型

在对制约因素进行分类研究的基础上，克罗弗德（Crawford）等学者进一步指出，个人内在制约因素、人际间的制约因素、结构性制约因素三类不同的制约因素是以一定的等级（hierarchical）关系进行运作并发挥制约作用的，因此他们提出了一个解释休闲参与不能发生的全过程模型——等级模型（Hierarchical Models），如图 3-2。这个理论模型强调制约层次的重要性，认为休闲制约的层次是从最初的个人内在制约，到人际间制约，再到最后的结构性制约阶段。个人在参与休闲的过程中，必须先克服个人内在制约，如压力、忧虑、信念等，之后才能到达下一个阶段的人际间制约。个人若能了解人际间制约发生的原因，加以适当调解后，才能面对下一个阶段的结构性制约。结构性制约是干扰休闲选择的外在因素，包括金钱来源、能够获得的时间和机会等。若三种类型的制约因素都能被克服，那么个人才能顺利参与休闲活动。

在休闲制约等级模型中，个人若想参与活动，可能需要克服其中一层或所有的制约层次，这种制约等级是由最低层的个人内在制约发展到最高层的结构性制约的，个人内在制约是最基础但影响力最大的制约等级；而结构性制约的等级最高，但影响力却最小。

---

① 杰克逊·埃德加. 休闲的制约[M]. 凌平，刘晓杰，刘慧梅，译. 杭州：浙江大学出版社，2009：4.

② S M SHAW，A BONEN, J F MCCABE Do more constraints mean less leisure? Examing the relationship between constraints and participation[J]. Journal of Leisure Research，1991，23：286-300.

休闲制约的等级模型也说明了对休闲制约的研究并不能仅仅停留在关注某些具体的制约因素上，更为重要的是去探究这些零乱的制约因素背后的深层作用机制。

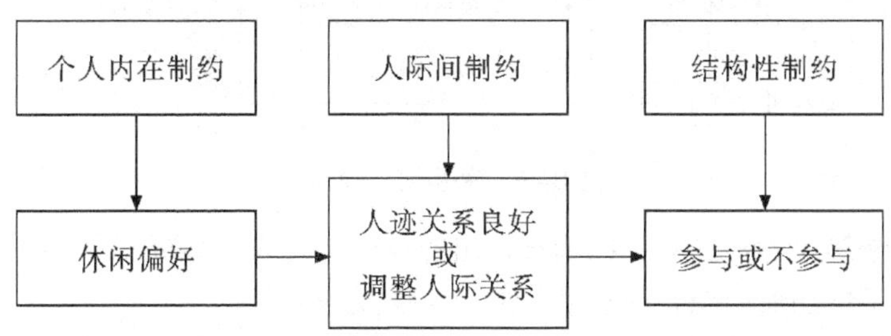

图 3–2 休闲制约等级模型①

（三）等级/协调模型

等级/协调模型可以看作是一个改良了的休闲制约等级模型。从制约因素的序列等级角度来看，结构性制约因素是最为遥远的因素，也是左右休闲行为最为次要的因素。个人和人际制约因素更为直接，因而也可能是影响休闲更重要的因素。人们可以通过协调来解决这些有等级关系的制约因素。因此尽管遭遇制约，人们还是能设法参与并享受休闲，即使这种参与和享受与不受制约时的情况是不同的。图 3-3 等级/协调模型反映了这个过程，同时这个模型还有以下六点含义。

（1）人们参与休闲并非取决于制约因素的有无，而是取决于同这些制约因素进行的协调，这样的协调常常是修改而不是放弃参与。

（2）人们报告的制约因素的变化不仅可以被看作是对制约因素体验的变化，同时也可以看成是对这些制约因素成功协调的变化。

（3）先前对于结构性制约因素的成功协调可以部分地解释，为什么不想改变眼下的休闲行为。

（4）那种不可逾越的人际间或结构性制约因素只要出现一个以上，人们便会打消参与的愿望。

（5）对制约因素的预期不只是指它的存在和强弱，还包括对制约进行协调能力的预期。

（6）协调过程的启动及其结果取决于制约参与一项活动因素的相对强度与参与活动动机之间的相互作用。

① 杰克逊·埃德加. 休闲的制约[M]. 凌平，刘晓杰，刘慧梅，译. 杭州：浙江大学出版社，2009：4.

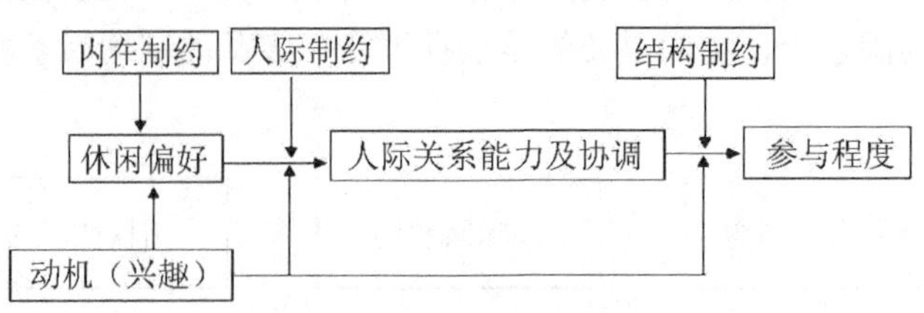

图 3–3 等级/协调模型[①]

杰克逊等人还根据对制约因素作出的反应，将人们分成三种类型。[②]

（1）不参加他们想要的活动的人（负面反应）。

（2）尽管遇到了制约，但是丝毫不降低或改变参与活动的次数或方式的人（成功、积极的反应）。

（3）参与，但改变了参与方式的人（部分成功、积极的反应）。

【阅读材料 3–1】

你的休闲并非你做主：全民休闲面临制约

2011 年 6 月 10 日，由国家旅游局综合协调司、中国社会科学院财政与贸易经济研究所和社会科学文献出版社联合举办的“《2010～2011 年中国休闲发展报告》课题研究成果暨《休闲绿皮书》新闻发布会”在北京举行。在《休闲绿皮书》中指出，我国居民的生活水平已经发展到了有能力将休闲纳入其生活之中的程度，对于都市居民来说尤其如此，在他们的理念中，休闲已经成为生活中的一部分。随着《国民休闲发展规划纲要》的制定，休闲发展将被视为国民生存权利的表征之一，体现了社会的公平和公正。其中专题报告作者李洪波等人指出，作为发展中国家，我国公民的休闲意识和休闲活动毕竟才刚刚开始，存在的问题还很多。

总体上说，我国城市居民的休闲存在以下问题：第一，休闲观念落后，制约了健康休闲的发展；第二，休闲供给不足，制约了休闲市场的进一步拓展；第三，生活成本昂贵，制约了城市居民对休闲产品的购买力。

这也是我国与欧美发达国家休闲水平的差距所在，与我国大多数人“不会玩”“不知道怎么休闲”不同，很多发达国家的休闲理念是从小就培养起来的，

① 杰克逊·埃德加. 休闲的制约[M]. 凌平，刘晓杰，刘慧梅，译. 杭州：浙江大学出版社，2009：6-7.

② E L JACKSON Recognizing patterns of leisure constraints：Results from alternative analyses[J]. Journal of Leisure Research，1993，25：129-149.

休息时间外出度假是很平常的事情，加之配套供给的成熟，相比起来，这些国家的居民可谓是十足的“玩家”。

李洪波等人对泉州市居民的调查发现，在不同阶层人群中有56%的人认为他们的休闲活动存在障碍，10.7%的人认为存在严重障碍，而仅有19.3%的人认为他们的休闲活动不存在障碍。

具体说，城市居民的主要休闲制约因素分别是“个人及家庭经济收入状况”、“个人可支配时间”、“交通便捷程度”、“工作性质”、“性格特征”等，占全部制约因素的58.6%。其中时间制约因素，对31～40岁和41～50岁的人群影响最大，说明两个问题，其一，“不敢休假，单位实际有限制”；其二，工作压力太大。我国的《劳动法》、《劳动合同法》和《职工带休假条例》等法律中都规定了公民享有休闲的权利，但在实际中没有很好的执行，在民营企业中尤为严重，在外来务工人员集中的地区，每月休息2天的企业很普遍，严重违背了相关法律法规。

就此，提出以下建议：第一，政府部门加强休闲政策的执行力度，保障居民的基本休闲权力；第二，加大休闲设施的供给力度，尤其是公共休闲空间的增加；第三，整个社会注重休闲产品的创新，创造更多健康、积极的休闲产品，满足广大居民的休闲需要；第四，关注弱势群体的休闲生活，倡导公平、共享的休闲方式。

第三节　休闲行为

一、休闲行为的概念

行为是人类在生活中表现出来的生活态度及具体的生活方式，它是在一定的物质条件下，不同的个人或群体，在社会文化制度、个人价值观念的影响下，在生活中表现出来的基本特征，或对内外环境因素刺激所做出的能动反应。

休闲行为是指个体在主客观因素影响下而产生的休闲活动，是一个整体的休闲行动过程。人的休闲行为是由其休闲需要所决定的，需要一旦转化为动机，就会引发个体某种具体的活动，这种活动直接指向需要的满足。休闲行为是人们在休闲过程中表现出来的休闲态度和休闲方式。不同的人因为休闲需要、休闲动机的不同而表现出不同的休闲行为。

二、影响个体休闲行为的主要因素

影响个体休闲行为的主要因素包括闲暇时间、经济资源因素、心理因素、社会人口因素、身体因素等。

（一）闲暇时间

休闲消费是物品和时间结合，为休闲参与者提供休闲体验的过程。个人闲暇时间是决定休闲状况的重要因子。毕特曼（Bittman）曾经说过："有能力参加休闲，既意味着获得休闲物品和服务，又意味着充足的休闲时间量。"[①] 这清楚地表明，对休闲的需求，并不完全在于休闲物品（从经济学的角度来看，提供休闲活动的设施装备与场所等均可看作是休闲物品。）本身，还在于物品与时间结合过程中提供的特殊服务。物品和时间是休闲消费过程中两种对称的要素，缺一不可。例如即使消费者在旅行社付清了所有费用，如果不花时间出境旅游，远在千里之外的异国美景也不会使人获得任何满足。由于休闲时间是个人必须由自己提供的投入，同时休闲消费总体上是耗时性的，故人们要实现休闲行为，必须有一定的连续性的可自由支配时间，休闲消费行为实际上是对可自由支配时间的消费。人们在可自由支配的时间里参加文化艺术、旅游娱乐、健身等休闲活动，这些都是人的全面发展所需要的，是另一种意义上的消费活动。也只有拥有一定量的可自由支配时间，人们的上述休闲活动才可能进行，因而可自由支配的时间也越来越成为一种财富。马克思把可自由支配的时间看作财富的尺度。他认为，当生产力的发展水平达到一定高度后，劳动时间就可以逐渐减少。这时劳动时间的减少与财富的增长成了同步的关系，即财富越增长，劳动时间可以越减少，从而可自由支配的时间也就越多。于是可自由支配的时间成为财富的尺度。[②] 因此从这个意义上说，时间——特别是人们连续的可自由支配时间——是休闲消费得以实现的必要条件，是影响消费者休闲行为的重要因素。

（二）经济因素

购买休闲产品与服务既需要闲暇时间，也需要金钱。金钱是制约人们参与休闲活动的主要因素之一。在有足够闲暇时间的前提下，通常参与户外休闲活动的次数与社会经济地位和富裕程度有密切的关系。

根据 2006 年 12 月，《小康》杂志社等单位的调查，中国居民的休闲支出随

---

① 郭鲁芳.时间约束与休闲消费[J].数量经济技术经济研究，2006，2：118-128.

② 卫兴华. 当可自由支配时间成为财富的尺度[N]. 人民日报, 2006-6-2.

着工资的增长逐渐增加。结果显示，在年收入3～5万元、5～10万元及10～20万元的年轻人中，休闲支出分别约占其收入的11%、20%～30%和30%～40%。可见随着收入的增加，休闲支出也随之增加，说明收入与休闲支出的关系密切相关。

与经济条件相关的一些条件也间接地制约了人们参与休闲活动。例如汽车为个人提供了最大限度的流动性和更为广泛利用休闲的机会。对英国的研究表明，大多数拥有汽车的家庭参与体育和休闲活动的倾向是没有汽车的家庭的两倍。[①]

（三）心理因素

（1）价值取向　影响人们对休闲的基本态度，并决定一个人是否参与休闲活动以及参与何种休闲活动。对于西方发达国家的人们而言，休闲是人的生命的一种状态，是一种“成为人”的过程，是一个人完成个人与社会发展任务的主要存在空间，休闲不仅是寻找快乐，也是在寻找生命的意义，他们把休闲看作是与工作同等重要的组成部分，是生活的终极目标。而中国传统的休闲观，把休闲看作是一种被动的选择，而不是因为体会到休闲的重要性才歌颂休闲。因而传统上，中国人以闲为耻，倡导劳动光荣，奖励加班。在这样一种价值取向影响下，中国人长期以来对休闲活动较为排斥。

（2）性格　通常对于休闲行为类型、消费方式等具有影响。斯坦利C普洛格（Stanley C Plog）将休闲旅游者的性格分别称为自我中心型（Psychocentric，也称为内向型、安于现状型、保守型）和多中心型（Allocentric，也称为外向型、追新猎奇型、开放型）。自我中心型的人表现为自律、神经质、缺乏冒险意识，喜欢到熟悉的目的地去旅游，活动项目较少，喜欢开车前往，喜欢沉浸于熟悉的氛围之中，欣赏团体旅游方式。而多中心型的人则表现为自信，追求新奇和冒险，富有探索精神，喜欢独立的安排行程，更喜欢直接飞往目的地。

另有学者发现，大多数内向型性格的大学生参与体育活动的目的是挑战困难，他们渴望通过参与休闲体育活动来挑战自己，转变自己的性格爱好。而大多数外向型的大学生参与体育活动的目的是娱乐、丰富业余生活。

（3）自身能力　一些休闲活动，如攀岩、溯溪、丛林穿越等需要必要的技能，如果缺乏相关的技能与技巧则不能从事这类休闲活动。

（4）其他　例如因为女性对自我体形的关注与态度，而对其休闲活动也会

---

① C米歇尔·霍尔，斯蒂芬J佩奇. 旅游休闲地理学：环境·地点·空间[M]. 周昌军，何佳梅，译. 3版. 北京：旅游教育出版社，2007.

产生重要影响。利奇（Liechty）发现大约45%的妇女不选择参加某些休闲活动是因为担心她们的外表不理想；而60%的妇女仅仅是为了减肥而参加她们不喜欢的活动。①

（四）社会人口因素

（1）性别 对于休闲行为的影响是非常明显的，男女之间在休闲行为方面具有差异。从活动类型来看，通常男性更多地参加室外的、社交性的、高强度的活动；而女性更多地参加室内的、个别的和低强度的活动。

女性休闲生活质量和状态被认为反映了一个国家或社会的文明程度。在男权制社会中，女性一般地位低下，社会对她们的角色期待与限制，如社会中关于女性气质的观念、女性缺乏经济独立性、社会为女性规定了做母亲的责任等，都影响了女性的休闲，且这种影响往往是负面的。② 不论过去还是现在，男女在休闲空间、参与机会、参与频率、参与的影响因素、休闲消费等方面均存在差异。

罗杰斯证明了欧洲女性与男性在参与休闲体育方面的巨大差异，即女性的参与频率远低于男性。各国女性与男性参与休闲体育活动的比例为，英国100∶188；西班牙100∶176；法国100∶159；比利时100∶127；荷兰100∶116。

瑟瑞因（Thrane）采取跨国研究视角，利用斯堪的纳维亚诸国的数据考察了男女休闲时间的多少，他发现，丹麦、瑞典、挪威等国妇女平时的闲暇时间都比她们的伴侣少；家中有幼子的妇女闲暇时间的减少比男子多。并且他认为这是这些国家性别不平等的证据。①

欧美国家的大量研究表明，女性群体中存在共性，女性休闲的“意义”开始凸显。但是与男性相比，女性在休闲机会方面普遍存在不平等；女性寻找休闲社会关系；女性的休闲时间零散；女性的休闲优势只局限于家庭和一些无组织的活动；女性缺乏争取休闲权利的意识等问题。③

（2）年龄 年龄不同，其经济状况、家庭状况等方面各有不同，因而休闲制约可能也有差异。女性年龄越大，其休闲活动的总体水平越低，户外的、高强度的活动随着年龄的增大而减少，而低强度的活动则随着年龄的增加而增加。

根据一项在杭州市对不同年龄段女性休闲状况的调查结果显示，在外出休闲的障碍方面，女性在生命周期的不同阶段呈现不同特征。在18～28岁这一群

---

① 宋立中，谭申，周胜林.近10年西方女性休闲研究进展述评[J].北京第二外国语学院学报，2009（9）：68-76.

② 亨德森.女性休闲：女性主义视角[M]. 刘耳，季斌，马岚，译.昆明：云南人民出版社，2000：25.

③ 亨德森·卡拉. 论女性、性别与休闲问题[J]. 浙江大学学报：人文社会科学版，2010（2）：31-38.

体女性中，较少受到家庭的束缚，精力最为充沛，对外面的世界充满了希望和热情，渴望多姿多彩的休闲生活。然而这一阶段的女性大多处于求学或事业刚刚起步阶段，经济实力不足，无力承担高额的休闲费用，只能选择一些费用较低的休闲产品，因而收入是她们的主要休闲障碍。29～40 岁这个年龄段，女性休闲的最大障碍为时间因素，这一群体女性身兼母亲、妻子、女儿、媳妇等多种社会角色，她们奔波于家庭和事业之间，在匆忙中承受着巨大的时间压力。41～55 岁的女性认为休闲消费的障碍除了交通因素以外，排在第二、第三位的分别为人际因素和身体因素。56 岁以上的女性大多已经退休在家，子女已成人，负担大大减轻，但却在被动的休闲状态中。由于生活压力大、身体机能衰退，以及无所事事而滋生烦恼，休闲质量不尽如人意。①

不同年龄段的人口参与的休闲活动类型也有差异。表 3-3 显示了美国各年龄段人口在各种户外体育活动中的参与率，表明随着年龄的增长，剧烈的、长距离的活动参与率逐渐降低。

（3）受教育程度　受教育程度不同，休闲制约因素也有不同，因而参与休闲活动的程度、机会、类型等方面也有差异。

有调查显示，初中与高中学历的群体参与旅游的比例相对较小，两者之和仅为 16.5%，而本科以上的高学历者参与旅游的比例则较大。

学历与看电视时间呈负相关，即学历越高看电视的时间越少，具有硕士以上学历者看电视时间最少；学历越高，体育锻炼时间越短。②

（4）种族　研究发现，女性休闲方式和权力的获取因种族和阶层的不同而有明显的差异。比亚来斯奇（Bialeschki）从历史（1910～1940 年）角度考察了与种族和阶层有关的美国白人妇女和黑人妇女休闲问题，发现黑人女工和白人女工游憩和休闲机会的差异在于，白人女工似乎为自身的目的而进行休闲；但在黑人社区，休闲具有争取公正待遇等政治色彩。亨德森（Henderson）等研究者发现，非洲裔美国妇女和美国印第安妇女参与体育活动的主要障碍包括工作要求、身体疲劳、身体疾病和不适、家庭和社区其他成员的期待与需要、经济拮据、主要生活变故或创伤、安全问题、气候与环境、麻烦及其缺乏设备和机会等。

① 黄玮.城市不同年龄段女性休闲消费行为差异研究——以杭州市为例[J].生态经济，2010（4）：108-112.

② 马惠娣.休闲——人类美丽的精神家园 [M].北京：中国经济出版社，2004：53-59.

表 3–3 美国各年龄段人口在各种户外体育活动中的参与率（1994～1995 年）[①]

活动	16～24 岁	25～29 岁	30～39 岁	40～49 岁	50～59 岁	60 岁以上
骑自行车	37.9	36.1	37.4	30.7	21.8	10.6
攀岩	8.3	5.4	3.9	2.9	1.8	0.7
登山	8.2	6.2	5.2	3.6	2.3	1.7
探穴	8.0	7.0	5.3	4.3	2.9	1.6
跑步/慢跑	50.4	33.2	28.3	23.3	17.4	8.1
步行	68.1	72.4	74.6	71.9	65.4	51.5
下坡滑雪	15.5	14.2	9.9	8.1	3.8	1.0
越野滑雪	3.5	3.5	3.7	4.4	4.0	1.2
徒步旅行	31.5	30.1	29.4	27.0	18.0	9.6
背包旅行	14.3	11.8	8.2	7.0	4.4	1.4
划舟	10.6	8.8	7.8	7.0	4.7	1.8
划独木舟	1.3	1.0	0.7	0.7	0.4	0.05

（五）身体因素

一般来讲，身体健康是从事休闲活动的前提条件，同时身体健康的人从事休闲活动的范围更广；但是在有些情况下，正是由于身体状况欠佳而促使一些人参与休闲活动。研究发现，健康状况是影响女性休闲的主要因素。现在的成年女性，特别是年龄大的女性很少参加体育锻炼，造成这一现象的原因可能与因为年龄增大而带来的体力、耐力及灵活性的衰退有关。

除上述介绍的五种因素外，还有一些其他因素，例如天气对户外休闲活动的影响，气候对某些特殊户外活动（如滑雪）的影响等。

【阅读材料 3–2】

“恐惧现象”及其对休闲参与制约的影响[②]

一、背景

据估计，正常情况下英国有 40% 的人口使用城市公园。但批评方认为，城市公园作为一种休闲资源，正在被公众疏远。对有些群体（如妇女、儿童和少

① 戈比杰 · 弗瑞. 21 世纪的休闲与休闲服务[M]. 张春波，陈定家，刘凤华，译.昆明：云南人民出版社，2000：101.

② C 米歇尔 · 霍尔，斯蒂芬 J 佩奇. 旅游休闲地理学：环境 · 地点 · 空间[M]. 周昌军，何佳梅，译. 3 版. 北京：旅游教育出版社，2007：57-61.

数民族）来说这种情况尤为严重，恐惧成为制约使用的一个因素。莱温斯克罗夫特（Revenscroft）和麦克威尔（Markwell）指出，如果公园得到合理的管理与维护，年轻人会大量涌入。戈波斯特也重申了这一点，虽然在美国的讨论中出现了环境与休闲资源公平的观点，但有些群体能够使用这些资源，有些群体却被禁止使用。乌雷（Wooley）和诺·乌尔·阿敏（Noor-Ul-Amin）研究了巴基斯坦后裔青少年对谢菲尔德公共空间的使用清况，认为他们对这些空间有各种各样的被动使用和主动使用。这给休闲制约因素研究增加了新的内容。对英国发生的城市公园日益不被重视的解释是公共支出的减少，从1981～1982年休闲预算的54%下降到1991～1992年的44%，近年来更低。当然这些统计数据需要认识到公园服务项目的对外承包而提高了经济效益。

20世纪90年代的情况日益表明，城市公园不再被认为是从事休闲活动的安全场所。伯吉斯（Burgess）等进行的创新研究"格林尼治绿地项目"指出了恐惧的问题，包括青少年中的反社会行为和其他恶意破坏行为，降低了当地人的参与乐趣和参与数量。澳大利亚和北美地区的研究者也表示出了对使用公园和公共空间的不安全感和恐惧的关注。其他研究还表明，妇女、黑人、老年人和同性恋群体可能会被限制使用城市空间而不像其他群体那么自由。伯吉斯等在评论格林尼治的情况时指出："很多人表达了在公共空间的不安全感和脆弱感，反映出他们担心遭到个人攻击和伤害。在亚裔社区，公共空间不断发生的种族攻击事件进一步加剧了这种感觉"。结果如马奇（Madge）指出的那样，"这种来源于社会制度的不平等的恐惧，转化为不愿意在某天某时去某个公共空间的行为"。

二、"恐惧现象"与莱斯特城市公园的使用情况

莱斯特位于英格兰中部偏东，人口272 000人，面积73.09平方千米，是一座中等大小的城市。其独特之处在于这里聚居了多个种族：白人占72%，亚裔占24%，非裔占2%，华裔及其他民族占2%。尽管该市的城市工业发展较快，但令人羡慕的却是这里分布着广大绿地。到1994年，莱斯特市委员会负责管理1 200多公顷绿地，占全市总面积的20%。从国际上看，这个比例算是很高的，因此自然增强了该市给人的绿色感和开阔感。当前大多数公园和绿地都已经制定了各自的管理计划，到2005年前已全部落实到位。

在这种情况下，马奇对恐惧现象的分析是很及时的。调查方式是在大街上对莱斯特居民进行面对面的访谈，大约调查了535人，以了解全市公园和绿地的使用情况。根据调查结果，发现了影响公园使用的十个主要制约因素，按照重要性大小排列顺序如下。

- 恐惧
- 天气
- 由于工作关系缺少时间
- 家庭制约因素
- 缺少交通条件
- 缺少吸引力
- 对可利用设施了解较少
- 家务
- 路途遥远
- 体力差，去不了公园

大约43%的被调查者认为恐惧是制约其使用公园的一个“非常重要”的因素。性别差异也很明显，75%的妇女和50%的男士表示恐惧是使用公园的一个重要制约因素。这与韦斯托福（Wostover）在北美地区调查的结果是一致的，在北美有90%的女性被调查者感到单独在公园里会不安全。对莱斯特受害者的情况研究（如Willis）显示，妇女由于在面对犯罪时处于弱势地位而有更大的不安全感。

在研究种族背景时发现，亚裔群体表示的恐惧感要超过白人群体和非裔群体，这反映了城市环境中犯罪受害情况、种族歧视和种族攻击。就年龄而言，45岁以上的人表示的恐惧水平最高。正如马奇所评述的，“对犯罪恐惧的结果是很清楚的：老年人较少使用公园从事休闲活动”。

在恐惧原因方面，马奇发现，对使用公园产生恐惧的主要原因是与实际的或可能的身体伤害有关的忧虑（例如抢劫、性侵害、闲逛人员、青年帮派、狗的侵害和种族侵害）。妇女最大的恐惧是受到男性的性侵害。这些结果反映了在莱斯特妇女居住的地方普遍存在的对性暴力的恐惧程度，尤其是妇女经常遭受性骚扰，但很少有报道。实际上，77%的女性被调查者担心在公园遭遇到性侵害，这一比例远远高于在爱丁堡和西雅图进行的类似调查的结果。非裔群体和亚裔群体对种族攻击的恐惧程度要大大高于白人群体。

这些调查结果在休闲行为与公园的使用中得到了体现。妇女一般避免去较空旷的场所、没有灯光的地方和那些长有茂密灌木丛和树木的地方，当夜幕降临会使这种恐惧感加剧，尤其是孤身一人的情况下。马奇指出，恐惧是影响莱斯特公园使用情况的一个重要因素。恐惧的强度和原因随着性别、种族和年龄等社会特征而发生变化，并影响到公园使用的空间行为。恐惧感通过一系列重叠的社会力量、意识形态力量和制度力量得到调节，这些力量又转变为空间行为。

马奇的研究结果强调了制约休闲行为的一个新的因素，这个因素可以具体到性别、种族和社会三个方面来影响休闲资源的使用。尽管马奇批评了现有休闲研究文献中忽略了恐惧问题，但恐惧的确是城市环境中比休闲研究更为复杂的一个问题。霍伊尔斯（Hoyles）主张加强公共场所的女性化，马奇则主张加强日常监督管理，鼓励公众参与和使用公园与绿地，建设安全性更高的公园是创建安全城市复杂工程的重要内容。考斯克拉（Koskela）与佩恩（Pain）指出，由于对犯罪的恐惧遍及城市的每个角落，很难将恐惧从城市环境中赶走。通过对东京和纽约城市公共空间的研究，塞布瑞斯基（Cybriwsky）认识到，必须加大公共场所的管理力度，提高安全性，否则人们将返回到私人场所并调整在休闲空间的社会行为。吉登斯(Giddens）认识到的一个特点是，监督是使现代社会摆脱传统社会活动方式的一种手段。有些研究是从更大的范围进行的。巴顿(Button）指出，“战后时期，被称为‘大型私有财产’的设施出现了增长，包括大型购物商场、休闲设施、设有大门的社区和机场……这些设施通常为私人所有而免费对公众开放，但却引起了新的争论，被称为‘准公共空间’或‘混合空间’。结果是公众能否使用这些空间是由财产所有人说了算”。对此类休闲空间的评论表明，即使是购物商场等私人场所也提供了社交空间及满足很多心理需要与偏好的空间，特别是休闲消费。这些场所取代了以前的公共文化场所及满足很多休闲需要的公共场所，如公园和绿地。这些商场空间被认为产生了地方性意义，它们与休闲场所或休闲空间没有关系。因此商场等管理程度高而且安全的地方减少了恐惧感；反过来，这些私人经营的空间会阻碍人们与城市公共空间建立积极的关系。

考斯克拉与佩恩主张，地理学者和规划人员应当更多地考虑到安全问题的复杂性，地点对恐惧的产生有一定影响，但可能同等重要或更重要的是恐惧形成我们的理解、感知的方式以及空间与地点使用的方式。这对马奇研究城市公园的休闲利用这一情况而言当然是对的，其研究结果可以广泛应用于发达国家城市休闲资源的使用方面。考斯克拉与佩恩分析道，“城市绿地空间和林地常常被认为是危险的地方，不安全感往往制约了妇女对这些地方的使用”，在这个论断成为一个错误观点之前，在解决城市化社会对犯罪和休闲资源恐惧方面还有大量需要改进的工作。然而简单地利用购物商场等人工合成的或人为创造的休闲空间作为替代物，不能满足人们的日常休闲需求，因为各城市内的许多私有休闲空间都是精心设计的与消费有关的环境，就其本质而言可能会将那些不能成为消费者的群体排斥在外。

三、小结

（1）恐惧现象是影响某些社会群体参与休闲活动的一个重要因素。

（2）恐惧问题对某些群体参与模式（如老年人和妇女）的影响比对其他群体影响大。

（3）创建安全性较强的公共休闲空间是较难解决的问题，因为这涉及加强对日常休闲空间的监督管理。

第四节　休闲消费群体及其休闲动机与行为

一、一般休闲消费者的类型及其动机

有学者根据休闲者的动机，将休闲消费者划分为五类。

（1）发展自我型　他们期望通过休闲活动提升自我、理解社会；该类型消费者还关注能否在休闲活动中减轻生活、工作中的压力，享受休闲带来的愉悦感。

（2）享受孤独型　这种类型的人有着独处休闲、回归宁静的愿望；他们不关注能否在休闲活动中享受天伦之乐，也没有审美减压的要求。

（3）平淡型　这种类型的人不愿通过休闲活动发展社会交往；对通过休闲活动发展社会交往持反对态度，对于休闲的文化性有一定的要求，但没有明显的休闲消费期望，休闲消费观比较模糊。

（4）风雅交际型　该类型休闲消费者有通过休闲活动发展社会人际关系的强烈需求；他们还希望在休闲活动中体现自己的文化品位和文化修养，希望休闲活动的文化性给自己的社交活动带来有益的促进作用。

（5）天伦之乐型　该类型的人希望通过休闲活动融洽家庭关系、享受天伦之乐；他们不关注是否通过休闲活动体现文化品位，也不关注休闲活动的自我提升作用。

二、国际度假者的休闲动机

不同的休闲度假者，其休闲动机也有不同。亨利（Henley）研究中心将国际休闲度假（旅游）者分成四个不同层面，在每个层面中，不同旅游目的地受欢迎的程度有所不同，但更为重要的是潜在的动机以及对不同类型休闲产品的

需求因不同的层面而有变化。[①]

（1）第一层面——纯观光型休闲度假者　这是国际休闲度假的最低层次，他们的经济水平相对较低，旅游经验也较为缺乏。他们到国外休闲度假的动机主要是出于好奇，传统的包价旅游是这类游客的理想选择。亨利研究中心用乌瑞（Urry）提出的“透明罩”概念来说明这些游客的动机，即游客可以有机会一睹外国文化却不必深入其中。“透明罩”使游客免遭来自异国环境的不同生活方式的干扰，并给予他们跨国休闲度假的基本信心。

（2）第二层面——追求理想经历的休闲度假者　这个层面的游客经济水平稍高，并且具备跨国旅游的基本经验。正是这些经验给予他们更多的自信，表现为他们对更加冒险、更加灵活和更多自主性的旅游的渴求。他们倾向于文化与地域差异更为明显的度假地。

（3）第三层面——开阔眼界的休闲度假者　这一层次的旅游者在富裕程度和旅游经验上都有较大提高。消费者有信心去尝试更大范围文化环境的体验，无论他们对这些环境熟悉与否。他们对独立和自由的渴求表现为更加以自我为导向的、范围更广的旅行。

（4）第四层面——完全沉浸的休闲度假者　这个层面的消费者达到几乎超越旅游的层次。他们旅游的动机不是感受地道的外国文化，而是创造出犹如该国本地人的文化体验，完全融入该国的语言、文化、传统和生活方式中。

相对而言，处于第一层面的休闲度假者人数较多，第四层面的人数极少。亨利研究中心在研究了英国国际休闲度假者之后，认为在新世纪近一半的英国国际休闲度假者会处于第二层次，1/3 处于第一层次，其余的处于第三、第四层次。

三、不同阶层群体的休闲行为差异

社会阶层是享有相似的稀缺价值的社会集团或受到类似社会评价的人群。每个社会都根据各个阶层所享受的特殊权利、财富状况和心理满足程度等，建立相应的制度秩序，这是阶层化社会的普遍情况。在现实中，不同社会的阶层构成很复杂，因而区分社会阶层的标准和社会阶层体系的本质也不同。各个阶层的阶层意识和利益需求，导致了其生活方式的差别。而生活方式的不同在很大程度上表现为不同的休闲观念、休闲生活方式，并通过消费进行分层展现在

① 匹赞姆·亚伯拉罕，曼斯菲尔德·优尔. 旅游消费者行为研究[M]. 舒伯阳，冯玮，译. 大连：东北财经大学出版社，2005：4.

各个社会阶层中。

例如曾有学者对上海不同社会阶层的消费调查中发现，闲暇生活内容呈现出层级化的趋势，不同阶层的人士对娱乐型、社交型、学习型、运动型的休闲方式有不同的选择和偏好。

上海统计局城调队调查显示，2003 年上半年，上海低收入家庭人均旅游休闲娱乐支出为 7 元，中等偏低收入家庭为 18 元，中等偏高收入家庭为 32 元，高收入家庭为 797 元。

另一项对上海、天津、哈尔滨三城市居民休闲生活状况的研究表明，不同群体、阶层对休闲资源（时间、利用条件等）的占有并不是完全平等的。弱势群体在休闲领域表现出的弱势群体的特征，如下岗失业群体表现出“时间闲置”的问题，进城务工农民表现出“时间空耗”问题。[①]

韩国学者孙海植等人在其所著的《休闲学》一书中指出：由于交通费、入场费等原因，户外休闲活动一般比在家庭内休闲需要更高的费用，而费用几乎是所有类型的中产阶层对休闲参与比率高于劳动阶层的重要因素。美国学者约伯格（Yorburg）发现与现代中上阶层的家庭成员相比，美国中低阶层家庭的家庭成员的休闲时间少一些。英国的一项调查也显示，高收入者发展了个人形式的生活方式和休闲。在休闲活动内容上，斯丹姆斯（Stamps）发现各社会阶层之间的差异比较明显，低收入阶层以电视、收音机、电影院作为主要休闲设施，而中上阶层主要利用各种公演场所、展示厅和活动媒体等，见表 3-4。

表 3–4　不同社会阶层喜爱的休闲活动[②]

顺序	中上收入阶层	低收入层
1	读书	电视/收音机
2	参加体育	社交/聚会
3	电视/收音机	参加体育
4	野外娱乐	读书
5	社交/聚会	休息
6	欣赏音乐	野外娱乐
7	针线活	欣赏音乐
8	休息	针线活
9	收拾庭院	游戏
10	实习	收拾庭院

① 王雅林. 城市休闲——上海、天津、哈尔滨城市居民时间分配的考察[M]. 北京：社会科学文献出版社，2003.

② 孙海植，安永冕，曹明焕，等. 休闲学[M]. 朴松爱，李仲广，译. 大连：东北财经大学出版社，2005：117.

有中国学者以福州市居民为例，调查了我国居民休闲体育活动的阶层差异。他们发现，我国居民不同阶层的休闲体育活动方式具有差异，表现在以下几个方面。①

（1）国家与社会管理者阶层，他们参加休闲活动不仅仅是为了健身，更多的是为了放松身心和宣泄压力。他们一般对休闲活动的设施、场所及环境要求较高。

（2）经理人员阶层，他们参与休闲活动的动机除与上一阶层有相似之处外，还蕴藏着完善自我、展示人格魅力、突出社会影响和宣传企业形象的深刻内涵。因此他们常常利用休闲来建立良好的人际关系，尤其是当自己的业务伙伴偏爱某项运动时，他们往往投其所好，把业务工作融于休闲活动之中。

（3）专业技术人员和办事员阶层是现代社会中等阶层的主干群体。在休闲动机和内容选择上比较注重养生，主要是为了促进自身的健康。

（4）产业工人阶层，由于他们主要是以自身劳力和简单技能作为谋生手段，工作时间相对较长，工作之余身心比较疲惫，参与休闲活动的目的主要是消遣娱乐、放松心情。因此到不收费的公园、河边、广场、街边等公共休闲场所进行跑步、球类运动、跳舞、打太极拳等活动成为他们的首选。

【阅读材料 3-3】

经济收入决定不同阶层的休闲方式

深入调查

一项调查显示：有 50%左右的人认为自己休闲方式的选择受到经济收入的限制；58.6%的企业家对自己的休闲表示不满意或不太满意，真正满意的不到 5%；65%以上的中产阶层每周花在休闲上的时间在 20 小时以下；80%以上的人因为工作影响了休闲时间；搓麻将、下棋、打牌成为农民的主要娱乐性休闲，读书、看报的不多，电影、演出对于农民来说，就更稀缺了。

企业家："奢华游"的埋单者

"旅游？我不会去旅游的！我们多少年都没有放过假了，可能习惯忙了吧，我觉得可能旅游还更辛苦一些。平时也不是一点娱乐都没有，但个人的娱乐真是极少，高尔夫还没学会呢，我觉得玩反倒比工作更累。偶尔看看电视吧，电影看得比较少，休闲时间主要还是围绕着公司那些事，对娱乐真的没有什么兴

① 陈钦. 福州市居民休闲体育活动的阶层差异研究[D]. 福州：福建师范大学，2006.

趣。”曾长期居财富榜前三的黄光裕，确实没有更多的时间腾出来让自己放松，也没有时间享受财富带给他的快乐。在国内企业家中，黄光裕是一个典型，但与他情况相同的人绝不在少数。

《小康》调查发现，中国企业家和创业者平均每天要工作13.8个小时，他们平均每年只有8~11天休假，低于全球平均的15.5天。43%的企业主感觉2006年的压力比2005年更大，33.5%的受访者表示因忧虑企业的发展安全而感到压力，29%的受访者认为商业谈判令他们感到压力。

有专家认为，这种现象是因为社会发展过度追求经济目标、企业发展过度追求利益最大化的结果。当然，这也是企业家自身的一种人生态度的选择。我国也有一些可以尽情享受休闲的企业家，比如万科集团董事长王石，热衷于冒险刺激的休闲运动，喜欢玩热气球、登珠峰；好利来总裁罗红热爱摄影，他已经先后9次背着相机走进非洲，他也成为了航拍非洲的第一个中国人。这个物质上最富有的群体，他们选择的休闲方式更加多元化，也更加高端化，如高尔夫、骑马、收藏、滑雪、冲浪、潜水、游泳……但根据胡润百富调查结果显示，旅游、游泳、高尔夫成为中国富豪们最为青睐的三种休闲方式。胡润接受记者采访时认为，在中国有能力选择奢华游的群体大概有50万人，其中愿意支付的至少有20万人。

中产阶层：对休闲难说满意

这个阶层有些钱也有些闲，并且是一个正在壮大的群体，他们被认为是休闲产业的主要消费者，也是最愿意为休闲埋单的一个群体。但事实上，《小康》的调查结果显示，这个群体当中58.6%的人对自己的休闲表示不满意或不太满意，真正满意的不到5%。

在《小康》的群体压力调查中，前10名的名单里有6个来自中高收入行业群体，其中IT从业者居首，被认为压力最大。IT业高速发展的背后埋藏着IT精英们对健康和生命的透支。2006年，一位华为员工的“过劳死”就是一个警示。

尽管各种调查都显示，中国人拥有的闲暇时间越来越多，但在工业社会，另一个事实是：一方面造成了大规模的体力劳动者失业；另一方面却又加剧了脑力劳动者劳动的紧张程度。专家分析说，由于现代企业制度按贡献来付报酬，这种激励机制使得员工拼命地为企业劳动，把更多的时间花在工作和业务上，即便挣了些钱也没有时间去消费。

《小康》调查显示，65%以上的中产阶层每周花在休闲上的时间在20小时以下。80%以上的人因为工作影响了休闲时间，80%以上的人感觉到工作压力大，甚至有28%以上的人认为压力已经逼近极限。最令他们难以忍受的是，在这样的状态下，薪水仍然低于预期，这又进一步影响了他们的休闲质量。调查表明，有50%左右的人认为自己休闲方式的选择受到经济收入的限制。

根据《小康》调查结果，这一群体的休闲方式还不够多元化，睡觉、逛街、上网、看电视仍然是他们最主要的休闲方式，然后依次是旅游、户外活动、看书读报、看电影歌剧、教育文娱。调查显示，一般月收入在1.5万元以上的相对高收入者才会趋向于选择境外休闲旅行方式。

在过去一年中，有20%左右的相对高收入者有过境外休闲旅行的经历，34%的人在未来一两年内有出境游的打算。

农民："公益休闲"稀缺

调查显示，农民每天的生产劳动时间平均在6.5小时左右，除去家务时间和必要生理时间，农民每天的平均闲暇时间在5小时左右。但在大量的休闲时间里，农民的休闲方式明显单一。

看电视、探亲访友、串门聊天、户外交往交谈，农民以这些方式度过将近3／4的休闲时间。搓麻将、下棋、打牌成为农民的主要娱乐性休闲；由于长期从事体力劳动，加上缺乏体育活动设施，农民选择体育休闲的较少；读书、看报的也不多；电影、演出对于农民来说，就更稀缺了。

农民休闲方式单调，公共休闲活动场所和设施的短缺是直接原因。对此，农民不是没有抱怨的，98%的农民对政府提供的公共休闲活动场所和设施等公共服务产品表示不满意。其中68%的农民认为应该有读书看报的场所，65%的农民认为应该有看电影看戏的场所，80%以上的农民认为应该有体育活动的场所，70%的农民认为应该有消遣娱乐场所。而目前在农村，这些都是"奢侈品"。

根据《小康》调查，由于城乡经济的差距，地方政府的精力主要还是用于发展农村经济，而对于休闲文化则无暇顾及。农村经济的贫困是一个现实，休闲方式丰富带来的幸福感在一定程度上可以弥补经济贫困带来的痛苦，这个问题很少被重视，这也导致了农民对休闲客观条件的满意度较低。

但农民对现有条件下的休闲，如看电视、探亲访友、串门聊天、户外交往交谈、搓麻将、下棋、打牌等，是较为满意的，他们认为从中获得了身心的放松。对于自由时间的大量占有，农民的满意度超过50%，他们很满意闲暇时间内可以自由地支配时间。但社会给了农民休闲的时间，却没有给予休闲的条件。

【思考题】

1. 什么是需要，什么是休闲需要？

2. 人们为什么会参加休闲活动，通常会出于哪些动机而从事休闲活动？

3. 主要的休闲制约模型有哪些，它们是如何解释人们是否参与休闲活动的？

4. 休闲的制约因素有哪些，它们如何制约人们休闲动机的产生？

5. 各类休闲消费群体具有怎样的行为与动机特征？

第四章　休闲经济与休闲业

【学习目标】

- 掌握休闲经济的概念，理解休闲经济形成的宏观和微观条件
- 掌握休闲产业的概念，熟悉休闲产业的主要构成部门及各个部门涵盖的范围
- 掌握休闲产品的概念，了解休闲产品的划分类型及各自的特点

【知识要点】

- 休闲经济、休闲产业、休闲产品的概念
- 休闲产业形成的条件及主要构成部门
- 休闲产品的构成及休闲产业中主要的休闲产品类型

第一节　休闲经济

一、休闲的经济学分析

休闲经济是社会发展到一定阶段的产物，其蓬勃发展是建立在休闲需求大众化和休闲产业扩大化的基础上，就个人来讲需要大量的闲暇时间和剩余财富做支撑，因此休闲经济并不是任何时代都有的，它是特定时代的产物。目前公认的最早对休闲概念进行研究的是19世纪末期的凡勃伦，他在其经典著作《有闲阶级论》中论述了宗教、美学、学术讨论与休闲的关系，创造了“明显有闲”一词并分析了闲暇时间消费的各种形态和消费行为方式，这可以说是对休闲经济进行的早期研究，此后的20世纪中期，涌现出一大批休闲经济的研究者以及一系列立足于不同角度的休闲经济理论，如明瑟（Mincer）、贝克尔（Becker）等。休闲经济之所以成为休闲学一个独立而备受关注的研究方向，在于休闲本身强大的经济价值以及休闲经济对整个社会、国民经济的影响。

（一）休闲的经济意义

休闲的经济意义并不仅限于带动休闲消费、增加就业等方面，还体现在其对国民经济的高贡献率、对区域经济发展的推动等方面，本部分对休闲的经济意义做宏观介绍，本教材第五章将着重对休闲的积极和消极经济影响做详细探讨。

1. 占国民经济比例较大，经济效应高

休闲渗透在社会三大产业之中，其收入在整个国民经济中所占的比例较大，经济效应高。休闲并不全部属于社会的第三产业，休闲产业的范围极其广泛，渗透于工业、农业和第三产业之中，基本上社会经济的各个领域都可以探寻到休闲的踪迹。表 4-1 分类别列出了与休闲相关的产品和服务项目，有侧重康体、娱乐、增智、情感方面的，也有集“食、宿、行、游、娱、购”于一体的休闲旅游等综合性休闲活动，这些都是与每个人的生活息息相关的休闲活动，同时也是国民经济繁荣的重要支撑。另外，休闲收入是在休闲活动的开展过程中获得的，与一般的工业生产获取资金的方式不同，这种收入方式是由休闲活动本身的性质决定的，例如看电影必须先买电影票才能观看、使用休闲设施必须先支付一定的费用才能消费等，可以说休闲获得的收入是立竿见影的，它缩短了资金流通的时间从而也提高了休闲的经济效应，这是其他行业所无法比拟的经济优势。

表 4–1　与休闲相关的产品和服务项目

项目性质	细分类型
康体性	各种非专业球类活动（高尔夫球、保龄球、羽毛球等） 跑步、骑自行车、渔猎、游泳、体操、健身舞、太极拳、气功等体育健身项目 游艇、冲浪、帆船等新兴休闲体育项目
娱乐性	电子家庭娱乐活动（电视、录音机、CD 机、家庭影院、音响组合、网络） 家庭消遣性种植饲养（宠物、养花种草等）
益智性	业余教育（去图书馆、逛书店、看展览） 参观博物馆、观看具有教育意义的电影、话剧和高雅音乐会 休闲图书、杂志、报纸等；学习工艺品制作、乐器等
情感性	用于亲朋好友间维系和增进情感的休闲产品及服务项目（鲜花礼品、品茗、婚庆产品等）
综合性	各种休闲旅游活动（人文旅游、观光旅游、工业旅游、农业旅游、考古旅游、探险旅游、生态旅游、沙漠旅游、海上旅游、森林旅游等） 独立于旅游活动的休闲饮食、服饰等

2. 带动区域经济发展

休闲活动能够带动区域经济的发展，因此政府把休闲看作是一项重要的经济投资。以海南省为例，目前该省在倾力打造海南省国际旅游岛，希望将其建设成为世界知名的休闲度假旅游胜地，一批国际休闲度假饭店品牌入驻海南省，如希尔顿、里兹饭店、喜来登等，还引入了一系列休闲产品，如高尔夫球、游艇休闲运动项目等。这些休闲设施和休闲项目的设立吸引了来自国内外诸多游客，也为当地居民提供了更多的就业机会和创业渠道，为增强这些地方的可进入性，政府兴建高速铁路和公路，还投资改善省内卫生、医疗等配套设施，不仅改善了居民的生活环境，更带来了丰厚的休闲经济收益。

3. 衡量社会经济繁荣程度的重要指标

休闲生产和服务活动逐步成为衡量社会经济繁荣程度的重要指标。根据社会经济运转规律，工业生产运作是国家和地区经济发展的驱动力，社会经济的繁荣更多依托于制造业、加工业等，但是在各国普遍进入工业化高度繁荣的今天，社会经济的运作模式开始发生变化，城市经济的良性循环、国民经济继续保持较高的增长速度，越来越依赖于休闲活动的发展和各种休闲需求的实现。如美国纽约、日本东京、韩国首尔、中国的北京、上海、深圳、广州等著名城市，其经济繁荣无一不是建立在商场设施、旅游观光、体育竞技、娱乐设施、餐饮服务的商业性开发和利用方面，还有各类节日庆典及高雅艺术等休闲供给和休闲消费项目。这些都表明目前休闲生产和服务活动已经成为衡量一个国家和地区经济繁荣程度的重要指标之一。

（二）社会发展阶段与休闲经济

每个社会发展阶段都有各自不同类型的休闲活动，但休闲经济并不是每一个社会发展阶段的必然附属品，它是物质文明实现一定程度积累的产物。本教材的第二章按社会发展阶段对闲暇时间进行了探讨，此部分我们同样以工业革命为分界点，将整个人类社会的发展阶段细化为四个部分，分析每个阶段与休闲经济呈现的不同的互动关系。

1. 原始社会

原始社会是人类历史发展中最早的社会形态，人们以血亲氏族为单位生活在一起，人口的流动性和等级差别甚微，主要以渔猎、采集为生，生产力水平低下，一切活动都以维持生存为中心。这种社会性质下，虽然已经产生休闲思想的萌芽但休闲隐于大量的简单劳动之中。为了生存，原始人奔走狩猎、到处采集野果等食物，后来学会制作一些简单的生活用具并开始饲养家禽，这就是当时人们从事的全部活动，在这些活动中人们开始有了原始的审美观念，喜欢在劳动之余歌舞狂欢，然而这些活动都依附于人们的正常劳作，作为一种生活的调剂和人们头脑中一种朴实的思想，并不能称为独立的休闲活动。在休闲活动与劳动未脱离、剩余产品尚未出现、商品交换活动尚未产生的背景下，休闲经济也就没有存在的社会基础。

2. 农业社会

农业社会是指以农业生产为主导经济的社会，在西方传统的发展理论中用以代表工业社会之前的社会发展阶段，出现在 18 世纪以前。当时以家庭为基本生产单位、以手工为主要生产方式的自给自足的小农经济在社会中占主导地位，生产的目的主要是为满足家庭生活需要而不是交换，出现了社会分工和社会阶层，社会关系以血缘和地缘关系为主，个人的发展受到极大限制。在这样的背景下休闲活动与原始社会出现差异，社会中的平民以农闲为主，田间地头非农时节成为人们开展休闲活动的主要时间，休闲活动多以歌舞吟唱为主，多民俗化。相对来说社会贵族阶层的休闲活动纷繁多样，如马车游行、狩猎、园艺等。但总的来说，休闲活动尚未形成一定规模，再加上商品经济尚未充分发展起来，休闲经济依然不存在。

3. 工业社会

蒸汽机出现之后到 20 世纪七八十年代，电子信息技术广泛应用之前的阶段被称为工业社会，是以工业生产为经济主导成分的社会，有时又称现代社会，以轻工业为主的是工业社会前期，以重工业为主的是工业社会后期。工业社会以经济增长为轴心，企业主是社会的统治人物，科技高度发达、社会分工精细，城市规模急剧增大，农业人口比重大幅度降低，人的思想观念充分更新，崇尚科学、信服真理、竞争意识和时间观念加强，但同时城市化的极度发展压缩了人们的生存空间，高节奏、强竞争的生活加重了人的心理负担和生理不适。在工业社会生产力迅速发展带来的弊端之下，休闲有了存在的广泛社会基础，20 世纪 60 年代西方率先进入大众旅游时代充分证明了这一点，休闲的大众化带动了休闲产业的规模化，社会整体也对休闲产业持支持态度，在人们物质财富积累达到一定程度、休闲消费观念产生的情况下，休闲经济应运而生并蓬勃发展起来。

4. 后工业社会

20 世纪 80 年代，电子信息技术广泛应用之后人类进入了知识经济时代，又称后工业社会，它是工业社会进一步发展的产物，以理论知识为中轴，表现为人与人之间知识的竞争，受过专业教育和拥有技术专长的科技精英成为社会的统治人物。出现了以知识和信息为特征的新劳动分工，经济全面繁荣，这时劳动开始成为人们的自然选择，生活逐步休闲化，并且休闲活动呈现明显的个性特征，休闲产业因人们需求的多样化而得到广泛的拓展，休闲经济成为国民经济新的增长点，并成为社会繁荣程度的标志之一。

总之，休闲经济的形成与社会物质生活条件密不可分，在原始社会和农业社会由于商品经济尚未形成，居民没有相应的休闲观念，因此休闲经济是不存在的，真正的休闲经济是从工业社会开始，在进入 21 世纪之后飞速发展起来的，并成为国民经济快速发展的助推器。

（三）休闲与经济发展的互动关系

休闲作为一种社会现象，一方面由于消费者的需求具有某种程度的盲目性，另外一方面由于商业性休闲企业对于商业利益的过分渴求，因此具有两面性：积极休闲和消极休闲，二者与经济发展也有不同的互动关系。

1. 积极休闲与经济发展

积极休闲，如康体性质、益智性质的，与经济增长具有良性的互动关系。一方面经济的增长为积极休闲活动的开展提供条件，这是因为生产对消费具有决定作用，生产力水平决定消费水平、消费结构、消费观念。具体说来社会经济的发展首先能够提高居民的收入水平，据相关研究资料表明，当人均 GNP 超过 300 美元时会产生强烈的旅游欲望，当人均 GNP 超过 1 000 美元时会产生洲内跨国旅游的欲望，当人均 GNP 超过 3 000 美元时会产生洲际旅游的欲望，这反映随着居民收入水平的提升，人们的休闲消费欲望也急剧膨胀；其次，经济水平的提升也在改变人们的消费结构，这使得原本占有较大比例的食品等物质生活资料缩小比例，进而精神性的消费增加，休闲作为放松身心的重要的途径也随着人们消费结构的改变而得到更多的重视；再次，经济的发展带来基础设施的改善并增加了居民的闲暇时间，如交通工具的改进缩短了两地间的时间距离，居民可以利用自己增多的闲暇时间开展更多的休闲活动，这对休闲的发展无疑有巨大的促进作用。

另一方面积极休闲对经济发展具有促进作用，这种促进作用比一般的产业要更加宽泛，主要是因为休闲活动比较多样化，人们可以根据自身的收入水平、闲暇时间和偏好进行个性化的选择。另外积极休闲对经济发展的推动作用是通过渗透到国民经济各个产业部门中体现出来的，它与国民经济其他产业部门的发展是息息相关的。因此积极休闲在推动社会就业、协调地方经济发展等方面都有不可忽视的作用。

2. 消极休闲与经济发展

消极休闲对经济发展具有破坏作用，这种破坏作用从对人产生的负面影响体现出来。休闲活动是人们获得愉快、轻松、健康心理体验的一种途径，这个过程应该是人积极主动的去参与和体验的过程，获得更多的是一种直接体验，这样才能培养人们主动接触事物、适应环境、形成良好心态的能力，如观光旅游、蹦极活动等，观光旅游使人们近距离的接触某一特定的环境获得真实具体的心灵感受，蹦极则通过刺激性的举动将人心理深处的抑郁等发泄一空，同时也提升人们挑战自我的勇气。

而消极休闲往往呈现出一种使人被动接受某种影响的状态，在消极休闲的作用下，人们获得更多的是一种间接感受或体验，这对培养人积极健康进取的精神状态十分不利。如看电视这种家庭休闲活动，适度观赏是人们获得业余知识的好途径，但过度观赏则使这种本来具有增智作用的休闲活动变得消极，它会造成人身心上的懒惰，也是某些疾病的诱因。如肥胖症，特别是对于儿童群体来说，过多的看电视减少了孩子外出游戏玩耍的活动时间，肥胖、自闭症、近视等随之而生，影响青少年的健康成长；过度看电视不仅影响儿童的成长，它对各年龄层的人的身体健康都有一定的负面影响，主要原因在于长期“宅居”使人们懒于运动、锻炼，因此现在各国的居民寿命延长了，而健康状况却每况愈下。科学研究表明加拿大在 20 世纪 70 年代出现过健康衰退的情况，澳大利亚在 20 世纪 80 年代开始出现这种情况，日本这种衰退从 20 世纪 50 年代一直延续到 90 年代。因此消极休闲对人的健康成长十分不利，进而影响到人的工作效率、投入到工作中的时间，甚至引发暴力犯罪等影响社会秩序的事件，从而对整个社会的经济发展造成负面影响。

二、休闲经济

（一）休闲经济的概念

休闲经济的研究是从凡勃伦《有闲阶级论》中对休闲概念的探讨延伸出来的，20 世纪中期开始以明瑟（Mincer）、贝克尔（Becker）为代表的经济学家突破传统经济学的范畴研究休闲经济提出休闲二分法，到 20 世纪 70、80 年代布洛克（Block）、格洛鲁（Gronau）等人对休闲经济理论的研究也作出了突出贡献。但是“休闲经济”往往被作为一个笼统的休闲与经济相融合的简单名词来看待，多数人更注重其研究对象是什么，而对于休闲经济的概念研究却被忽视，至今为止关于“休闲经济”的界定尚未有统一论断。下面列出有关“休闲经济”概念的几种观点。

（1）“休闲经济”是以人的休闲消费、休闲心理、休闲行为、休闲需求为考察对象，以满足人的个性、多样性、多元性发展为目的，以在“生产系统”同

“生活世界”之间充当媒介为途径，研究人类休闲行为和经济现象之间互动规律的一门人文社会科学。

（2）“休闲经济”是建立在休闲的大众化基础之上，由休闲消费需求和休闲产品供给构筑的经济。休闲经济是人类社会发展到大众普遍拥有大量的闲暇时间和剩余财富的社会时代所产生的经济现象。休闲经济一方面体现着人们在闲暇时间的休闲消费活动；另一方面，也体现着休闲产业对于休闲消费品的生产活动。

（3）“休闲经济”作为经济学中的一个组成部分，主要研究的是人在休闲行为中的投入与产出、休闲行业所创造的价值、休闲经济的运行规律、休闲行为和经济的变量关系等。

（4）“休闲经济”是指与人的休闲生活、休闲行为、休闲需求密切相关的产业领域所形成的经济活动，是人类社会发展到大众普遍拥有大量的闲暇时间和剩余财富的社会时代所产生的经济现象。

以上几种观点分别从休闲学科、市场、研究对象的角度探讨了休闲经济的概念，尽管表述不同但存在一些共同点。首先，从学科的角度来说休闲经济与传统的经济学不同，它是一门人文社会学科，因为其研究的是人的活动与社会经济的关系。其次，休闲经济由两个大的方面构成，休闲需求和休闲供给，两方面互动形成了良性的休闲经济运行系统。第三，休闲经济的研究对象不仅限于传统经济学的范畴，除了研究休闲经济运行规律等，更关注休闲主体的休闲行为、休闲需求等。最后，休闲经济是特定历史时期才产生的一种经济现象，有深厚的社会经济基础。基于以上几点，我们可以对“休闲经济”作出如下界定。

休闲经济是人类进入工业社会之后，依托人的休闲活动和社会休闲产业形成的特殊经济形态，是21世纪世界经济繁荣的重要组成部分。休闲经济学是以经济学基本理论为基础，以休闲经济活动过程中所反映的各种经济现象、经济关系及其内在的规律为研究对象的学科。

（二）休闲经济的内涵和特点

1. 是一种具有时代性的新经济形态

休闲经济具有一定的时代性特征，一方面休闲经济的产生和发展需要相应的社会政治、经济、文化条件，如经济发达程度、居民文化观念等；另一方面休闲经济在不同的历史时期呈现出不同的特点，有不同的表现形式。早期在工业社会，休闲经济刚刚起步，其依托的休闲产业、休闲产品比较单一，人们的休闲观念初见端倪，休闲经济作为一种经济形态初步被人们意识到。在进入知识经济时代即后工业社会之后，随着人们休闲观念日趋成熟、休闲需求日益旺盛，休闲产业、休闲产品呈现细化、多样化的趋势，休闲经济占据了国民经济发展的重要位置。

另外，休闲经济不同于传统的旅游业和娱乐业经济，也不是某几个产业的简单相加，而是在旅游、度假、娱乐、健身、购物等休闲产业基础上形成并衍生出来的一种具有时代特征的新的经济形态。

2. 是依托于休闲活动和休闲产业的经济形态

休闲经济的运转需要依托于休闲活动和休闲产业。休闲活动包括人们各种休闲行为，例如旅游、休闲养殖、参观博物馆、去图书馆等，体现了人们的休闲需求。休闲产业范围更广如休闲餐饮业、休闲制造业、休闲房地产业等，体现了社会休闲供给。休闲活动的开展带动了休闲产业的分化细化，休闲产业的完善又反过来为各种休闲活动的开展创造条件。因此休闲经济运转包括两个方面的活动：由休闲活动体现出来的休闲消费活动；由休闲产业带动的休闲供给活动。

3. 具有综合性和无形性的特征

休闲经济的综合性源自于休闲产业的广博性。休闲产业作为休闲经济运转的重要方面并不是独立存在的，它是一种新的产业形态，同时又与社会三大产业密不可分，休闲产业不只属于第三产业，更与第一二产业相结合形成休闲制造业、休闲农业、休闲渔业等细分行业，几乎囊括了社会生产生活的各个领域。

此外休闲经济具有无形性的特点。首先，休闲经济发展依托的休闲消费更多的是通过休闲消费活动实现对文化精神产品的占有，获得心理上的满足、愉悦、自我实现、自我超越等，是一种高层次的精神消费和精神享受。其次，休闲消费对国民经济的贡献率的统计及衡量不同于传统的 GDP 贡献率，而是通过对国民幸福总值（GNH，Gross National Happiness）的衡量来实现，无法用有形的指标来衡量。再次，由休闲经济拉动的其他相关行业发展带来的经济总量增加部分，也因无法与其他部分区别开来，最终的统计数值中究竟有多少份额直接或间接得益于休闲，也就不得而知。

（三）休闲经济与相关名词

1. 休闲经济与旅游经济

“休闲经济”与“旅游经济”的辨析首先要明确“休闲”与“旅游”两个名词之间的关系。从第二章旅游与休闲的概念辨析中我们可以看到，旅游寓于休闲之中，相对应的“休闲经济”的范畴也要大于“旅游经济”，由于诸多国家都十分注重旅游经济的发展，也有相应的一些旅游经济的统计指标，因此旅游经济往往被用作衡量一个国家和地区休闲经济发展情况的指标。

表 4–2　休闲经济与旅游经济的区别①

项　目	休　闲　经　济	旅　游　经　济
理　念	在满足休闲者的心理、精神和多方面发展自我的需要等休闲效果的前提条件下，消费内容丰富，强调多方面的济效益	主要目的在于观赏名胜古迹、自然风光，以门票收入为主，强调旅游产业经济效益
目　的	主要是多个景点串起来的旅游线路，依托于各种休闲旅游景点的各种服务的综合	通过观光体验刺激，达到身心愉悦、消除身心疲劳，发展自我，充实精力
停留时间	在单个旅游景区停留的时间较长	在单个旅游景区停留的时间较短
重游率	较高	较低
特　点	观光、休养、度假、健身、消遣、娱乐等多种形式的综合	以观光为主

2. 休闲经济与假日经济

"假日经济"是指人们在节假日集中消费引起的特殊经济现象，这一经济现象的形成具有深刻的社会背景，与我国的国情联系在一起。首先，我国自 1995 年开始实施每周 5 天工作制，之后又实行五一、十一、春节长假制度，这为假日经济的形成提供了政策背景，也为假日经济的火爆提供了"时间"条件。其次，欧美以及一些发展中国家已有带薪假期制度，但在中国各企业单位尚未将带薪假期落实实施，这在某种程度上决定了居民只能在国家法定假期开展各种休闲旅游等消费活动，因此造成了消费时间的高度集中。而休闲经济是在任何时段都可以开展的，渗透在居民的日常生活中所有的可自由支配时间中，且休闲经济的内容更加宽泛，包括娱乐、游戏、消遣、康体等各种文化消费活动，突破了假日经济的消费局限，因此"假日经济"只是时间相对集中、内容相对单一的休闲经济，是休闲经济在时间约束下的特殊表现形式。

3. 休闲经济与休闲消费

"休闲消费"是人们利用闲暇时间，从事个人享受和自身发展的一种消费活动，现代的休闲消费需要依托于一定的社会经济发展水平，它包括休闲消费主体、休闲消费客体、休闲消费媒体互动产生的多种现象和关系。休闲消费寓于各种各样的休闲活动中，与休闲产业发生互动关系，就整个休闲经济而言，休

① 张顺，祁丽.城市休闲经济特征研究[J].吉林师范大学学报，2005（2）：39-40.

闲消费往往被作为衡量休闲经济效应的指标，但它只是休闲经济的一个构成部分，休闲经济除了休闲消费外还包括休闲产业及休闲供给。

（四）我国休闲经济的发展现状

随着中国经济的腾飞，2010 年中国开始超越日本成为世界第二大经济体，国内人均生产总值也超过 1 000 美元，居民普遍产生休闲消费的需求，这为中国休闲经济的发展提供了有利的社会经济条件。当休闲成为许多中国人的普遍选择时，休闲产业应运而生，这也表明中国在建设社会主义市场经济的同时进行产业结构调整，使之与世界产业结构接轨。在国家统计局公布的政府统计数据中看出，我国目前传统产业在不断缩小，第三产业不断增长，休闲作为新的产业在第三产业中的地位不断提升，比重不断增大，休闲产业已经成为国家经济社会发展中新的经济增长点。国家出台的“十一五规划”中也将休闲列为社会消费之一，并提出“开发休闲度假”的产业发展方针。这些都表明我国的休闲经济从一种被动自发的经济形态开始演变成为主动地由政府鼓励和推动的经济增长点。

根据中国休闲产业的分布和发展可以窥探中国休闲经济的发展情况。从城市休闲产业来看，目前休闲产业主要集中于都市，尤其以大、中城市为代表，北京、上海、天津、广州、长沙、杭州、海口、厦门、深圳等地的休闲产业均已形成规模，并产生了可观的效益。2004 年，北京郊区农业休闲园达 285 处，营业收入约 21 亿元；民俗旅游休闲点 12 000 余户；休闲度假村 160 余处。长沙市休闲产业在中国内陆异军突起，具有“文化休闲之都”的美誉，其文化娱乐休闲活动“快乐大本营”、“超级女生”，以及歌厅、书市等，在全国久负盛名。具体来看，我国的旅游业，近年来旅游人数和旅游收入都呈现迅猛增长的趋势，2007 年中国国内旅游人数为 1 610 百万人次，旅游收入为 7 770.6 亿元；2008 年分别上升到 1 712 百万人次和 8 749.3 亿元。文化产业方面，2008 年我国文化及相关产业机构达到 365 699 个，其中艺术表演团体 5 114 个、图书馆 2 820 个、博物馆 1 893 个。在休闲用品方面，据中国海关统计，仅 2004 年全球户外休闲用品的交易额就高达 320 亿美元，国内达 4.8 亿元人民币；2001 年以来，中国户外休闲家具及用品的出口以每年 30%左右的速度递增，2004 年达到 24.8 亿美元，同比增长历史性突破 37.6%。①

在中国休闲经济迅猛发展的过程中也存在诸多问题，其中最典型的就是“柠檬”问题。休闲业的柠檬问题实际上就是一种服务质量问题。首先，当前我国

① 刘剑英.中国休闲经济发展状况探析[D].厦门：厦门大学，2007：28.

休闲消费者得到的服务往往很粗糙、简单，还有价格欺诈，休闲商品质量良莠不齐。现在我国的休闲业发展相对落后，经营性娱乐场所多而公益性的休闲设施少。其次，在传播信息方面表现出明显的不平衡性，娱乐信息多而知识信息少；虚假信息、冗余信息多而真实信息少；人文信息多（民俗、民间故事）而自然信息少（自然历史博物馆）；泡沫信息多，完整信息少。另外，我国农村和城镇居民的收入、消费水平尚存在较大差距，休闲产业在大中城市较为集中，而农村的休闲文化产业仅限于免费电影、戏曲、艺术团体下乡表演等，休闲产业贫乏、单一。因此总的来说，中国休闲经济已经进入到白热化的发展阶段，迅速发展是不可逆转的趋势，但在这一过程中更需要国家政策的适度引导和控制，同时也依赖于国民文化素质的提高。

三、休闲经济的形成条件

（一）社会经济的发展

经济基础决定上层建筑，作为高层次精神需求催发的休闲经济要建立在相应的物质文明发展基础之上，即要依赖于社会经济的发展。首先，随着社会经济的发展，生产力逐步提升，社会剩余产品增多，促进了一类、二类、三类产业的发展，也加速了这些产业的细化升级，为休闲产业的出现奠定了社会分工基础。其次，社会经济的发展也在某种程度上加速了产业间各部门的融合，特别是第三产业与其他两类产业部门的融合，如休闲与第三产业中的旅游相结合形成休闲旅游业，与二类产业融合形成休闲制造业，此外还有休闲农业、休闲渔业等，休闲产业在与其他产业部门融合的过程中得到拓展，成为休闲经济形成的重要宏观经济条件。

（二）国家政策制度的引导

国家政策和制度是休闲经济形成的另一个宏观保证。在制度方面社会保障制度、收入分配制度、教育制度、消费贷款制度等都对休闲消费具有刺激拉动作用。政策方面，以我国为例，2006 年 4 月时任国务院副总理的吴仪在出席“世界休闲博览会”和“世界休闲高层论坛”时，发表题为《积极发展休闲服务，不断提高生活质量》的主旨演讲，代表我国政府首次公开表示，“应积极研究使大多数人都能够享受休闲生活的具体措施，倡导积极向上、文明、健康的生活方式”。2007 年 3 月，温家宝总理在《政府工作报告》中提出，要积极培育休闲等消费热点，休闲首次进入我国经济社会发展的总体部署。2008 年下半年，国办印发了国务院批准的“三定”方案，赋予国家旅游局“引导休闲度假”职能，首次明确了休闲在国务院部门的工作归口，另外国家旅游局还在拟定《国民休闲纲要》，这些无疑对休闲经济的形成和发展具有极大地促进作用。再如美国，其在 20 世纪 50 年代就成立了户外娱乐资源审查委员会，60 年代成立国际休闲研究中心，70 年代制定了《休闲宪章》，在诸多政府政策的支持下，美国的休闲经济得到了快速发展。

（三）休闲活动与休闲产业的带动

休闲活动伴随着人类的产生而产生，不同的历史时期休闲活动有不同的内容和特点。工业社会前，休闲活动贯穿于农闲当中，多表现为茶余饭后的消遣，如下棋、民俗歌舞等。工业社会后，机器化生产激发人们休闲观念的转变，休闲活动从一种普通的生活现象转变为一种追求，这种追求在庞大需求的刺激下具备了商业性质，满足人们开展休闲活动愿望的休闲产业应运而生，这时休闲需求有了休闲供给的满足，休闲产业通过出售休闲产品一方面使居民有开展休闲活动的可能性和便利性，另一方面可以获取商业利益，休闲经济全面形成。因此休闲经济是由休闲活动和休闲产业带动下形成的。

第二节　休闲业的构成与部门

柏拉图曾经说过：“众神为了怜悯人类——天生劳碌的种族，就赐给他们许多反复不断地节庆活动，借此消除他们的疲劳；众神赐给他们缪斯，以阿波罗和狄奥尼修斯为缪斯的主人，以便他们在众神陪伴下恢复元气，因此能够回复到人类原本的样子。”这表明休闲活动一直是人类生活必不可少的组成部分，只是人的休闲需求在不同的历史时期表现为或被动或主动。休闲产业正是以满足人们休闲需求为目标的产业群，包括一切为休闲开展的生产和服务活动，是满足和刺激休闲消费、带动休闲经济的重要组成部分。作为兴起于 19 世纪欧美各国的近代工业化产物，我们有必要了解其构成和主要的支撑部门。

一、休闲产业构成

（一）休闲产业的理解

1. 概念

休闲产业是各国经济发展都必谈的一类产业群，但是由于其范围的广博性，不同国家在不同时期对其界定有所不同，我国在早期将其归类为第三产业，经合组织称其为服务业。总之，世界范围来看休闲产业还没有统一的界定，因此对于休闲产业的概念也出现诸多不同的说法。

（1）休闲产业是指为了满足人们的休闲需要而组织起来的产业，它是休闲得以实现的条件。①

（2）休闲产业是指与人的休闲生活、休闲行为、休闲需求（物质的与精神的）密切相关的产业领域，特别是以旅游业、娱乐业、服务业为龙头形成的经济形态和产业系统，已成为国家经济发展的重要支柱产业。②

（3）所谓休闲产业是指当人们的收入达到一定水平后，随着生活质量的提高和休闲时间的增加而兴起的产业。它主要为人们的精神享受服务，以满足人们的“美、感、游、创”等心理需求，主要包括旅游业、美容业、文化娱乐业、居民服务业、体育产业、教育产业等。③

（4）休闲产业是由消费者的休闲消费需求引发的，国民经济中那些生产休闲物品和休闲服务行业的总称。它广泛存在于国民经济三大产业之中。④

（5）休闲产业是涵盖旅游、观光、休闲、度假以及与此相关的餐饮、住宿、交通、通讯、文化娱乐、纪念型工艺美术品等多方行业的综合产业，又是一个不破坏生态环境而且还能优化和美化生态环境的可持续发展产业。⑤

（6）“休闲产业服务于消费者闲暇时间内、基本生活条件之外的需求，可以被看作是第三产业的核心构成，并涵盖了工农业中少数服务于人类主体休闲需求的企业或部门，如观光农业、陶艺作坊等。⑥

（7）我们认为，广义的休闲业是指以休闲资源为依托、以休闲设施为基础、以休闲产品为手段、以休闲市场为对象，通过提供休闲服务满足休闲消费者多样化需求，并以此获得经济利益的综合性行业；休闲资源、休闲设施、休闲产品、休闲市场、休闲服务是休闲业经营管理的五大要素。狭义的休闲业是指为休闲者的休闲娱乐活动提供直接服务的行业和部门。旅游业、服务业和娱乐业构成休闲业的三大支柱。

以上概念表述虽有不同，但在对休闲产业的界定上存在共同点。首先，都对休闲产业的目标和任务作出规定，那就是满足人们的休闲消费需求、便利休闲活动的开展，人们通过休闲产业得到的是一种精神享受。其次，休闲产业的

① 于光远.论普遍有闲的社会[J].自然辩证法研究，2002（1）：41-48.

② 马惠娣.休闲：人类美丽的精神家园 [M].北京：中国经济出版社，2004：131.

③ 李再永.增加就业的新途径——休闲产业[J].山西财经大学学报，1999（21）：7-8.

④ 卿前龙，胡跃红.休闲产业：国内研究述评[J].经济学家，2006（4）：40-46.

⑤ 韩德乾.科技进步与休闲产业[J].自然辩证法研究，2003（2）：71-73.

⑥ 许峰.休闲产业发展初步探析[J].中国软科学，2001（6）：112-115.

形成和发展要具备特定的物质经济条件，与人们的生活水平、社会经济的发展密切相关。第三，观点中都对休闲产业的经济性质做了界定，但具体的看法不同，有些学者认为休闲产业是纯粹的营利性产业，以获取利润为最终目标；有些则认为休闲产业除了是营利性企业外还包括非营利性的休闲机构。第四，休闲产业超出了单一的产业性质，对于其归属并不只是第三产业。为了便于对休闲产业的研究、丰富休闲产业理论，本书对休闲产业的概念进行如下界定。

休闲产业有广义和狭义之分。狭义的休闲产业是指社会经济发展到一定阶段、在人们休闲需求的刺激下形成的向人们提供各种娱乐休闲服务的商业性产业群。广义的休闲产业指以休闲资源为依托、以休闲设施为基础、以休闲产品为手段、以休闲市场为对象，通过开展休闲生产和休闲服务活动满足休闲消费者多样化需求的综合性行业，它包括营利性的休闲产业群和非营利性的民间或官方休闲机构。

2. 休闲产业的内涵

（1）休闲产业具有较强的经济性质　我国学者于光远先生、马惠娣女士认为：休闲产业将是中国新的经济增长点。美国宾夕法尼亚州立大学著名休闲学教授杰弗瑞·戈比预测，在稍后的几年，休闲的中心地位将会加强，人们的休闲概念将会发生本质的变化，在经济产业结构中，休闲产业的从业人员将占全社会劳动力的80%～85%，休闲服务将从标准化和集中化转向个性化服务。这些都是对休闲产业经济性质的有力论证。具体说来休闲产业的经济性一方面体现在它的形成条件，休闲产业如同休闲经济一样不仅需要社会经济的发展做依托还需要居民的经济收入水平来带动。另一方面，从广义上来讲，休闲产业虽然包括非营利性质的官方或民间休闲机构，但这些可以看作是政府提高人们生活质量、完善公共基础设施和服务的举措，真正的休闲产业研究更侧重对营利性休闲产业群的探讨。此外，休闲产业的经济性质还在于其对各国、各地区经济发展的带动方面，如在世界范围内，旅游业每年可以创造30 000亿美元的产值，其中在美国的税收就超过6 000亿美元。

（2）休闲产业具有极强的综合性　从国际产业划分标准来看，休闲产业并不属于国民经济行业中的标准行业，如娱乐业、旅游业等虽然可以看做是休闲产业的重要组成部分，但是这些只能说是国民经济的重要支柱，并不是标准行业。之所以造成这样的情况，主要是因为休闲产业与其他产业的关联性较强。一方面，休闲产业中的子行业几乎囊括社会经济的各个部门，均是休闲与其他行业部门的结合品，如休闲旅游、休闲农业，这里的旅游、农业分别属于国民经济中的第三和第一产业。另一方面，休闲业本身是一个产业群体，以其中的旅游业来说，据世界旅游组织资料显示，旅游部门每直接收入 1 元，相关行业的收入就能增加 4.3 元，旅游部门每增加 1 个直接从业人员，社会就能增加 5 个就业机会。可见休闲产业的综合性不仅表现在行业联动方面，还突出表现在就业联动方面。

（二）休闲产业的支撑体系

休闲产业内部构成复杂、体系庞大，离不开整个社会系统的支撑，休闲产业发展的支撑体系可以归纳为以下几个方面。

1. 政府系统

政府系统包括政府管理系统、管理机构、政策体系三个方面，这三个方面构成休闲产业发展的官方筹码，各国休闲产业的形成、运作和发展都离不开政府系统的支持。美国等国家政府非常重视休闲产业的规划。我国还没有成立专门的政府休闲管理机构和体制，休闲业的相关事务，如旅游业等由国家旅游局负责管理。

2. 教育科研系统

教育科研系统包括开设有休闲类专业的学校、社会科研机构、民间协会等。这个系统的任务有两个：一是为休闲产业发展培养人才；二是为政府制定休闲产业的相关政策提供理论依据。国际上已经有诸多社会科研机构和民间协会致力于休闲研究，如世界休闲组织（WLRA）、亚太国际休闲文化中心（APILCC）。在我国，这个系统才刚刚开始建立，高校中专门开设休闲专业的较少，主要在旅游社会学、体育等学科中涉及部分休闲学内容；也出现了一些休闲研究的社会机构和民间协会，如中国休闲产业协作组织（CNLICC）、中国休闲经济研究中心、浙江大学亚太休闲教育研究中心（APCL）。

3. 产业系统

产业系统不仅是休闲产业的支持系统，也是休闲产业自身的构成体系。这里要区分产业和产业群的概念，产业是指国民经济中产品劳务的生产经营具有某些相同特征的企业或单位及其活动的集合和系统。产业群是指一些有各种关联关系的产业群体，即关联产业的集合，它是一个通过物质流和服务流连接的各产业子集，相互间的联系强于与国民经济中其他部门的联系。结合诸多学者对休闲产业的界定可以看出，休闲产业是满足人们休闲需求的各种产业的集合，提供休闲产品和休闲服务的各单位不具有同质性，因此休闲产业本质上是一个产业群。

二、休闲产业结构

休闲产业虽已是国内外休闲学者研究的焦点，在有些国家甚至成为国民经济第一大产业，但对于休闲产业由哪些行业构成、如何对这些行业进行归类，目前尚未有统一的标准，各国政府在进行休闲产业相关的消费和经济效应统计时也往往采用不同的划分途径，这部分我们将结合国外的休闲产业结构理论对我国的休闲产业结构进行探讨。

（一）国外休闲产业结构划分

1. 按照营利性质进行划分

从这个角度来看，休闲服务业一般包括营利性组织、非营利性组织和公益事业机构三类部门。其中营利性组织在这三类部门中居主导作用，非营利性和公益机构主要为青少年和老年人服务，这在发达国家是常用的划分方法，见表4-3所示。以美国为例，95%的休闲服务项目由营利性服务机构承担，在其用于休闲消费的3 500亿美元中，有大约60～70亿美元是政府提供的服务，150亿美元是由非营利性服务机构提供的服务，其余部分是由营利性机构提供的服务。

表4–3 国外休闲服务业结构的主要分类①

类型	营利性组织	非营利性组织	公益性组织
内容	剧院、电影院、宾馆、饭馆 咖啡馆、酒吧、舞厅、夜总会 旅行社及旅游公司 航空公司及代理 旅游吸引物 健身俱乐部及工作室 综合购物娱乐中心 运输公司	体育健身中心 图书馆、博物馆 艺术中心及美术馆 观光景点 旅游信息中心 社区中心 公园体育场所及游戏场地 其他特殊设施	环境保护机构 社区活动场所 娱乐策划组织 文化组织 俱乐部及协会

2. 按照数据统计方法进行划分

休闲产业在发达国家已经成为国民经济发展的主力军，各国在进行国民经济相关内容的统计时也期望能够科学评估休闲产业对社会经济的效应，因此一些国家开始建立本国休闲统计体系，在这方面澳大利亚走在了世界前列。澳大利亚统计局为了消除不同数据体系之间的差异，为相关部门提供统一的、权威性的数据，委托其下属国家文化和娱乐统计中心建立了一个统一的统计体系，即澳大利亚文化和休闲分类体系（Australian Culture and Leisure Classifications,

① 许峰.旅游城市休闲服务业协调发展研究[J].旅游学刊，2001（5）：73.

缩写为ACLC），该分类体系将休闲产业分为4大类，见表4-4所示。文物和遗产、艺术、运动和休闲体育、其他文化与休闲活动，每一类又进行细化分类，这为人们了解文化和休闲的经济意义提供了一个重要的框架，也是考察官方休闲产业结构划分的依据。

表4–4 澳大利亚文化与休闲产业分类①

	大类	中类
1.	文物和遗产	11 博物馆、古董和收藏品　12 自然遗产　13 图书、档案馆
2.	艺术	21 文学创作和印刷品（包括书、报纸、期刊的出版与印刷等） 22 表演艺术　23 音乐创作与出版　24 可视艺术与工艺品 25 设计（包括建筑设计）26 广播、电子媒体与电影（包括广播、电视、互联网、电影、音像等）　27 其他艺术
3.	运动和休闲体育	31 赛马和赛狗　32 运动和休闲体育场所 33 运动和休闲体育服务　34 运动和休闲体育用品生产
4.	其他文化与休闲活动	41 博彩业 42 娱乐业 43 餐饮业 44 户外休闲 45 社区与社会组织 46 其他文化休闲服务 47 文化设施生产 48 其他文化休闲品生产与销售

（二）我国的休闲产业结构

目前发达国家，如美国和英国已经建立了自己的休闲产业统计体系，英国从20世纪80年代开始每年出版《休闲统计年鉴》。我国目前在国家年度统计公报中也涉及到休闲与文化消费这一项统计数据，但具体的休闲产业统计体系仍处于初步筹划阶段，要想建立科学的休闲产业统计体系，就必须对我国休闲产业结构有明确的认识。国内有学者，如马勇等人也曾对休闲产业的组织形态、建构体系进行探讨。本书结合我国国民经济行业分类标准（GB/T4754—2002）、国际三次产业结构划分标准对我国的休闲产业结构进行探讨。

1. 国民经济行业分类标准

联合国于2004年颁布了《国际标准产业分类》，对国民经济中所有的行业进行了明确归类和划分，我国也根据该标准制定了本国的《国民经济行业分类》标准，要明确休闲产业的结构就必须首先对我国国民经济的行业分类有清楚地认识。我国《国民经济行业分类》（GB/T4754—2002）分为门类、大类、中类和小类四个层次，共有20个门类、95个大类、396个中类、913个小类，门类由英文大写字母作编码。此外，根据《国民经济行业分类》标准，我国又制定了《三次产业划分规定》，将国民经济各门类进行进一步归类为第一、第二、

① 刘剑英.中国休闲经济发展状况探析[D]. 厦门：厦门大学，2007：12.

第三产业。基于以上两个分类标准，我们可以列出表 4-5，我国国民经济行业分类。

表 4–5　我国国民经济行业分类

分 类	门 类
第一产业	A 农、林、牧、副、渔业
第二产业	B 采矿业 C 制造业 D 电力、燃气及水的生产和供应业 E 建筑业
第三产业	F 交通运输、仓储和邮政业 G 信息传输、计算机服务和软件业 H 批发和零售业 I 住宿和餐饮业 J 金融业 K 房地产业 L 租赁和商务服务业 M 科学研究、技术服务和地质勘查业 N 水利、环境和公共设施管理业 O 居民服务和其他服务业 P 教育业 Q 卫生、社会保障和社会福利业 R 文化、体育和娱乐业 S 公共管理和社会组织 T 国际组织

2. 我国休闲产业结构划分

从我国国民经济行业分类标准中可以看出，目前我国的休闲产业渗透在第一、第二、第三产业中，休闲产业与各门类相结合形成了纷繁复杂的行业结构体系。我国学者唐湘辉在其《我国休闲产业结构特征及其影响因素分析》中对休闲产业囊括的内容进行阐述，本书结合相关的内容对我国休闲产业结构进行划分，见表 4-6 所示。

我国的休闲产业可以效仿国民经济三次产业划分法分为休闲第一产业、休闲第二产业、休闲第三产业。其中休闲第一产业包括休闲农业、休闲林业、休闲牧业、休闲渔业 4 类，具体表现为休闲养殖（花草树木）、休闲垂钓等。休闲

表 4–6　我国休闲产业结构划分

分 类	门 类	细分类别
休闲第一产业	休闲农、林、牧、渔业	
休闲第二产业	宝石鉴赏、加工业	
	休闲制造业	休闲食品制造、休闲服装制作、休闲工艺美术品制作、休闲文化体育用品制造、休闲交通工具制造等
休闲第三产业	休闲交通运输业	铁路、公路、海上、航空客运、城市公共交通客运
	休闲信息服务业	社会通信服务、游戏软件
	休闲批发和零售业	休闲制造业产品的批发和零售（休闲食品、服装、文化体育用品等）
	休闲住宿和餐饮业	旅游饭店、宾馆、餐饮
	休闲金融业	休闲活动相关的支票和保险业务
	休闲房地产业	分时度假酒店
	休闲租赁和商务服务业	汽车租赁、旅行社、旅游公司服务业
	水利、环境和公共设施管理业	风景名胜区、自然保护区、城市和社区公益休闲设施管理
	居民服务和其他服务业	美容、保健等服务业
	休闲教育业	大中专院校休闲教育、休闲职业培训
	休闲文化、体育和娱乐业	新闻、广播、影视艺术、体育、娱乐业
	休闲管理和社会组织	国家休闲管理机构、社会休闲管理组织

第二产业主要是加工和制造业 2 类，包括各种宝石、玉器的鉴赏加工，有形休闲产品的制造（食品、服装、工艺美术品、文化体育用品等）。休闲第三产业可以分为休闲交通运输、休闲交通服务、休闲批发零售、休闲住宿餐饮、休闲金融、休闲房地产、休闲租赁、休闲文化体育娱乐业等 12 个类别，每一类又可以进行细分。在三类休闲产业中，休闲第三产业占的比重较大，囊括的休闲产业部门较多，在休闲经济运行中起主导作用，休闲第一产业和第二产业为第三产业的运作提供了生产资料，保证了第三产业所需产品的供给。从中我们也可以看出，休闲产业融合了社会三大基本产业的各个行业，在国民经济运行中的作用不可忽视。

三、主要休闲产业部门

根据我国休闲产业结构划分的标准及休闲产业在运行中的特点，休闲产业主要有四大支柱部门：休闲旅游业、休闲文化娱乐产业、休闲体育业、休闲服务业。

（一）休闲旅游业

“休闲旅游业”并不是“休闲”与“旅游”两个名词的简单相加，它有其固有的内涵和外延。休闲旅游是指以休闲为目的的旅游，是休闲的一种特殊表现形式，而休闲旅游业是基于人们的休闲旅游活动形成的休闲产业部门，它为人们开展休闲旅游提供机会和条件，并以此获得经济效益。

休闲旅游业作为休闲产业的支柱部门具备以下几个特点：产品修身养性、休闲旅游目的地重复性、休闲旅游活动消费等级高、要求产品层次丰富。产品的修身养性是指休闲旅游业提供的产品更侧重于满足顾客修养生息、放松消遣、恢复身心的目的。休闲旅游目的地的重复性指休闲旅游业的消费群体回头客占多数，他们非常注重休闲旅游目的地的舒适性、亲切感、文化氛围等，因此一旦选定一个满意的休闲旅游目的地就会多次的故地重游。休闲旅游业提供的休闲产品与一般的旅游产品不同，顾客停留的时间较长，且顾客本身的经济水平较高，这就决定了休闲旅游者在休闲旅游中会有多种消费需求，且重复消费的可能性极高。休闲旅游是一种高层次的休闲活动，消费者对休闲旅游产品的丰富多样性要求很高，因此休闲旅游业不仅要为顾客提供清新的自然环境，还要提供多种服务，如温泉洗浴、健身馆服务，且这些产品要体现一定的文化品位，因此休闲旅游业的产品层次一定要丰富。

休闲旅游业无论在国外还是国内都是飞速发展的休闲产业，这来源于各国强大的休闲旅游消费需求。在美国，无论是参观本地的博物馆，还是环游世界，每年都会有50%以上的人进行休闲旅游活动。在德国，则有2/3以上的人每年要旅行度假一次。在我国，对北京和上海两地公众进行的“消费行为和生活形态”的一项调查中，“公众想做的休闲活动”一栏中，排名前两位的都是旅游项目；而在“公众已做的休闲活动”一栏中，旅游项目是发达城市公众最热衷的休闲方式。据我国国家统计局资料显示，2010年我国国内旅游的人次达21亿，国内旅游收入1.26万亿元。这其中的大部分可以看做是休闲旅游活动，因此可以预计旅游将成为我国最大的休闲消费领域。

（二）休闲文化娱乐产业

休闲文化娱乐产业是包括影视业、音像制品业、艺术表演业等行业在内的，为满足人们休闲、娱乐等精神需求为主的大产业，是休闲业的支柱产业之一。在英国，文化艺术是一个年收入近200亿美元的大产业，相当于英国的汽车工业。众所周知，美国的文化娱乐业被看成是以“版权为基础”的制造业，在这里，他们把娱乐业归为制造业的范畴。1998年，美国的电影、电视、录像带、音乐出版等行业总收入约600亿美元，其中120亿是由影视业所创造的，当年美国文化娱乐业第一次超过了农业和飞机制造业，成为美国出口第一大行业。可见文化娱乐是人们休闲的另一种主要方式，文化娱乐业已成为休闲产业的一个主要分支。

影视业方面，我国的广播、电视、电影在近几年来都有突飞猛进的发展。2008 年我国的广播和电视节目综合人口覆盖率已经分别达到 95.96%和 95.95%，电视台达到 3 287 个，全国广播电视总收入达到 1 583.91 亿元，从业人数为 67.71 万人。全国电影院线达 34 条，电影综合收入 84.33 亿元。这表明基本上我国所有的居民都已经能够享受电视和广播产品，且这类文化娱乐消费占据了人们的大部分闲暇时间。音像制品方面，2008 年我国录像制品种类共 11 772 种，数量为 17 868.75 万张，其中新版种类为 8 480 种，新版数量是 12 457.44 万张，发行量达 16 074.09 万张。艺术文化场馆方面，2008 年我国的群众性艺术文化机构共计 41 156 个，其中省级 31 个、地级 358 个、县级 2 829 个，群众业余文艺团体达到 75 021 个，这反映了随着居民收入水平的提高、生活质量的改善，文化艺术产品已经成为大众休闲消费项目。以上这些决定了休闲文化娱乐产业在休闲产业中的支柱地位。但是在休闲文化娱乐产业发展的过程中我们也要关注产品层次较低、文化内涵不够等问题，要改善这些问题就要向国外的休闲娱乐产业学习，树立品牌观念、善用艺术加工和经营，使我国也拥有像迪斯尼、好莱坞等成功的休闲文化娱乐品牌。

（三）休闲体育业

休闲体育产业是一个新兴的产业，包括体育器材、设备生产、销售业，还包括保健运动、体育表演、设施建设、设施经营、情报信息、彩票业、门票收入、电视转播、企业赞助等。体育成为产业的历史虽然不长，但发展速度远远超过其他产业，现在每年正以 20%的速度增长。目前全世界体育产业产值在 4 000 亿美元左右，相当于 1997 年中国 GDP 产值的一半左右。在北美、西欧、日本，体育产业年产值排在国内十大产业之内。1988 年，美国体育产业产值达 631 亿美元，超过石化、汽车、航运、林木加工等工业部门的当年产值。意大利体育产业以足球业为主，产值达 24 万亿里拉，约 182.5 亿美元，跻身于意大利十大部门的行列。英国的体育产业在 1997 年为社会提供了 37.6 万个就业机会，相当于英国整个化工、人造纤维业的就业人数，超过了煤炭、农业和汽车零件制造的就业人数。体育活动又是重要的旅游资源，是现代广告的载体，体育产业的投资前景十分广阔，它是休闲产业化进程中一支令人瞩目的生力军。

世界范围内的休闲体育产业可以分为两大类：竞赛型和非竞赛型的休闲体育企业。竞赛型休闲体育企业是指围绕竞技活动来实现企业或部门利润的实体，如奥委会、NBA 的所有俱乐部、职业足球俱乐部，以及经营单一竞赛活动的各种体育经营推广公司，这类在休闲体育产业中占有较大比例。非竞赛型休闲体育企业是指经营主体和竞赛型体育活动无关的企业，这类企业主要满足普通居民在简单传统休闲体育项目上的需求，其规模、数量都无法和竞赛型企业相提并论，如保龄球馆、飞镖俱乐部、水上游乐中心等。2008 年，我国有体育设施 104 万个，每万人拥有体育场馆 8 个，远低于发达国家每万人 200 多个的水平。我国群众拥有健身场馆与竞赛场馆的比例为15:1，远低于日本等发达国家 100:1 的水平。

（四）休闲服务业

对于休闲服务业的理解人们往往存在不同观点，可以从广义和狭义的角度来看。广义上讲休闲服务业可以等同于休闲产业，包括一切提供休闲产品的单位和组织。狭义的休闲服务业则是休闲产业的一个组成部分，主要是指依靠休闲资源和休闲设施为休闲消费者提供满足其身体和精神休闲需求的无形服务产品的行业，一般包括康乐服务、美容保健服务、旅游服务等，可以说休闲产业中提供无形服务产品的行业都属于休闲服务业的范畴。这里我们从狭义的角度来分析休闲服务业。

休闲服务业在整个休闲产业中占有较大比重，这是由休闲产业本身的性质决定的。一方面，目前居民的消费观念发生改变，致使休闲服务已经从上层人士的专有享受转变成为大众化的消费项目，如按摩、美容、桑拿洗浴等已经摆脱其“世俗”的外衣，成为大众认可的专业化休闲服务项目。另一方面，随着我国 GDP 以平均每年 7%的速度增长，居民的收入和消费水平也更上一层楼，更多的休闲服务项目，如健身、旅游等大众化趋势加强。目前我国的休闲服务业发展速度较快，从狭义角度来讲休闲服务业属于第三产业的范畴，2008 年我国的第三产业对国内生产总值的贡献率达到 40.1%，由此可见休闲服务业的经济发展潜力巨大。但在发展过程中，休闲服务业也存在一些问题，其中凸显的就是“服务质量”问题，休闲服务企业增多、居民消费能力增强，但服务质量低下、质量与价格不符的现象时有发生，要保证休闲服务业健康持续发展，服务质量问题不可忽视。

【阅读材料 4-1】

法国休闲和旅游业的发展①

法国是世界上最著名的旅游目的地之一，休闲和旅游业在法国经济中占有

① 特伯莱·约翰.休闲经济与案例分析[M].李文峰，译.沈阳：辽宁科学技术出版社，2007：264-265.

主导地位，旅游业对法国的国际收支平衡贡献非常大，法国有一个独特的、平衡的旅游产业。1997 年法国冬季运动旅游吸引了 150~200 万游客，这还不包括其他时间的旅游者。巴黎的迪斯尼乐园现在已经成为全欧洲最主要的短途旅游目的地，旅游者人数从 1991 年的 980 万增加到 2000 年的 1 200 万。埃菲尔铁塔在 1996 年吸引了 550 万游客，根据埃菲尔铁塔管理公司公布的数据，2008 年埃菲尔铁塔共接待游客 693 万人次，同比增加 3.7 万人次，涨幅为 0.5%。然而法国旅游容量中的住宿接待能力增加量不大，仅从 1994 年的 17 163 000 个床位略微增加到 1997 年的 17 307 000 个床位(包括旅店和露营地等所有膳宿设施)。

法国不仅已成为众多国外游客的旅游目的地，同时法国国内的游客也将本国视为旅游优选地。2007 年法国的旅游收入为 1 081 亿美元，仅旅馆和饭店业就达到 87.1 万人，但是这些收入中的 41%是由法国的国内旅游创造的。对这种状况的一种解释是，与日本的工人相比，法国工人拥有最少五周的带薪假日，这意味着巨大的国内旅游消费需求。和旅游服务业一样，法国还出口休闲产品，特别是滑雪和野营装备，而且拥有诸如法国航空公司和 Brittany 航运公司这样的空运、航运能力，而 Brittany 航运公司设立的主要目的就是为了促进 Brittany 地区旅游业发展，进而促进该地区经济的全面发展。对旅游设施的需求，刺激了大量私人资本对旅店和其他旅游供应品的投资，政府也采取了许多鼓励措施。举例来说，在基础设施建设方面，法国政府制定了完善的公路和铁路体系的发展计划。最近对高速铁路的投资使得巴黎与尼斯、里尔、南特和波尔图连接起来。

The Maison de France 机构主要由公共基金融资，在 1987 年成立，旨在促销法国的旅游产品，据估计，在 The Maison de France 每花费 1 欧元就会产生 15 英镑的旅游收入。The Maison de France 的主要功能包括旅游信息收集、旅游广告促销和公关。The Maison de France 在海外有 33 家办事机构，但是政府基金所占份额近年来明显下降。由法国政府资助的地区旅游发展项目主要有两个。第一个是 Languedoc-Roussillon 项目，在 1963 年它得到了超过 10 亿英镑的政府基金支持。该项目刺激了私人投资，使当地的游客人数从 1964 年的 50 万人增加到 20 世纪 80 年代的 350 多万人。同时在 1965～1980 年间，该项目也为当地创造了 3 万个新的工作岗位。法国政府支持的第二个项目是 Aquitaine 项目，该计划旨在 La Rochelle 南部的大西洋沿岸大大地增加旅游接待容量。

第三节 休闲产品

休闲产业是以满足消费者休闲需求从而获得经济效益的产业群，休闲企业和部门通过提供休闲产品来满足消费者休闲需求。因此可以说休闲产品是休闲产业赖以生存和发展的基点，其形式、内容、数量等直接决定和体现了一个国家和地区休闲产业发展的程度。

一、休闲产品的概念

休闲产品可以看做是休闲产业的客体，由于休闲产业本身囊括的内容较多，致使休闲产品种类、样式纷繁复杂，目前对于休闲产品的概念也很多，但尚未有权威统一的界定标准。

（1）休闲产品即生产经营者提供的、用于满足休闲消费者需要的各种产品和劳务的总和，既包括各种直接用于休闲消费的物质产品，也包括各种满足休闲消费者需要的休闲项目、休闲设施与休闲活动。①

（2）所谓休闲产品，就是满足人们包括愉悦身心、体验人生价值、享受生活乐趣等需求的，具有彰显人文文化功能含量的第二自然物。它主要是指人们在闲暇时间中为休闲目的而消费的物质产品。②

（3）休闲产品可以被定义为，为满足人们愉悦身心、体验人生价值、享受生活乐趣、彰显人文文化功能等休闲目的、在闲暇时间获得的体验的总和。③

（4）休闲产品是指由休闲经营者凭借着休闲吸引物和休闲设施生产或开发出来的、为了迎合休闲者体验和愉悦的需求，通过市场途径提供给其消费的一切有形实物产品和无形服务产品的总和。④

根据以上观点我们可以肯定，界定休闲产品的概念必须注意以下几点。首先，休闲产品的内涵和外延很广，是一个整体性的概念，不仅包括物质产品还包括非物质的休闲服务。其次，休闲产品的主要功能是满足休闲消费者的休闲需求，如愉悦身心、普及文化等，主要的消费对象是休闲者。第三，休闲产品

① 魏小安. 中国休闲经济[M]. 北京：社会科学文献出版社，2005：31-44.

② 章海荣. 休闲学概论[M]. 昆明：云南大学出版社，2005：279-280.

③ 李晓婧. 城郊森林公园休闲产品开发研究[D]. 昆明：云南师范大学，2007：16.

④ 马勇，周青. 休闲学概论[M]. 重庆：重庆大学出版社，2008：35.

的开发要依托于一些外部要素，如休闲设施、吸引物等，这些要素并不是休闲产品的核心构成部分，但却是休闲产品能够被生产出来的必要条件，亦可增加休闲产品的附加值。第四，休闲产品作为商品，其价值依旧来源于凝结其中的人类的劳动，需要人类投入大量的劳动才能使休闲产品得以面世。基于这几点，我们可以这样定义休闲产品。

休闲产品有广义和狭义之分。狭义的休闲产品指休闲经营者为满足休闲者的休闲需求，依托于休闲资源提供的休闲服务。广义的休闲产品是指休闲经营者以营利为目的，依托休闲资源提供给休闲消费者的一切物质产品和休闲服务，用以满足消费者愉悦、文化等休闲需求，它包括休闲资源、有形的休闲产品、无形的休闲服务三个要素。

二、休闲产品的构成要素

1. 有形的休闲产品

有形的休闲产品是休闲产品概念中最直接、表象的构成部分，主要是指休闲第二产业即休闲制造业提供的各种产品，如休闲食品、服装、文化体育用品、休闲交通运输工具等，这些产品和其他工业制品没有太大的区别，都是可以大规模预制生产、以直接或间接方式提供给消费者使用、生产与消费过程相分离。

2. 无形的休闲服务

在早期，我国曾把休闲产业与休闲服务业的概念相等同，其实二者有着本质的区别。休闲服务只是休闲产业提供的休闲产品的一个构成部分。休闲服务在休闲产品的整体概念中具有核心地位，也在休闲产品的种类中占有最大的比重，这主要取决于休闲产品本身的服务性质。休闲服务主要指休闲经营者依托于各种休闲资源给消费者提供的休闲活动和休闲体验，它通过某种休闲行为的开展使消费者获得一种感受，休闲服务的生产和消费需要休闲者的亲身参与和协助才能完成，而休闲消费者的感受则成为评价休闲服务这种休闲产品质量好坏的标准，并影响其再次购买决策。此外，休闲服务需要借助休闲工作人员和休闲设施来完成，整个服务过程具有连续性，任何一个因素出现问题或某个环节出现脱节都会使其质量受到负面影响。

3. 休闲资源

这里的休闲资源包括休闲产品依托的休闲吸引物和休闲设施。休闲吸引物是休闲者选择目的地的决定因素，它可能是物质实体，可能是个事件，也可能是某种现象。休闲吸引物广泛蕴藏于自然环境和人类社会中，代表着各休闲胜地的特色和不同民族的文化传统，其数量的多寡和吸引力的大小是一个地区能否开发成热点休闲区域的先决条件。休闲设施是直接或间接向休闲者提供服务所凭借的物质条件，分为休闲服务设施和休闲基础设施两种。休闲服务设施是指休闲经营者直接服务于休闲者的凭借物，一般包括住宿、餐饮、交通及其他服务设施。休闲基础设施是指不直接对休闲者服务，但在休闲经营中是政府部门和企业必不可少的基础设施，如水电供应系统、通讯设施系统、排水排污系统、交通运输系统、医疗救护系统等。

三、休闲产品的特点

休闲产品在依托于休闲资源，以有形的物质载体给消费者提供休闲服务的同时，也从本质上决定了其作为一种以无形服务为主的特殊产品，除了具有普通有形产品的基本特征之外，还具有自己诸多独特之处。

（一）休闲产品的综合性

休闲产品的综合性首先表现在它由三大要素构成：休闲资源、有形的休闲产品、无形的休闲服务。这三大要素几乎囊括了休闲市场上的各种产品，如游乐、健身、交通、住宿、餐饮等各种休闲设施，美食、休闲器材、服装、工艺美术品等实物产品，休闲服务者的服务效率、态度等无形的感官体验。其次，休闲产品的综合性在于它能够满足休闲消费者多样性、复杂性、综合性的消费需求，为消费者的“食、宿、行、游、娱、购”提供便利，同时还能提供个性化的休闲服务，如“睡的香”客房、海底浪漫婚礼等。再次，休闲产品的综合性还体现在其生产商和提供商涉及诸多部门，与第一、第二、第三类产业紧密结合，渗透在农业、林业、渔业、制造业、服务业等行业当中，需要交通、医疗、旅游、服务、通信、体育、文化等部门的配合。

（二）休闲产品服务与消费的不可分离性

休闲产品作为一种以服务为主的特殊综合性产品，必然具有服务产品的固有特点，即生产和消费的不可分离性。休闲产品需要依托于不同的部门共同生产和提供，不同的部门将其生产的“零件”提供出来，然后由“服务”将其串联在一起，使最终的休闲产品成品的价值远远大于各“零件”的简单的价值之和。在这个价值增值的过程当中，休闲服务起到决定性的作用，因此也决定了休闲产品生产和消费的不可分离性。休闲市场的供给方提供了休闲设施，但它需要休闲消费者的使用才能将休闲产品销售出去进而获得经济效益。如休闲食品店提供琳琅满目的美食，但同时也必须有就餐者才能实现生产和消费。所以说，休闲产品的服务主导性带来了这样的一个事实：休闲产品的生产和消费离不开休闲消费者的参与，没有休闲消费者，休闲产品也不会被生产出来，更不可能实现其价值；同时休闲消费者消费休闲产品的过程即是休闲产品生产和实现销售的过程。

（三）休闲产品的脆弱性

休闲产品的脆弱性主要体现为其需求的不稳定性，具体来说由几个方面的原因造成。首先休闲产品是人们在满足生存、安全等基本需求之外的更高层次需求的产品，可以说是精神消费的领域，这种高层次的消费产品会使消费者的消费需求受到自身经济条件的影响，进而产生消费需求的不稳定性。其次，休闲产品涉及到各行各业，是一种综合性的产品，这会使其与一些行业产品产生功能、外观等方面的同质性，且不同休闲供应商提供的休闲产品也会产生同质性，消费者的选择性也增强，这就形成了休闲产品在行业内外的相互替代性，进而导致同一类休闲产品需求的不稳定性。再次，休闲产品还会受到宏观环境及国家政治、经济、文化、安全等变化的影响，展现出其脆弱性。

（四）休闲产品的类型

休闲产品与其他一般产品的主要区别就在于休闲产品的文化信息含量和主要发挥文化功能这两点上。休闲产品是构成休闲生活的要素，是休闲产业的细胞，是休闲文化的物质基础。面对大量的休闲产品，人们习惯简单地从以下几个角度来分类。

1. 以人的休闲活动种类为标准划分休闲产品

休闲活动和休闲产品是两个不同的概念，一部分休闲产品以给消费者提供休闲活动的形式表现出来，继而满足休闲者的休闲需求，因此休闲活动是休闲产品不可分割的组成部分，从人类的休闲活动种类来划分休闲产品就是一个比较简洁的途径。人类的休闲活动种类非常多，可以从休闲活动的功能来分类：身心恢复性、身心发展型休闲活动；以休闲活动场地划分为室内休闲活动、室外休闲活动；从活动状态来看分为静态休闲和动态休闲活动。这些分类中包含的休闲活动又可笼统的概括为音乐活动、艺术活动、美术活动、园艺活动、集邮活动、摄影活动、体育活动、竞技活动、节庆活动、旅游活动、民俗活动、影视活动、娱乐活动、聚会活动、宴庆活动等。由于休闲活动形式内容灵活多样，且会随着休闲业的发展发生变化，因此通过这种方法我们无法详尽地列举社会上所有的休闲活动，只能从这些活动提供的线索找出蕴涵在其中或其他休闲活动之中的休闲产品。

2. 以彰显人类文化功能为标准划分休闲产品

以人类的休闲活动种类为标准来划分休闲产品，尽管涵盖了大部分休闲产品，但没有完全涵盖既可满足休闲活动，又可满足非休闲活动的第二自然物。

以彰显人类文化功能为标准的产品分类有地域特色产品、饮食产品、风情服饰产品、文化娱乐建筑产品、艺术修饰日用产品、公共设施文化产品、生态环境保护产品、文化用品专用产品、文化娱乐消费产品等。

3. 以消费者享受休闲产品的目的划分休闲产品

魏小安在《中国休闲经济》中对休闲产品进行分类，他认为休闲产品即休闲者直接消费的项目、设施与活动，可以分为六类：观光类休闲产品、城郊类休闲产品、度假类休闲产品、商务类休闲产品、运动类休闲产品、文化类休闲产品。

此外，国内诸多学者都对休闲产品的分类进行探讨，如马勇在其主编的《休闲学概论》中从休闲产品开发的角度分析了休闲产品的分类，详细介绍了户外运动休闲产品、水疗康体休闲产品、购物美食休闲产品、都市娱乐休闲产品、乡村体验休闲产品的开发问题。由此可见对于休闲产品究竟如何分类，目前尚无统一权威的说法，这是由休闲产品本身构成的复杂性和市场的多变性决定的，我们只能从以上这些观点中探寻社会休闲产品的类别。

（五）休闲产业中的主要休闲产品

根据我国休闲产业的特点，基于上述休闲产品的分类方法，本书主要介绍六类休闲产品——娱乐型休闲产品、康体型休闲产品、益智型休闲产品、陶冶型休闲产品、文化艺术型休闲产品、综合型休闲产品。

1. 娱乐型休闲产品

娱乐型休闲产品是指休闲经营者提供的为满足消费者愉悦身心、精神消遣休闲需求的休闲项目。随着工业化进程的加快，人们的生存和生活压力加大，闲暇时间的娱乐消遣需求旺盛，对娱乐型休闲产品的消费需求也增大，娱乐型休闲产品正呈现出多样化、自然化的局面。

（1）影视娱乐　影视娱乐是大众最喜闻乐见的一类休闲产品，它通过电影、电视、广播等传媒，将具有娱乐性、文艺性的休闲产品传播给观众，给其带来视觉、思想等方面的冲击，满足其愉悦心情、缓解疲劳等需求。

【阅读材料 4–2】

我国的影视娱乐产业[1]

根据我国文化部在2000年做的有关“中国人的休闲娱乐方式”的抽样调查

① 当代中国人的休闲娱乐[OB/OL].（2004-4-28）.http://www.chinaculture.org/gb/cn_zggk/2004-06/28/content_5608.htm.

显示，电视以其较少的经济投入和体力消耗、较强的信息传播功能和娱乐性，成为中国人首选的休闲方式，被60%以上的人采用。中国城镇居民平均每人每天观看电视节目的时间高达3小时38分钟，而且年龄在36～55岁的这一群人最爱看电视；居民的收入越高就越喜欢看电影、看录像等活动。这反映了影视娱乐已经成为大众化、家庭型的主要休闲方式之一。通过对这类休闲产品的消费，休闲者一方面可以得到放松身心、心情愉悦的精神享受，也可以与家人、朋友一起沟通联系感情。在这种需求的刺激下，我国的影视娱乐产业发展势头强劲，截止2008年，我国拥有33家电影厂，仅2008年一年就制作出影视作品477部（故事片406部、动画片16部、科学教育片39部、科学纪录片16部）；我国电视行业发展也极为迅速，目前已经拥有世界上最大的观众市场，也建立起了世界最大的有线电视网络。未来将会有更多更好的影视娱乐休闲产品出现，以满足消费者缓解压力、去除疲劳、开心消遣的需求。

（2）主题公园 主题公园是一项非常重要的城市休闲产品，是为满足消费者多样化休闲娱乐需求和选择而建造的极具创意性游园线索和策划性活动方式的现代旅游目的地形态。根据旅游体验，主题公园可分为情境模拟型、游乐型、观光型、主题型和风情体验型五大类。其中最令人印象深刻的是游乐型主题公园，亦称游乐园。它以提供刺激的游乐设施和机动游戏为主，给游客带来刺激盛宴。第二类吸引大众的是情景模拟型主题公园，即各种影视城。观光型主题公园则浓缩了一些著名景观或特色景观，让游客在短暂的时间欣赏最特色的景观。各式各样的水族馆和野生动物公园，就是主题型的主题公园。以风情体验为主的主题公园，则将不同的民族风俗和民族色彩展现在游客眼前。

目前世界已有嘉年华、迪斯尼、好莱坞环球影视城三大著名娱乐品牌，且他们拥有强大的消费群体。迪斯尼由美国华特迪斯尼创办，自1955年7月迪斯尼乐园在美国加利福尼亚诞生以来，主题公园作为一种概念化的休闲旅游形态很快被大众认同和接受，并逐步推广到全世界。此后又有环球嘉年华，嘉年华曾是欧洲的一个传统狂欢节，最早起源于古埃及，后来成为古罗马农神节的庆祝活动，之后被打造成世界最大的巡回移动式综合性的游乐场。随着这两个娱乐品牌在世界范围内的成功经营，各国也纷纷效仿建造国家性、地区性的主题公园或游乐场所。如英国的奥尔顿塔（Alton Towers）、美国的布希公园（Busch Gardens）、德国的欧洲主题公园（Europa Park）、意大利的加达云霄乐园（Gardaland）、瑞典里瑟本游乐园（Liseberg）、韩国乐天世界（Lotte World）、西班牙冒险港（Port Aventura）等。深圳的“锦绣中华”是1989年我国建造的第一座主题公园，当年就收回1亿元的项目投资曾轰动一时，也引发了国内主题公园的建设热潮。现今我国主题公园的数量激增，类型也趋于多样化，如主题生态乐园北京欢乐谷；目前国内最大的室内恒温水上戏水项目石家庄天山海世界；集林果栽培、园林观光、游览休闲于一体的山东聊城姜堤乐园；四川德阳石刻公园等。

（3）休闲购物　传统的购物只是人们购买生活必需品的方式，随着五天工作制的出现，生活节奏加快，人们在闲暇时间也开始将购物作为消遣娱乐的途径。休闲购物是在购物活动中增添休闲快乐元素，把购物当做休闲方式，将休闲纳入购物活动中去，特别受女性消费者的喜爱，这也催发了城市商业街、步行街、大型 Shopping Mall 的出现。如我国的广州、深圳、香港成为购物者的天堂，每天吸引着来自祖国各地的消费者。

除此之外，娱乐型的休闲产品还有最早出现在香港、台湾地区，于 20 世纪 80 年代传入我国内地的 KTV，还有缓解心理抑郁、消除寂寞孤独感的宠物饲养等。这些都能够给消费者带来快乐的元素，且经济投入较小、消费便利，成为休闲者比较喜欢的休闲产品。

2. 康体型休闲产品

康体型休闲产品是休闲经营者通过市场途径向消费者提供的满足消费者追求健康、锻炼身体需求的休闲活动和休闲项目。康体型休闲产品异常注重消费者身体和心理方面的健康，这和现代人的消费观念异常吻合，成为新世纪大众倾心的一类休闲产品。

（1）高尔夫　高尔夫是欧洲国家古老的贵族休闲运动，英文为 Golf，这四个字母代表不同的含义：G 代表绿色（Green），寓意为绿意盎然的自然环境；O 代表氧气（Oxygen），意思为高尔夫是一种有氧运动，对人的生命有重要意义；L 代表阳光（Light），阳光可以理解为美好的东西，享受阳光就是享受美好；F 代表步履或友谊（Foot / Friendship），高尔夫运动需要人们在较大的户外运动场所行走且多人在一起玩才有意思，因此高尔夫球运动不仅可以锻炼身体也可以增进朋友之间的友谊。简而言之，高尔夫是一种强身健体、沟通情感的户外休闲项目，人们消费该产品的过程也是享受美好生命的过程。

基于高尔夫的特点，目前主要的消费群体为经济收入水平较高的中上层人士。高尔夫俱乐部实施会员制，世界各国无论是欧洲还是亚洲，高尔夫球俱乐部遍地开花，我国各地也兴建了诸多高尔夫球场，如海南因其优良的自然环境成为高尔夫俱乐部的首选地，据不完全统计，截止 2010 年海南已建成和待审批的高尔夫球场共有 30 个，著名的有海口观澜湖、海南博鳌亚洲论坛国际会议中心高尔夫球会等。

【阅读材料 4–3】

体验高尔夫休闲生活[①]

观澜湖这个名字对于高尔夫球迷来说绝不陌生，现在它的版图已从广东跨越琼州海峡来到了海口沉寂万年的火山熔岩石漠之上。观澜湖海口国际高尔夫度假村除了十个顶级球场和度假酒店，还有包括 300 个火山岩矿物温泉池的户外养生馆、火山岩主题水上乐园，以及购物商场等。在海口观澜湖，人们可以尽情体验高尔夫休闲生活。

在“月球”上挥杆

每个初到观澜湖·海口国际高尔夫度假村的人，都会迫不及待地到 Blackstone 一号场一探究竟，哪怕不为打球，那里的景观也会令你惊叹不已。Blackstone 球场是中国唯一、世界罕有的火山岩球场，身处其中，四周都是重岩跌宕的黑色裸岩、苍翠茂盛的古荔枝树、横亘绵延的黑色石墙、粗犷的火山岩石亭……如果月球上有高尔夫球场，大抵也是此般苍茫与神奇吧。“世界上的球场大多是草地的绿色、沙坑的白色和大海的蓝色，但火山岩的黑色绝对是非常少见。”观澜湖的投资运营负责人方骏豪和集团首席执行董事朱鼎健博士的一席话直接道出了 Blackstone 球场的不同之处。此外，球场很多发球台与球道之间没有过渡，直接便是火山岩石堆砌的障碍区，开球时只要稍不留神，小球便会落入乱石中，因此时刻考验着挥杆者的技巧。

除了 Blackstone，二号场 Stone Outback 颇具澳洲特色，白色带状沙坑搭配着笔挺的桉树，如果再多些袋鼠与考拉熊，宾客肯定就会误以为自己身处澳洲了。如果你偏爱 19 世纪经典的高尔夫球场规格，那三号场 Stone Ruins 不容错过，它的球道多依循山形而设计，保持着最自然的地形地貌，绝对是原汁原味的经典高尔夫体验。

全方位的度假享受

18 层高的度假酒店耸立在整个度假村的中央，呈现出浓郁的佛罗里达州棕榈滩风格。酒店的客房装潢以自然物料与雕塑陈设为主，被打磨得异常润滑的火山岩地板、火山岩墙面韵味十足。而开放式浴室的按摩浴池及热带雨林花洒足以洗去宾客挥杆之后的疲惫，更难得的是这里的热水都是原生态的矿物质水，

---

① 田虎．体验高尔夫休闲生活[DB/OL]．京华时报，2010-9-9. http://epaper.jinghua.cn/html/2010-09/09/content_584498.htm.

瞬间就可让身体宛若焕然新生。另外，如果想360$^{238}_{92}$欣赏度假村以及海口的美丽景致，酒店顶层的露天亭阁是不二之选，这里可以将海南浓郁的热带风情一览无余。当夕阳的余晖降临时，一顿丰盛的晚餐便显得尤为重要，观澜湖为游客提供了日本料理、西餐厅、中餐厅、烧烤及火锅餐厅、池畔美食广场和酒廊等，俨然是一场老饕们的味觉嘉年华。而在酒店外部是碧波荡漾的泳池，你可以跃入池中随意徜徉；也可在人造沙滩上享受阳光。如果你喜欢安静，观澜湖水疗中心里护理师恰到好处的力度和熟练的手法会使你的身心不由自主地放松下来。火山岩之上的度假村当然少不了刺激的火山岩主题水上乐园，这里最受小朋友欢迎，穿梭在火山岩石之间，激起欢乐的水花，一家大小其乐融融。另外，即将开放的火山岩矿物温泉汇聚了七大洲的不同特色，可以让你在水汽弥漫之间享遍世界精华。

打造旅游休闲小镇，让高尔夫走进大众休闲生活

这里不仅有球场，更是一座国际化旅游休闲小镇，将旅游、度假、购物、养生与打球结合在一起。除了高尔夫，还有三星、四星、精品、度假别墅等不同档次的酒店，小朋友喜欢的水上乐园，女士们喜欢的矿物温泉，以及世界不同风格的SPA。

为向公众推广和普及高尔夫，海口观澜湖不采取会员制。这里既有赛事级专业球场，也有适合初学者的普通球场，还有练习场，可根据客人的差点来限制他们申请球场的档次。同时这里的高尔夫学院还提供一流的设备及全面的高尔夫教学课程，并会为客人提供专业球鞋、球衣、球杆，以及其他高尔夫生活用品的出售和租赁服务。此外，还特别推出一条18洞球场的参观路线，对于不了解高尔夫的普通游客，也能在导游陪同下参观各个顶级专业球场，同时了解高尔夫球的历史、发展以及各种有趣的故事。

这里还建有海南少数民族民俗村、购物商城等，这使观澜湖高尔夫度假村突破传统的高尔夫球会模式，成为老少皆宜的综合度假休闲胜地。

（2）健身俱乐部休闲项目　健身俱乐部是近年来兴起的一种综合性健身场所，它提供多种健身运动项目，如各种舞蹈、瑜伽、跑步、形体健美等，是都市休闲者闲暇之余乐于投身其中的休闲产品之一。健身俱乐部提供的这些休闲项目或依托于健身器材，如跑步机、哑铃等，或徒手进行，长期开展能够达到增长体力、改善形体、调节心理的效果。现代人，包括工薪阶层、自由职业者、体育爱好者、产后的年轻妈妈都是健身俱乐部休闲项目的主要人群。

（3）气功　气功是中国古代传统休闲健身项目，它是融调息、调心、调身于一体的运动，其原理和古代名医发明的五禽戏以及道士修道的导引术极其相似，都是通过身体的舒展达到强身健体的效果。气功分为医疗气功和健身气功，医疗气功具有医疗效果，医院里或在家里修养的病人通过这种气功可以达到恢复元气、治疗疾病的目的；健身气功侧重保健功效，主要针对普通人群。作为中国悠久文化历史的组成部分，气功日益受到大众的欢迎，特别是中老年人喜欢利用闲暇时间在公园、庭院里练气功，调整身体血脉、气息，这已成为他们的休闲时尚。

除上述项目以外，康体型的休闲产品还有很多，如桑拿洗浴、传统的体育运动项目（跑步、跳绳、武术等）。这些休闲项目或依托我国传统的养生术，如针灸、按摩，或依托现代康体设施，如保龄球等。一方面康体休闲项目弘扬了我国传统的养生文化，体现了健康人生的理念；另一方面也使城乡居民的生活休闲方式发生转变。

3. 益智型休闲产品

益智型休闲产品是指通过参与休闲项目或享受休闲服务，休闲消费者能够达到拓展智力、发散思维、锻炼脑力的目的。这对致力于提升自我、超越自我的年轻人具有较强的吸引力，业余时间的专业拓展学习、特长爱好的培养等都反映了大众对益智型休闲产品的青睐。

（1）下棋　古人常用“琴棋书画样样精通”来形容一个人的超凡才华，下棋是一种古代人的益智休闲项目，基于其在智力开发、锻炼脑力方面的作用，也成为现代青少年和老年人所喜爱的休闲项目，其中最具代表性的有围棋和象棋。古人下棋经常以棋寓天下，通过下棋畅谈人生和国家政治兴衰；现代人通过下棋开发智力、休闲消遣，达到身心愉悦，对于老年人预防一些老年病症，如老年痴呆症等也有很好的作用。

（2）图书馆、博物馆参观　图书馆是藏书的集中地，也是读书爱好者青睐的地方，它为广大青少年学习专业和课余知识提供了很好的平台，目前我国各大中专院校均建立了规模、档次不同的图书馆，为学生求知提供机会。截止 2008 年，我国各地区公共图书馆已达到 2 820 个。博物馆有自然博物馆、科技博物馆等。我国著名的博物馆有很多，如汇集我国封建王朝珍品的故宫博物馆、体现人类进化历史的中国地质大学逸夫博物院。美国有展现其探索太空成就的航天博物馆等。截止到 2008 年我国博物馆数量已达到 1 893 个，其中综合性的有 985 个、历史类的有 67 个、艺术类的有 97 个、自然科技类的有 36 个、其他类有 104 个，这些为人们了解社会历史、增长科学知识提供了很好的途径，是重要的益智型休闲产品。

4. 陶冶型休闲产品

陶冶型休闲产品主要是消费者通过购买和享受该休闲项目能够得到心灵上的净化、思想上的共鸣，进而提升自身的情感文化修养。这类休闲产品多数是以消费者静态观赏、收听的方式享受具体的休闲项目或休闲服务。

（1）音乐会　音乐会是音乐艺术的集中表现形式，档次较高，需要欣赏者有一定的文化和音乐修养，属于高雅文化的类别。通过观赏音乐会，一方面可以使原本躁动或压抑的心情得到舒缓或发泄，平复心情使之恢复到正常状态；另一方面也可以提升音乐爱好者的艺术才华。音乐会是具备较高文化修养的人群喜欢的休闲产品之一。

（2）戏曲　戏曲是中国古典艺术表现形式，除国粹京剧以外，我国各个地区都有各自的地方戏曲，如豫剧、越剧、黄梅戏、琼剧等，是我国传统艺术的瑰宝，深受中老年人的喜爱。为普及和传承戏曲艺术，各地政府或协会利用闲暇时间举办文艺演出，其中有很多特色的戏曲节目，如河南的“梨园春”、海南的“呀诺达琼剧秀场”。现今也有不少青少年了解并喜爱这一古老的艺术形式，戏曲正在成为大众的陶冶型休闲产品。

5. 文化艺术型休闲产品

文化艺术型休闲产品主要是指各种具有文化和艺术审美特质的有形物质产品，包括饮食、服饰、工艺美术品等，它们是有形休闲产品的重要组成部分。

（1）特色饮食　世界有三大著名的饮食体系：东方饮食文化体系、西方饮食文化体系、清真饮食文化体系。其中东方饮食文化体系以中国为代表，包括日本、韩国等东亚国家，饮食原料多以植物为主，根植于农林业经济，讲究膳食均衡。西方饮食文化体系以法国为代表，以意大利面食和俄式罗宋汤类为两翼，饮食原料多以牛肉为主，根植于牧渔业经济，讲究烹调的规范性、食品的营养价值。清真饮食文化体系是受宗教影响形成的，以土耳其为代表，主要流行于阿拉伯国家，善于运用各种香料和烧烤，食物原料谨遵《古兰经》的规定。在三大饮食文化体系的影响下，美食遍布世界各地，且各国各地区在不同的节日有不同的节日饮食，如我国的端午节吃粽子、中秋节吃月饼等。在闲暇时间品尝各地美食、逛街时消费休闲食品一直是人们难以抗拒的诱惑，因此各种特色饮食产品成为大众休闲产品的重要组成部分。

（2）民族服饰　当今世界有200多个国家和地区，民族种类众多，因此也形成了各具特色的民族服饰。我国是个多民族国家，由56个民族组成，每个民族都有自己特色的民族服饰，如苗族的苗绣服装和绣花鞋、侗族雍容华贵的银质饰品、傣族女子贴身剪裁的短上衣和长裙、蒙古族的毛皮大衣和棉靴、黎族的黎锦服装等，这些民族服饰都是休闲旅游者青睐的休闲产品。

（3）精湛的手工艺品 旅游景区附近、商业街上往往摆满了琳琅满目的精美手工艺品，海南风情的贝壳风铃和椰雕、瓷都江西景德镇做工精湛的瓷器等，都是旅游者非常喜欢的休闲产品。除此之外，为迎合休闲旅游者参与性需求，一些地方开始出现了“DIY”工艺品店，这些店可以给消费者提供亲身参与和制作工艺品的机会，如制陶吧、自制香皂、蛋糕店等，休闲者可以充分发挥自己的想象来完成作品，这些“DIY”工艺品店正逐步成为休闲者度过闲暇时间的绝好选择。

6. 综合型休闲产品

综合型休闲产品的种类很多，消费者通过购买和享受这类休闲产品可以得到多种体验，或开心或刺激或放松等。综合型休闲产品是融康体、娱乐、陶冶情操于一体的休闲产品种类。

（1）蹦极 是一种极限运动，深受时尚年轻人的喜爱，这种休闲项目对消费者的身体和心理素质有一定的限制和要求，消费者要从 40 米，甚至更高的地方纵身跳下，通过橡皮筋的伸缩功能体验悬空的刺激感。蹦极有塔式蹦极、桥梁蹦极、火箭蹦极三种类型：塔式蹦极的跳跃平台是一个斜塔；桥梁蹦极需要消费者从桥梁中间伸出的跳板上跳出；火箭蹦极则是在平地上通过橡皮筋的力量上下弹跳的一种蹦极方式。虽然该休闲产品刺激惊险，但仍有许多人尝试着去体验其中的乐趣。目前世界最高的蹦极点是位于南非东开普省齐齐卡马山中一座名为布劳克朗斯的大桥，高度为 216 米，从 1997 年开始接待游客，在其接待的游客中最小的只有 9 岁，年龄最大的有 84 岁。

（2）攀岩 是从登山运动中衍生出来的竞技运动项目，50 年代起源于前苏联，是军队中作为一项军事训练项目而存在的。1974 年列入世界比赛项目。进入 80 年代，以难度攀登的现代竞技攀登比赛开始兴起并引起人们广泛的兴趣，1985 年在意大利举行了第一次难度攀登比赛。攀岩的攀登对象主要是岩石峭壁或人造岩墙，攀登时不用工具，仅靠手脚和身体的平衡向上运动，手和手臂要根据支点的不同采用各种用力方法，如抓、握、挂、抠、撑、推、压等，需要系安全带和保护绳，配备绳索等以免发生危险。

如今，攀岩项目已经走出竞技赛场，成为大众户外运动休闲产品之一。许多学校已建造攀岩壁对学生爱好者进行训练，还有许多商业性的室内攀岩馆。攀岩可以锻炼身体、磨练意志，也可以培养人在险境中的求生技能，是一种很好的综合型休闲产品。

（3）观光农业 是一种以农业和农村为载体的新型生态旅游业。近年来伴随全球农业的产业化发展，人们发现现代农业不仅具有生产性功能，还具有改善生态环境质量、为人们提供观光休闲和度假的生活性功能。随着收入增加、闲暇时间增多、生活节奏加快，以及竞争的日益激烈，人们渴望多样化的旅游，尤其希望能在典型的农村环境中放松自己。于是农业与旅游业边缘交叉的新型产业——观光农业应运而生。20 世纪 90 年代，我国农业观光旅游在大中城市迅速兴起。观光农业作为新兴的行业，既能促进传统农业向现代农业转型，解决农业发展的部分问题，又能满足城市居民回归自然的休闲需求，因此成为新世纪备受欢迎的综合性休闲项目。

【阅读材料 4–4】

国外趣味休闲新方式①

近年来国外比较流行接近自然的休闲方式,他们称之为舒服而自由的周末。

滑旱冰滑到大街上

法国人酷爱滑旱冰，春季更是旱冰一族大显身手的时候，他们在人行道上轻松自如地滑着前进，成为大街小巷一道亮丽的风景。据统计，法国滑旱冰的人已达到两千万。

日本兴起踏石健身

在清新而略带寒意的晨风中，舒展开身体，迈出双脚自然而又舒适地走在凹凸不平的路上，哼唱着歌，会多么地怡然自得，这就是兴起于日本的踏石休闲法。许多学校和幼儿园专门开设“赤足教育”课程，让孩子们赤脚在走廊和操场上跑步，不少工厂、公司的入口处铺有一段卵石路，供职工上下班赤脚走 10 分钟。

饭后“百步走”

韩国人也崇尚“饭后百步走，活到九十九”这句格言，不过他们还有自己独特的认识。他们认为饭后不应当立即去“走百步”，而是应该稍事休息或卧床片刻，再去散步或做其他事情，这样更有利于食物的消化、胃肠保养和肝脏功能的保护。韩国人的这种观点已得到医学界的肯定，值得我们借鉴。

静思想健身美容

一种简单的休闲方法——静思想，使人在恬静的气氛中修身养性，既美容又健美，这是近年来美国新建的“环保度假村”里出现的新鲜事。专家称此法

① 华欣. 国外趣味休闲新方式[N]. 中国改革报，2007-4-28（3）.

是松弛思想的一种特殊运动，是专门针对快节奏生活给人们带来的疲劳而设计的，可以有效地消除疲劳，使左右脑获得平衡，预防和治疗疾病，进而获得美容健身的双重效果。

与海水共休闲

目前，海水和海藻疗法正方兴未艾，已被越来越多的人所接受。领导这股新潮流的有许多是西班牙文艺界和政界的著名人士，他们利用海水疗法在紧张的工作之后进行精神放松。医学专家已建立起形形色色的海水治疗中心，目的是使这种古老的治疗方法更趋于现代化与科学化，更好地为人们服务。

与鸵鸟赛跑

鸵鸟在澳大利亚被誉为“国鸟”。近年来澳大利亚人屡发奇想，设计出种种与鸵鸟为伴的休闲健身项目，令世人瞩目。最受欢迎的莫过于乘鸵鸟拉的四轮车在原野上兜风。新鲜的空气、温暖的阳光和满眼的绿意使人心旷神怡，从而得到醒脑健身之效。另外一些人干脆与鸵鸟赛跑，极大地增加了新鲜感。

学鸭子游泳

确切地说，应该是在水中练习跑步，这是加拿大人的“发明”。在地面上，每跑 1 000 米，跑步者的两只脚就得撞击地面六七百次，脚部、腿部、臀部都会受到震动，容易扭伤肌肉或者拉伤韧带。而在深水中，跑步者下肢不受震荡，因而不易受伤，运动过后你将会有通体舒坦的感觉。另外，水中的阻力是空气阻力的 4～10 倍，在水中“战斗”45 分钟，相当于在地面上跑 2 小时以上。

【思考题】

1. 结合自身经历谈谈休闲经济对自己生活的影响。

2. 休闲产品主要有哪些类型，你最喜欢哪一类？

3. 休闲产业的主要构成部门有哪些，休闲旅游业的发展对整个休闲产业有什么影响？

4. 分析阅读材料 4-1，是什么特殊原因使法国站在世界旅游业前列，在法国经济中，休闲旅游业的主要经济影响是什么？

第五章　休闲的影响

【学习目标】

● 理解休闲如何对经济产生影响
● 理解休闲如何对环境产生影响
● 理解休闲如何对社会产生影响
● 理解休闲如何对文化产生影响

【知识要点】

● 休闲对经济的影响
● 休闲对环境的影响
● 休闲对社会的影响
● 休闲对文化的影响

第一节　休闲的经济影响

一、休闲对经济的积极作用

休闲与经济之间存在一种天然的耦合关系，休闲消费本身就是一种经济行为，经济基础决定休闲发展的程度，同时休闲发展又对经济产生一系列的积极影响。具体来说，休闲对经济的影响主要体现在以下五个方面。

（一）促进国民经济增长

休闲发展必然带动休闲消费的发展，从而使休闲消费变得越来越具有存在和拓展的合理性。正如托马斯·古德尔（Thomas L Goodale）和杰弗瑞·戈比（Geoffrey Godbey）在《人类思想史中的休闲》一书中指出："由于有利于生产，休闲一直是合理的，但现在它也由于有利于消费而成为合理的。消费就是花钱并消费时间……没有夜生活和周末，娱乐业将会崩溃，如果没有假期，旅游业将会衰落。实际上是休闲而不是劳动使得工业资本主义走向成熟。在这里休闲新的合理性展现开来。”这段话说明，休闲消费的合理性已经得到普遍认同，并且成为推动社会经济发展的强大动力。

随着休闲市场规模的不断扩大和休闲消费需求的不断增加，休闲产业已经成为很多国家重要的支柱产业，休闲产业对国民经济的发展起到越来越大的推动作用。例如2000年英国国民对体育休闲产品的消费主要集中在以下几个方面：收费体育电视、杂志、书刊的预订费用（27亿英镑）、体育服装和体育用鞋（25亿英镑）、体育相关博彩业（23亿英镑）、其他体育商品（8亿英镑）、参与费用（6亿英镑），与体育休闲相关的消费额共计115亿英镑，占英国的家庭消费总额（4 080亿英镑）的2.8%。2000年，体育休闲产业创造出 98亿英镑的产业增加值，约占全国产业增加值的1.5%。① 根据中国2011年6月公布的《休闲绿皮书》总报告，2010年我国居民休闲消费最核心部分约为2.19万亿元，相当于社会消费品零售总额的14.20%，相当于GDP的5.51%。

休闲经济的增长还可以从休闲相关设备和产品市场发展中得到印证。根据数据监测中心（Datamonitor）2007年3月发布的全球休闲设施与产品的数据，见表5-1，全球休闲设施市场2006年增加了6%，收入1 530亿美元，其中健身俱乐部占59.6%、高尔夫占28.7%、主题公园占11.8%；全球休闲产品市场在2006年增加3.2%，市场价值1 558亿美元，其中来自传统玩具和游戏占39.5%、运动装备占35.4%、计算机和游戏软件占14.3%、自行车占10.8%。Datamonitor预计到 2011年全球休闲设施收入将达到2 047亿美元，较2006年增长33.8%，2006～2011年的复合增长率（CAGR）将达6.0%；全球休闲产品收入将达1 812亿美元，较2006年增长16.3%，2006～2011年的复合增长率（CAGR）将达3.1%。①

（二）推动产业结构调整

发展休闲产业能有效降低经济增长对能源、原材料、运输的依赖程度，有助于优化经济结构调整，促进经济增长方式的转变。社会发展的现实表明，为休闲而进行的各类生产活动和服务活动正在日益成为经济繁荣的重要因素。特别是在大中城市，各类休闲活动已成为经济活动得以运行的基本条件。种种迹象说明，城市经济发展越来越依赖于休闲文化服务业的发展。城市经济模式已开始向休闲文化经济模式转移。完全可以预料，在不久将来，以休闲文化经济

① 休闲产业的发展、问题与创新课题组. 休闲产业的发展、问题与创新[EB/OL]. http://wenku.baidu.com/view/996b9e69a98271fe910ef966.html.

为主业，具备完善的现代休闲文化服务设施的中心城市将在世界经济发展格局中充当主要角色。

表 5–1 全球休闲设施与产品市场价值[①]

年份	休闲设施市场价值		休闲产品市场价值	
	价值/亿美元	增长率/%	价值/亿美元	增长率/%
2002	1 241	—	1 340	—
2003	1 285	3.6	1 396	4.2
2004	1 362	6.0	1 462	4.8
2005	1 444	6.0	1 509	3.2
2006	1 530	6.0	1 558	3.2
平均增长率		5.4		3.8

按照三次产业划分法，休闲产业所涵盖的大部分行业可以归入第三产业。休闲产业的发展能够带来第三产业生产总值和从业人员的增加，进而可以提高第三产业在三大产业构成中所占比重，优化区域产业结构，逐步向国际公认的理想三次产业结构转化。因此休闲业的迅速发展有利于产业结构的适应性调整和优化，带动第三产业中细分产业的兴起和发展，如休闲产业、工艺品产业、文化体育产业、美容美饰产业等，其规模和结构使第三产业发生了根本性变革，形成休闲产业。

在西方发达国家，休闲产业是国民经济收入的重要来源，是政府部门制定相关政策必须考虑的因素。如美国的休闲产业年产值达 1 万亿美元，年税收达 6000 亿美元。英国休闲产业年产值达 1 360 亿英镑，超过汽车业和食品业，并以 30%左右的速度增长，平均每户家庭休闲开支占家庭总支出的 20%左右。西班牙休闲产业成为其经济的第四大产业，休闲企业达 9 万多家，其收入占国内生产总值的 4.5%。

（三）创造劳动就业机会

作为一个重要的社会问题，就业不仅仅关系到每一个劳动者的生存和发展，而且关系到社会的稳定。休闲业的最大特点是技术、资金密集度低。第三产业中传统的服务部门如运输业、房地产业等行业需要投入大量资金，而一旦投入使用其吸纳的劳动力也非常有限。作为一个综合性的产业，休闲业具备强大的就业吸纳能力，是典型的劳动密集型产业，其产业覆盖面较广，不仅能为休闲

① 休闲产业的发展、问题与创新课题组. 休闲产业的发展、问题与创新[EB/OL]. http://wenku.baidu.com/view/996b9e69a98271fe910ef966.html.

业本身提供大量的工作岗位，还可以为众多关联行业创造新的工作机会。据统计，美国仅旅行和旅游业雇用的职员就有 900 万之多。在全联邦、各州、各县和当地的娱乐场所、公园以及其他休闲机构，大约有 25 类公共服务类的工作职位，有近 200 万个作家、艺术家、演艺界人士和职业运动员。而体育休闲产业为英国创造了 40 万个就业机会，超过了农业、煤炭、汽车零配件制造业三个行业的综合。在志愿者机构中创造大约 10 万个职位。[①] 休闲业中的许多部门对劳动者的专业知识和职业技能要求比较宽松，只需要经过短期培训即可胜任，恰好能够吸纳一大批技术薄弱、知识缺乏的下岗人员，极大地解决了城市的剩余劳动力问题。这一点对于社会的稳定和经济的发展有极为深远的意义。

在未来，休闲产业发展带来的就业增长趋势还将继续，据杰弗瑞·戈比预测，在稍后的几年，休闲的中心地位将会加强，在经济产业结构中休闲产业的从业人员将占整个社会劳动力的 80%～85%。华盛顿地区公共策略预测部主席莫利特预测，休闲、娱乐活动、旅游业将成为下一个经济大潮，并席卷世界各地，专门提供休闲的三大产业在 2015 年将主导劳务市场。

（四）调节国民收入分配，平衡地区间的经济差异

休闲经济的崛起，能调节国民收入的再分配，降低贫富梯度。在社会主义市场经济制度下，国民收入再分配是政府促进区域经济公平的宏观之一，而鼓励发展区域休闲经济在某种程度上恰好成为收入再分配的一种方式，这主要包括通过休闲消费，国民收入从高收入阶层向低收入阶层流动；发达地区的休闲者向欠发达地区流动；通过休闲消费使财富从经济发达的地区向经济欠发达地区转移。

（五）拉动居民消费需求

国内需求主要有三个方面：一是国内居民的生活需要，包括日常的衣食住行等；二是国内企业的生产需要，如机械设备，各种原材料等；三是国内的公共需要，如为企业生产提供良好外部条件的公路、铁路、电信等基础设施，为居民生活提供良好休闲环境的城市环境、公共广场、基础设施等。休闲及休闲经济的发展，将直接扩大居民个人和家庭休闲生活的需求和公共休闲的需求，间接刺激国内生产的需求。2008 年国际金融危机出现以来，世界各国将扩大内需、刺激消费作为拉动经济的重要手段，鼓励国民进行休闲消费则是扩大内需的重要方面之一。

① 休闲产业的发展、问题与创新课题组. 休闲产业的发展、问题与创新[EB/OL]. http://wenku.baidu.com/view/996b9e69a98271fe910ef966.html.

二、休闲对经济的消极影响

（一）有可能引起物价和地价上涨

从供求关系看，由于休闲旅游者的涌入，增加了目的地各种商品的需求量，因而引起目的地商品价格上扬。此外随着旅游业的发展，地价也会迅速上升。事实证明，在不成熟旅游目的地兴建旅游设施对土地的投资只占全部投资的1%；但是休闲旅游业发展起来之后，兴建休闲设施地皮投资很快上升到全部投资的20%。[①] 由此而造成的地价上涨，影响当地居民的住房建设与发展，这势必损害当地居民的社会经济利益。

（二）有可能影响产业结构发生不利变化

例如以农业为主的地区，发展旅游业后，个人从事旅游服务收入高于务农收入，因此常使得大量的劳动力弃田从事旅游业。这种产业结构不正常变化的结果是，一方面旅游业的发展扩大了对农副产品的需求，然而另一方面却是农副产品产出能力的下降。当地居民失去了赖以生存的基本生产方式，一旦危机袭来，就会产生社会问题，还可能会影响到社会和经济的安定。

此外，一些地区快速崛起的旅游业也会对产业结构产生不利影响。例如在某些地区，旅游业的快速发展，带来大量游客的同时，游客被当地得天独厚的自然条件所吸引，选择在旅游地置业，带动当地房地产业迅速膨胀发展，提升了房地产业在第三产业中的地位。但这种改变是短期的，对于当地长期稳定发展的合理产业结构构成破坏，甚至遇到资金链问题对传统产业结构造成严重打击。如2000年左右，随着经济社会的发展，伴随着旅游需求的快速升温，休闲度假地和旅游城市的旅游房地产市场受到各方高度关注并迅速发展。大量外来旅游者在我国的海南、长三角、珠三角、环渤海等区域购买房屋以供度假或投资之用，造成中国大量商品房空置。有专家估计，我国当前的商品房空置率已在26%左右，已处于空置危险区之内（国际公认的房地产开发空置率超过10%即为危险区）。商品住宅的大量空置，不仅直接影响了房地产发展商正常的生产经营和银行信贷资产的质量，更重要的是对整个国民经济的良性运行和社会的稳定发展带来了许多负面影响。

（三）过度依赖休闲业会影响国民经济的稳定

片面追求休闲业可能会导致国民经济结构不平衡发展，使得国民经济受国际影响程度大，不利于国民经济的稳定。

---

① 李天元.旅游学[M].北京：高等教育出版社，2006.

（1）一些休闲活动有季节性特征 一些休闲活动的季节性波动很大，如度假旅游行业的季节波动性加大了供需矛盾——劳动力闲置；当地物质剩余而导致大降价；居民收入减少。虽然需求方面的这种季节性波动有时可通过营销努力减小，但毕竟不可能完全消除。所以淡季时不可避免地会出现劳动力和生产资料闲置或严重的失业问题，从而给当地带来严重的经济问题和社会问题。

（2）敏感的产业 休闲业是敏感型产业——政治、经济、社会等诸多因素都会引起休闲供给与需求的强烈波动。一旦这些因素发生不利变化，休闲业乃至整个经济都严重受挫，造成严重的经济和社会问题。

以高尔夫为例，高尔夫球在西方发达国家已有很长的发展历史，并成为人们休闲的一种重要方式。美国是世界上高尔夫运动最发达的国家，世界高尔夫基金会（World Golf Foundation）发布的《2005 年高尔夫经济报告》显示，2005 年高尔夫对美国经济的直接影响达到了 759 亿美元，总影响为 1 950 亿美元，是美国休闲经济中重要的部分。但是由于这些年经济发展缓慢，甚至面临衰退危险，其高尔夫球人口也出现了减少的势头。根据美国全国高尔夫基金会和体育用品制造商协会公布的数据显示，高尔夫球总人口已从 3 000 万人下降到 2 600 万，一年打 25 次球或者更多的球迷人数从 2000 年的 690 万下降到 460 万，一年打 8 次球以上的人数则从 2000 年的 1 770 万人下降为 1 500 万人。高尔夫消费人口的减少严重影响了球场的经营。仅 2008 年因球员数量减少而关闭的球场就有 115 家，① 给经济带来的不利影响包括减少当地经济的收入，失业率上升等。

（四）不合理投资造成经济浪费，影响国民经济的良性发展

很多投资方过于乐观估计休闲市场，开展各类大型投资项目，造成投资难以收回成本，最后惨淡收场，也造成巨大的经济浪费。如我国已建成的主题公园，全国有百余家，真正营利的却是少数，很多大型主题公园在投资运营数年后都放弃经营，如海南热带海洋世界号称中国第一个以“热带和海洋”为主题的大型主题公园、海口首个国家 4A 级景区。海南热带海洋世界在完成一期建设（投资 4 亿元）后，于 2001 年 1 月 1 日正式开业，开园伊始，连续两年作为欢乐节主会场，并接待了尼泊尔前国王比兰德拉等一批中外重要贵宾，在当时名噪一时。然而在经历过短暂的风光之后，由于种种原因逐渐走向沉沦，并于 2005 年 6 月关门休业，至今没有重新开业。这类休闲项目的兴起与沉沦，受到很多因素的影响，要求我们在休闲产业发展过程中，杜绝盲目跟风，投资大型

---

① 何莽，许陈生. 国际金融危机对中美高尔夫运动的影响[J]. 体育学刊，2010，17（1）：33-36.

休闲项目，做好合理的可行性分析，避免错误投资造成经济亏损。

第二节 休闲的环境影响

一、积极影响

（一）保护自然环境和文化古迹

休闲产业本身对资源环境的压力小，破坏也小，有利于对自然环境和历史古迹的保护。在可持续发展思想的指导下，人们开始注重资源与环境的可持续利用，通过一系列方式对环境施加积极的影响，包括对资源的保护性开发。

在休闲旅游区，我们一方面可以通过制定自然保护区、地质公园、森林公园、历史文化名城等各类资源保护区的总体规划、旅游规划、规章制度、管理措施，控制人类对其破坏和消耗，使这些保护区中的各类资源能够实现更新循环、繁衍再生、休养生息，从而保证其可持续利用；另一方面，也可以通过对游人解说、环境教育，及辅以适当的处罚，控制或减轻人们对各种资源的破坏。

【阅读材料 5–1】

当之无愧：庐山何以获得全球唯一大奖[①]

2005 年 6 月 5 日的世界环境日，“联合国优秀生态旅游景区”称号的授牌仪式在美国旧金山举行，以表彰在全世界范围内为生态环境保护作出杰出贡献的区域。中国庐山风景名胜区被评为“联合国优秀生态旅游景区”，在全球范围内独此一家。此次荣获世界性的称号，是庐山继“世界文化遗产”、“世界地质公园”称号后，夺得的又一块国际金牌，这也是国际社会对庐山在生态环境保护事业上所做贡献的高度肯定。

庐山为何会获得这一荣誉？这从庐山长期致力于生态环保建设上可见一斑。庐山长期致力于环境保护事业和生态保护建设，对整个景区实行全方位的综合治理，推行生态保护战略，严格按照《保护世界文化和自然遗产公约》和《生物多样性公约》等国际公约要求，坚持严格保护、统一管理、合理开发、永

① 当之无愧：庐山何以获得全球唯一大奖[N].人民日报，2005-6-8（2）.

续利用。

近几年来，庐山共拆除违章和有碍观瞻建筑2万多平方米，使景区容貌大为改观。为了确保景区无污染，庐山在全景区推行以电代煤工程、以电代油工程，减少煤烟对庐山环境的污染，使庐山成为名符其实的“无烟山”。全山实行ISO14001环境管理体系，兴建大型的污水处理系统，对生活污水进行严格控制和处理，防止水体和大气的污染；建立森林防火制度，组建森林防火专业队伍；保护森林资源，有效防止森林病虫害；严格禁止在景区内发生一切影响生态发展和不利于环境保护的建筑行为，在庐山风景区内建立了人与自然有机相处、和谐、协调的关系。

庐山牯岭有一观景台，被视为庐山最佳的观景点。但是由于它与周边生态环境不协调，庐山管理局毫不留情地决定将其炸毁。当时庐山管理局党委书记欧阳泉华亲临现场指挥，他说：“庐山是世界文化遗产，一定要按世界名山的标准来建设，而不能按照我们自己的喜好来建设。”

（二）改善基础设施和服务设施

休闲业的发展既能改善地方的基础设施，如机场、道路、通信、供水系统和污水处理系统等，又可以促进当地娱乐、住宿、餐饮等服务设施的建设，从而使地方经济水平得以提高，地方人居环境得以改善。例如某些地区在开展休闲项目的同时，也会增建地方的污水处理厂、垃圾处理厂，这可以改善当地直排的现状和垃圾随意堆放的现状。

（三）提高绿化比例和环境质量

环境质量对休闲质量具有重大影响，休闲活动对环境保护也有重要的促进作用。发展休闲业客观上还将推进地区环境的“两化”，既绿化和环境净化。休闲业可以通过植树造林、开发园艺项目或设计建设生态化建筑来扩大绿化面积；还可以通过控制空气污染、治理噪声、防治水污染、处理生活垃圾和其他环境问题，促使环境全面净化。近十多年来，我国大部分地区，通过休闲旅游开发，调整了区域产业结构、优化了资源利用结构，许多资源富集区域（特别是山区）不再是“浓烟滚滚、黄沙漫漫、污水横流”，而变成了“青山绿水、鸟语花香、轻歌曼舞”的旅游区，一大批风景名胜区、自然保护区、森林公园、农业生态园、园林城市相继诞生，极大地改善了生态环境。20世纪90年代中后期，我国开展了“中国优秀旅游城市”创建工作，这对中国城市建设与管理、中国居民的生活环境、中国社会现代化起到了巨大的推动作用，成为休闲旅游业改善环境的极好案例。

二、消极影响

一些人认为是休闲产业不是能耗型产业，因此不会带来生态环境污染和破坏，可以毫无顾忌。但只要实地去观察，仅休闲产业中的旅游业所排放的废物就有可能因其特殊的地理条件限制而难以处理，导致生态环境恶化、风景质量变劣、甚至被毁坏。因此如不加以控制与管理，休闲业与其他产业一样，也会给环境带来消极影响。

（一）造成污染

不当的休闲行为对环境造成的污染是多方面的，包括水污染、空气污染、噪声污染、视觉污染和固体废弃物污染等。

1. 对水体环境的影响

水体环境在休闲中占有重要地位，因而休闲活动对水体环境的影响相当广泛而严重。主要体现在以下三个方面。

（1）船舶油污　水体污染的重要原因之一是旅游船只所排放的垃圾、油污的污染。如桂林漓江每逢休闲高峰季节，休闲船只几乎是首尾相接，组成浩浩荡荡的“船队”，不仅破坏了游江意境，而且船舶排放的污物大大超过漓江的自净能力，造成江水污染。

（2）休闲设施污水排放　很多水边地区，如海滨、泉点、河边等地为发展休闲业而修建度假村、休闲中心，将污水直接排放于水体，造成水体污染。另外，休闲者的如厕污水、洗涤污水在污染中占较高比重。

（3）水上运动　在湖畔、河边、泉点等地水上休闲运动项目，例如水上摩托艇、划船、踩水、游泳、垂钓、跳水、潜水、驾驶帆船等，在带给人们快乐的同时，也给水体环境带来了巨大的冲击，如水上摩托艇活动不仅对沙滩及海岸线产生侵蚀作用，而且其产生的涡流也会影响海域生态，如珊瑚礁内的浮游生物和鱼类，漏出的油污还会污染水体，甚至会散布化学物质威胁水体生物的健康。

2. 对大气环境的影响

（1）交通工具排放的废气　车辆、喷气式飞机在将休闲者快速、便捷地运送到目的地的同时，也排放了大量的废气，是造成大气污染的主要污染源。所引起的大气污染以光化学烟雾污染最具伤害性。光化学烟雾中存在许多高反应性的光化学物质，不但会影响植物，还会危害人体健康。光化学烟雾严重时会影响视线，降低能见度，造成人们困顿。它所含的某些物质可能会刺激眼睛，造成流泪等不舒适的感觉。此外，交通工具所排放的废气还可能含有有毒物质，威胁地球生态的健康。从全球气候变化的角度来看，废气排放可能导致酸雨，也可能排放使地球增温的温室气体，或是排放诱发臭氧层空洞的物质。

【阅读材料 5–2】

谁为航空业环境污染埋单[①]

在国际市场石油价格狂升，很多人忙着谈论如何保护航空产业的时候，西方国家一些有识之士开始质疑：航空公司要不要为空气污染埋单？

那么航空业会造成何种程度的环境污染，又会对我们身体健康产生怎样的影响？我们以希斯罗飞机噪声控制联合会公布的反映机场对当地环境产生一系列影响的数据为依据，报告如下。

（1）一些地区由于机场噪声的影响，镇静剂使用量上升 8%。

（2)居住在机场 10 公里以内的人们对防哮喘药物的用量占整个地区该药物使用量的 14%。

（3）飞机每年向大气中排放二氧化碳 6 亿吨，占全球二氧化碳产量的 10%。

（4）居住在机场附近地区的居民死亡率要比安静地区高出 5%。

（5）飞机噪声会影响孩子的阅读能力，噪声容易使人患上焦虑症。

英国专栏作家露西·西格尔女士最近撰文称，航空公司已成为英国产生温室效应的罪魁祸首之一。如果不对航空业的污染加以控制，各国为限制二氧化碳释放而制定的《京都议定书》和所做的一切努力都将被穿梭于空中的飞机所带来的污染抵消。

与航空业利润下滑呈明显反差的是，近年来全球航空客流量一直在上升，且达到了 6% 左右的增长率，几乎是全球经济增长率的两倍。仅就英国而言，近几年每年就有 9 700 万人次乘坐飞机旅行，相当于全英国每个人平均一年乘飞机旅行 1.6 次，这比十多年前多了近一倍。随着人们对乘坐飞机旅行需求的增加，航空制造业在不断研制更多、更大的飞机。波音公司每年向世界投放约 1 000 架客机。2006 年空中客车公司向市场投放了 555 座的大型客机。在未来 20 年中，波音公司售出的客机中将有 3% 是 400 座以上的大客机。这些空中“巨无霸”对大气的污染可想而知。

英国人对航空公司环保责任问题的讨论已有时日，现在仍处讨论阶段，具体的行动尚未提到议事日程，但讨论本身是个不错的开端。

① 马建国. 谁为航空污染埋单. [EB/OL]. http://www.china.com.cn/chinese/huanjing/901082.htm.

（2）休闲设施排放的废气　一些休闲（旅游）设施，如餐馆、宾馆饭店等对大气的污染源主要是供水、供热、供能的锅炉烟囱、煤灶排放的废气等，释放出来的主要是燃烧煤、煤气和液化气产生的二氧化硫、二氧化氮、一氧化碳和烟尘等，总量虽较工业小，但排放源分散、高度低、距景点近，且多无除尘设施，对休闲旅游地的大气质量影响大。

3. 固体废弃物污染的影响

在很多旅游区以及城市公共休闲区，随处都可见到人们丢弃的各种固体废弃物垃圾。垃圾污染现已成为我国大多数休闲度假区和公共休闲区的一大祸害。垃圾不仅影响环境美观，污染水体、土壤、大气，而且对人类垃圾的处理也是一大难题，因为“没有一种废弃物的处理方法是完全安全的”，如处理设备要耗电、耗能，而且部分污染防治设备会产生二次污染，如焚化炉可能排出含有有毒物质的废气，再次威胁环境，甚至损害大众健康。

此外，户外堆积的垃圾还可能改变周围野生动物的生活习性，如动物们依赖垃圾生存，这甚至会影响其健康与生命。

【阅读材料 5–3】

肯尼亚火烈鸟大批死亡，垃圾疑为罪魁祸首[①]

位于赤道附近的肯尼亚纳库鲁湖是最著名的观鸟胜地之一。它地处东非大裂谷，生活在这里的火烈鸟有 200 多万只，占全世界火烈鸟总数的 1/3，每年有数百万人慕名来此游览。

但据肯尼亚《民族日报》报道，2006 年以来火烈鸟大批死亡，肯尼亚纳库鲁国家公园里的垃圾堆可能是罪魁祸首。美国生物学家近日公布的相关研究成果表明，公园里一处废弃的垃圾堆残存铬等重金属，这可能是造成火烈鸟大批死亡的原因。研究人员从国家公园的土壤、植物和动物身上提取到的微量元素与垃圾堆的污染物相同，还在死去的火烈鸟身上发现了锌和铅的残存物，其污染源可能就是位于公园外的垃圾堆。如今垃圾堆周围寸草不生，废电池等污染物随处可见。

4. 噪声污染

噪声污染已经成为公园、休闲广场的一大公害。伴随着游人的增多，宁静

---

① 新华网.肯尼亚火烈鸟大批死亡，垃圾疑为罪魁祸首[EB/OL].（2007-1-2）. http://news.xinhuanet.com/tech/2007-01/02/content_5558826.htm.

愉快的景象、休闲美好的环境均已被噪声污染严重破坏。一些公园、休闲广场的环境已被早上的晨练者、晚上露天唱歌跳舞的游人破坏。他们携带着一套大功率音响设备，播放各种音乐，或唱着难听的歌曲，发出震耳的乐声，其噪声超过 50 分贝，有的甚至超出 100 分贝，这些休闲行为让周围的居民苦不堪言。

另外，城市居民特别是年轻群体，喜欢夜间去歌舞厅、迪厅等娱乐场所，通过大声唱歌来宣泄一天的压力。有些年轻人在电动自行车上装备高分贝的音响系统，播放震耳的音乐横穿于城市。也有部分休闲者由于醉酒，在夜深人静的街道上肆意吼叫，影响他人休息。

各类休闲交通工具在行驶过程中都会产生交通噪音。调查表明，机动车辆噪声占城市交通噪声的 85.5%。在各类机动车辆中，载重汽车、公共汽车等重型车辆的噪声为 89～92 分贝，而轿车、吉普车等轻型车辆的噪声约为 82～85 分贝。地铁的噪声来源与火车相似，因车辆在地道内行驶，噪声不易散失，因此对车厢内的人干扰较大。据英国的专家实测，车厢内开窗时噪声高达 102 分贝。飞机升降时产生巨大噪声，机场地勤保养和飞机试运转时也会产生强烈的噪声，对附近居民的影响非常大。当大型喷气客机起飞时，跑道两侧 1 千米内语言通讯受到干扰，4 千米范围内的居民不能正常休息和睡眠。

【阅读材料 5–4】

中央大街上“拍手”＋“放音乐”①

哈尔滨中央大街是集休闲、旅游、观光、购物为一体的百年老街。长长的石头路仿佛诉说着百年历史，高贵典雅的欧式建筑让游人留连忘返，时尚新潮的服装店更增添了中央大街休闲观光的气氛。在中央大街漫步是市民们假日里非常好的休闲方式。

如今中央大街上的商家们为了招揽顾客，纷纷使出“绝活”！佐丹奴、真维斯、森马、圣奥等专卖店都使用“拍手”＋“放音乐”的方式来吸引顾客。据记者实地观察，一些女性服饰的专卖店通常播放情歌，而放音乐的主力“战士”——休闲专卖店播放的都是十分火爆的迪士高音乐。无论是情歌还是迪士高音乐，因为放音乐者力图“捕获”更远、更多的人，所以音量放得震耳欲聋，让过路行人十分“遭罪”。“拍手”是中央大街上的另一道“风景”。在一些知名

① 东北网.中央大街上“拍手”＋“放音乐”[EB/OL]. （2002-10-16）. http://heilongjiang.dbw.cn/system/2002/10/16/010190127.shtml.

的休闲专卖店门口活跃着“专职拍手员”，他们边拍手边喊着：“走过路过，千万不要错过，原价××元，现价××元……”

噪声污染已经使中央大街失去了原来的休闲氛围，当地为此出台了《哈尔滨市中央大街步行街区管理办法》进行专项整治。

（二）破坏生态系统

休闲产业的发展对生态系统的破坏很多都是由于对环境资源不加节制的开发和利用所致。一些生态系统，如高山生态系统、热带雨林生态系统、湿地、红树林、珊瑚礁和海底水草由于休闲业发展而遭到破坏，特别是一些脆弱的生态系统极易遭到破坏，且难以修复。无计划的在山上乱砍滥伐树木，或随意开辟土地用以筑路、修建娱乐休闲场所、修建停车场等，都将严重地破坏当地生态系统，影响土地资源的合理利用。把自然保护区、森林和野生动物栖息地作为休闲娱乐场所，将使野生动植物丧失栖息地。

【阅读材料 5–5】

电影制片与生态环境的破坏[①]

福克斯电影公司将畅销小说《海滩》改编成电影，为此他们需要寻求适合的拍摄地，最终他们选择了位于泰国南部的玛雅湾。玛雅湾的自然环境中生长着很多灌木，这并不符合电影的要求，电影需要的场景是椰子树，长长的、干净的沙滩和海洋。于是经泰国林业部门批准，电影公司将整个海滩改头换面。泰国政府也支持这一项目，并认为这部电影会促进泰国旅游经济的发展，带来大量游客。

然而，据《观察》杂志报道：“一半以上的沙滩已经被挖掘，沙丘也被破坏”。在海滩上呈现成百上千个洞，而那些用来稳固砂石的植物都被连根拔起。电影中的部分场景已经引起当地环境保护团体的关注，他们举行示威游行，并抗议因挖掘树木使得生态系统遭到破坏，以及可能引起的海滩冲蚀。

（三）大量消耗自然资源

休闲产业的发展会对自然资源产生压力，尤其在本地资源稀缺的地区表现更为明显。许多娱乐和休闲业的发展需要大量的清洁水源，例如在热带国家，高尔夫球场每天需要的供水量几乎与 6 万居民的用水量相等。另外，休闲产业的发展也对当地其他资源造成压力，如能源、食品、原材料、土地。这些影响

① 特莱伯 · 约翰. 休闲经济与案例分析[M].沈阳：辽宁科学技术出版社，2007.

都会对当地资源，特别是资源短缺地区造成严重影响。

此外，休闲娱乐场所，如大型主题公园、休闲度假区的建设还占用了大量的土地，其中一些是农业生产用地。

（四）不合理开发破坏自然美

休闲设施建设项目的规划不当或开发过度，会使当地原有的景观环境遭到破坏，即所谓的“开发污染”。在一些自然旅游休闲区，开发者只考虑到迎合休闲者的兴趣与需要，忽视了该项目建设同周围景观环境的协调。如山东泰山、北京西山、中岳嵩山森林公园等景区，索道悬空，电线杆随处可见，严重破坏了山岳风景区的原生态自然美。黄果树瀑布下游 7 千米处的天星景区内，有一个体积过大、黄色琉璃瓦屋顶的茶室，与景区天然的喀斯特风貌很不协调，破坏了风景区的自然美。

【阅读材料 5–6】

高尔夫球场对生态环境的破坏①

在我国，高尔夫项目如雨后春笋般迅速发展，截至目前，除青海、甘肃、山西、西藏、宁夏之外，其余省份都有高尔夫球场。高尔夫俱乐部作为游览胜地，为吸引游客，其精雕细琢的建设往往结合天然美景，且大都依山傍水。福州“登云高尔夫俱乐部”基地内就环抱着一座登云水库；厦门“凯歌高尔夫俱乐部”东、南两面望海，邻近还有浔江湾养殖区。

从生态学来讲，建球场需占用大量耕地，球场的养护对环境造成污染，主要表现如下。

1. 浪费土地资源

一个标准的 18 洞高尔夫球场，由发球台、球道、果岭、高草区四部分组成，每个球场占地近 600 000～800 000 平方米。在分布上，78%的高尔夫球场占用城市近郊耕地和生产用地，且球场大多集中于人口密集、耕地稀缺的沿海地区，加剧了土地供求矛盾，给当地农业生产与城市建设带来了极坏影响。

2. 浪费水资源

高尔夫球场的果岭、球道、发球区为保证长期有茂密的绿草皮，需要定时灌溉，使耗水量增加。此外开发球场势必砍伐森林、清除原有植被、翻搅土地、破坏土壤团粒结构、扰乱水文循环体系，使土壤蒸发量增加、下渗量减少、雨

① 茹希，周青.高尔夫球场扩增的环境生态效应[J].生态经济，2006（5）：304-305.

水径流量增大，导致土壤自身蓄水能力受限，1 平方米高尔夫球场的耗水量往往是同面积普通草坪的数倍。

3. 增加环境污染

高尔夫球场土壤为微酸性砂土，土质疏松，蓄水保肥能力差，养料易流失，土壤肥力低，加之植物对氮（<50%）、磷（<20%）的利用率低，为促进草坪快速生长、提高其存活率，需大量施用化肥。从而导致土壤中硝态与亚硝态氮积累、区域养分失衡、土壤微量元素下降。如氮肥施用不当增加 Ca、Mg 淋溶，将降低盐基饱和度、土壤有机碳含量与有机质活性下降，使土壤板结、退化。施用化肥还会毒害球场周边植物，降低其生产力。此外，过量的农药和化肥还会随地表径流进入水体造成污染，若球场建在上游，对下游水体也有潜在威胁。

4. 影响城镇生态系统稳定性

高尔夫球场的建造多半在城市近、远郊，与乔木群落相比，草坪在涵养水源、改良土壤、防止水土流失、调节城镇小气候、修复城镇污染环境、改善城镇空气质量等生态服务功能方面的作用逊色得多，显然这对维持城镇生态系统的平衡不利。

三、休闲项目环境影响评价

休闲项目开发对环境的影响日益引起有关方面的重视，在国外已有许多国家制定出专门的《环境影响评价条例》，用以评价拟开发项目对环境的各种影响。我国已于 2003 年颁布实施了《中华人民共和国环境影响评价法》，要求国务院有关部门、市级以上地方人民政府及其有关部门，对其组织编制的工业、农业、畜牧业、林业、能源、水利、交通、城市建设、休闲、自然资源开发的有关专项规划（以下简称专项规划），应当在该专项规划草案上报审批前，组织进行环境影响评价，并向审批该专项规划的机关提出环境影响报告书。该法的颁布实施从根本上、全局上和发展的源头上注重环境影响、控制污染、保护生态环境，有利于及时采取措施，减少后患。

休闲项目开发对区域环境影响评价应包括以下内容。

（1）空气污染。

（2）地表水污染，包括河流和溪流、湖泊和水塘、沿海水域。

（3）地下水污染。

（4）当地供水系统污染。

（5）固体废弃物处理问题。

（6）噪声污染。

（7）光污染。

（8）污水处理。

（9）生物多样性破坏问题。

（10）生态系统破坏问题。

（11）土地使用和循环问题。

（12）电力通信问题。

（13）环境卫生问题。

（14）历史古迹和文化遗迹的保护问题。

（15）水土流失问题。

（16）地震、火山、台风等自然灾害问题。

第三节　休闲的社会文化影响

一、休闲对社会文化的积极影响

（一）公共休闲产品的发展有助于实现社会公平

如前所述，休闲是人的基本权利之一。休闲服务与设施用于满足人们的休闲需要。满足消费者公共休闲需要的公共休闲服务与设施（即公共休闲产品）的提供有助于实现社会公平。社会提供的公共休闲产品，如公园、城市广场、绿地、公共体育场、公共图书馆、文化宫、博物馆等，得以在城乡之间、地区之间、穷人和富人之间、本地人和外来人口之间进行合理分配和共享，从而有利于促进社会公平。

公共休闲产品的消费数量和质量是衡量一个国家国民消费水平的重要标志。合理、适度的公共休闲产品消费能提高消费的社会化水平，拓宽休闲消费领域，丰富休闲消费内容，对促进人的全面发展和社会文明进步具有积极而广泛的影响。

（二）有利于营造良好的社会环境，促进社会文明的发展

休闲不仅是一个经济问题、科学问题和哲学问题，而且是一个社会文明的问题。国家竞争力背后的支撑力量是体制、资源、文化等。文化质量决定国家质量。人的素质、文化素养是21世纪国家核心竞争力的基础。休闲质量的高低对人的素质影响甚大。休闲的发展更多体现在与日俱增的休闲产品上，人们一

方面在消费休闲产品，另一方面各式的休闲产品也在拉近人与社会的关系，促进人们自身文化的改变以及对社会的了解。如利用闲暇时间聚在一起的来自不同行业领域的休闲旅游者通过对旅游胜地的游览，会对一个国家的社会历史文化有更深的认识，同时在这个过程中也增强人们对人与环境关系的领悟，这本身就是推动社会整体文明进步的一个方面。

（三）休闲对文化有保护、传承的作用

文化是一种休闲资源，休闲有助于文化认同，使文化，尤其是传统文化得到保护。人类在漫长的历史生活中，不仅创造了丰富的物质财富及物质景观，形成了今天的物质文化遗产资源；而且创造了灿烂的非物质文化遗产资源，如文学、艺术、戏剧、戏曲、音乐、舞蹈、美术、民间技艺等。这些以文字、符号、声音、形体、色彩为内容的非物质文化，反映了世界丰富多彩的民族文化、地域文化，是人类文化和文明的重要组成部分，是推动人类向前发展的重要力量。在人类发展的历史中，由于各种原因，一些有极大价值的非物质文化要么流失、失传，要么受到冷落、篡改。在世界旅游发展大潮中，各国各地区、各民族的地域文化、民族文化在游客的互动和交往中得以交流、传播，非物质文化遗产资源在旅游项目开发、旅游工艺品和纪念品的设计生产、产业规划和建造中不断被挖掘、整理、发挥、演义、交流，从而得到有效的保存、延续，并发扬光大，为人类的文化延续和社会进步做出了重大贡献。如我国的纳西族音乐、昆曲、剪纸、皮影戏及其他许多地方音乐、戏曲、民间技艺近年来都不断地恢复，重新繁荣。一方面，保持了中华文化的完整性和延续性；另一方面，有力地促进了我国旅游业的发展，特别是民俗文化旅游的广泛开展，促进了中外文化的广泛交流与合作。

还有一些濒临失传的乐器、陶艺、戏曲等，也成为人们的休闲活动，这些文化在乐友、陶友、票友的交流与技艺切磋中得以传承。

（四）为社区团结、社会和谐创造了条件

休闲场所是人际关系得以发展和表达的主要社会空间。对于社区而言，频繁的休闲活动能增进社区居民的交流，增进感情，培养和睦的邻里关系。健康的休闲为人们的业余生活提供丰富的消遣、娱乐，对工作和其他日常负担造成的压力、紧张和厌倦情绪有舒缓、释放和排解的作用。因此休闲也被称为社会的安全阀，对许多不利的社会情绪具有化解和治疗的作用，从而促进社会稳定。可见休闲有利于促进人与人的和谐关系，加速社会主义和谐社会的构建。

（五）休闲能提升人们的生活满意度

生活满意度是对个人生活经历质量的认知评价，是一种自我设立的强制标准，以满足标准的程度来评判的个体化评价方式。休闲帮助人们获得具有文化价值的生活方式，将带来更好的生活满足感和更佳的心理与生理健康。研究表明透过休闲活动所获得的休闲效益有助于人们增强生活满意感。例如老年人维持规律的运动习惯有利于提高身体机能的承载量，参与较多的户外活动，如花费较多的时间走路，可以感受到较高的生活满意度，产生心理幸福感。家庭妇女可以通过家庭类休闲活动增进家庭亲密度，也可以多参与品茶、购物、健身等活动，进而从枯燥繁琐的家务中解脱出来，增强其生活满意度。

（六）休闲促进家庭和谐，提高家庭生活质量

家庭成员一起外出购物及用餐，不仅给家庭成员提供休闲的机会，也创造了温暖的家庭氛围，增进家庭成员之间的感情联系，稳固家庭关系。家庭的稳定意味着分居和离婚减少，家庭和睦。有研究表明，已婚夫妻分享休闲时间越多，对婚姻的满意度越高，婚姻也越稳定。在澳大利亚、英国及美国对夫妻婚姻生活进行的调查结果表明，夫妻共同参加休闲活动能显著促进家庭幸福和和睦的夫妻关系，如夫妻各自消磨休闲时间的话，夫妻间的满意度比较低。

二、休闲对社会文化的消极影响

（一）不当的休闲行为对社会造成危害

闲暇时间可能会被休闲者消极利用而产生无所事事、无聊、吸毒、放纵、堕落等，并由此而引起一系列的社会问题。在休闲教育不健全的情况下，有部分休闲者乱用休闲时间，从事失范休闲活动，这不仅影响到个人的发展，而且成为社会陋习，危害社会。吸毒、沉迷网络、色情文化对青少年的影响尤为突出。青少年在其成长期间，对社会新生事物普遍存在好奇心理，盲目尝试是其最初接触这类行为的表现，但部分人缺乏自制力和判断力，容易深陷其中，难以自拔。而这类事情的发生对于社会的健康发展存在隐患。

（二）休闲的机会不平等，造成社会不公平

受个体特质、经济状况、文化背景、地理环境差异等因素的影响，人们获得休闲机会是不平等的。一般来说发达国家休闲机会高于发展中国家，经济收入高的地区休闲机会高于经济收入低的地区，受过高等教育的个人获得休闲机会高于未受过高等教育的个人。不同种族，不同文化背景下的人们获得休闲机会也不平等。

我国也存在着公共休闲资源和公共休闲服务消费的非均等化问题，地区之间、城乡之间、高收入群体和低收入群体之间在公共休闲产品、休闲设施和休闲服务方面的消费还有较大差距。主要表现为发达地区和城市拥有的公共休闲

资源远远多于欠发达地区和农村。数据显示，2008 年全国公共图书馆人均藏书 0.501 册，其中上海为 3.39 册，安徽、河南、西藏只有 0.17 册。除了地区间分布不均外，还存在着城乡分布不均的问题。在我国中西部地区的农村中，公园、博物馆、科技馆、图书馆等公共休闲消费设施基本为零，这些公共休闲消费资源基本集中在城市。其次，风景名胜、文物古迹等旅游休闲场所门票价格奇高，把大量低收入群体挡在了休闲消费门槛之外。自然风景、古代文物、遗址作为大自然和祖先赋予全体人民的共同财产，每个公民不论贫富都应该拥有欣赏、参观的权利。但近几年，我国风景名胜区的门票价格普遍偏高，不少景区的门票价格低则几十元，高则几百元。一张 100 元的门票相当于 2007 年居民月均可支配收入的 9%；相当于农村居民月均纯收入的 30%。而发达国家景区门票价格一般只占人均月收入的 0.5%～1%。门票价格的高额化、市场化、贵族化倾向，改变了景区资源的公共产品性质，剥夺了低收入群体享受公共资源的权利，严重背离了公共产品可持续消费所要求的公平原则。

（三）休闲的过度商业化使休闲活动与文化失去了原真性

旅游业是休闲业中最为重要的一部分，也是原真性丧失最为明显的一个部分。原真性体验是旅游活动的本质要求，可以满足游客“求知”和“求真”的需求，使其获得心理上和精神上的深层次满足。在遗产旅游领域，原真性往往是一个遗产地重要的衡量标准。一方面，遗产地的核心价值在于其对过去文化传统与场景的真实再现；另一方面，不少游客正是基于这种对过去的怀念和对真实的寻找而去遗产地旅游。然而在这一盛行的旅游方式背后，却是越来越多的“遗产地商业化”，离遗产地的“原真”越来越远。

例如传统的民间习俗和庆典活动都是在传统特定的时间、传统特定的地点、按照传统规定的内容和方式举行。但是很多这种活动随着休闲业的开展逐渐被商品化，它们不再按照传统规定的时间和地点举行，为了接待休闲者，随时都会被搬上“舞台”，为了迎合休闲者的观看兴趣，活动的内容也往往被压缩，并且表演的节奏明显加快。因此这些活动虽然被保留下来，但在很大程度上已经失去了传统上的意义和价值。如傣族的泼水节被搬到昆明“郊野公园”作为休闲文化活动项目开发时，却成了“倒水节”，游客各自拿着水桶、水盆，将水从对方的头上浇到脚底，或是将人推到水池中，一圈人围着“泼”，完全失去了“柳枝洒水”，以示祝福的文化意境。

休闲体育的原真性丧失也是一个突出问题。参与休闲体育活动本是为了强身健体，增进参与者之间的感情交流，但是被专业化和商品化后，这些功能已被人们淡忘。如足球是源于中世纪英国的一项民间游戏，现今人们最为关注的是这项涉及几十亿美金的全球性产业，进行国际国内各类比赛也是为了游戏之外的其他目的；赛场上充斥着赞助商生产或销售的商品广告；球员转会演变成了商业买卖。这种休闲活动被赋予过多的商业成分，远离了最初游戏的理念。

【阅读材料 5–7】

周庄：过度商业化之忧①

史载于1086年的古镇周庄，是隶属于江苏省昆山市和上海交界处的一个典型的江南水乡小镇。自从被开发为旅游景点以来，商业化味道越来越浓厚，甚至让游客怀疑是否还是以前宁静淳朴的江南水乡小镇。

周庄门票价格为100元的“一票通”，然而当游客在水乡建筑——沈万三私宅游览时，这座宅第的绣楼、闺室与万三卧榻和书房的楼梯口，却出乎意料地出现两位收费员！

而今游客步入周庄，充盈于耳的不是小桥下潺潺的水声，而是群群商贩叫卖的聒噪。行走在悠长的石板小巷，总有各类商贩守候在此，破坏游客欣赏美景的心境。水乡的美景已被商业氛围笼罩得严严实实！

婉延于古街两侧的民居，铺陈着过多牵强的商业内容。药铺被开发为李时珍纪念堂，木匠摊提升为鲁班行。铁匠室、酿酒坊、烧陶间、草编屋、绣鞋家等比肩而邻，在游客的视野里拥挤堆砌。

周庄渐渐失去了水乡的意境和得天独厚的人文主题。人们嗅不到江南清丽入脾的气息，摸不着久远岁月斑斓的苍苔；而对幽远深邃的解读和追寻，只会沉沦于商贩不知疲倦的叫喊声中。商业化已使周庄失去其原本的味道。

【思考题】

1. 休闲如何带动就业？
2. 休闲对经济的影响有哪些方面？
3. 就校园生活而言，谈谈休闲对个人的影响。
4. 就你所参与的休闲活动谈谈休闲对环境可能产生的影响。

① 凤凰网. 周庄：过度商业化之忧[EB/OL].（2010-4-21）.http://fashion.ifeng.com/travel/china/detail_2010_04/21/537555_0.shtml.

第六章　休闲教育

【学习目标】

- 理解休闲伦理、休闲教育
- 分辨何种为失范休闲行为
- 休闲教育的重要性
- 了解国内外休闲教育现状和差异

【知识要点】

- 休闲伦理
- 失范休闲行为与规范休闲行为
- 休闲教育
- 国内外休闲教育比较
- 休闲教育体系

第一节　休闲伦理

一、休闲伦理的概念

（一）伦理

伦理关乎人们行为品质的善恶正邪，乃至生活方式、生命意义和终极关切，作为一种共同体的价值秩序，是人类对自身行为的一种设计、规范和社会调节。或者说伦理是一种源于“习俗”的生活价值体系，它体现在语言文字、审美情趣、价值取向、思维方式、国民性格、风俗习惯等方面。

（二）休闲伦理

休闲作为一种生活方式，它包含着价值取向。“自由时间是自由的、随意的时间，也是检验道德和伦理的判断基础。”美国著名学者莫德墨·阿德勒说过，

"我们需要崇高的美德去工作，同样需要崇高的美德去休闲"。休闲的本质是自由的，但"自由并不意味着放纵、无约束或无视一个人在闲暇中对自己、对他人和对社会所负担的责任。"也就是说，人们的休闲方式必须符合社会价值规范，人们的休闲行为必须负责任、必须符合社会道德伦理，做到"休而有节"、"休而有礼"。从这个意义上讲，休闲是一种伦理现象，理应有自己独特的伦理规范和价值准则，因此休闲伦理的定义如下。

休闲伦理就是人们在从事与休闲相关的一系列活动时应遵守的价值秩序和行为准则。休闲伦理主要研究休闲活动中的道德观念、道德关系、道德规范等问题。

二、休闲伦理的原则

（一）身心健康原则

休闲的身心健康原则，要求参与休闲活动的个体要保证其休闲行为和行为后果有益于或至少无损于自己和他人的健康。"健康是一种道德义务"。个体健康与否，不是纯属私人的事情。人是社会中的人，社会的人总是处在人与人的关系中，他的健康状况，不仅关系到他本人的存在，也对其他人发生影响。那种经常对别人怀有敌意、猜疑、嫉妒、分裂之心的人，那种阴阳怪气，只顾自己的人，是不可能很好地参与社会生活的。再者，一个人在患病严重的情况下，他也无法对社会做出贡献，不能为其他人尽自己应尽的义务，而只是成为单纯的消费者，长此以往，这种病人就会给社会带来财力上和人力上难以承担的重负。因此"健康是一个人对自身和社会的幸福所负有的一项重要义务"。当然，假如人的疾病是由个人不能控制的因素引起的，则不承担这种道德义务。

休闲具有一定的健康价值。现代医学和生物学都证明，在人们紧张繁忙工作之后，适度的放松与休息，不仅有助于身体各功能的恢复，而且也有助于脑力和心理活动的平衡，使人精神愉快，心情舒畅，感受到人生的乐趣和价值，从而激发出对未来生活的热爱、向往与追求。杰弗瑞·戈比说："休闲生活可以成为紧张生活和疾病之间的缓冲。"鲁迅先生说："说到玩，自然好像有些不正经，但我们抄书写字太久了，谁也不免要息息眼，平常是看会儿窗外的天。假如有一幅挂在墙壁上的画，那岂不是更好?"

（二）不损害他人利益原则

不损害他人利益，首先是不损害他人的安宁。安宁是休闲生活的氛围特征。悠静而自闲，闲得自由，闲得轻松，方可缓解疲劳，以利于补偿工作和学习中所消耗的体力和精力，从而更好地继续工作和学习。吵吵闹闹、吆三喝四、推杯换盏、蹦迪、唱卡拉 OK、玩电子游戏也许对自己是休闲，但对别人却可能是干扰。

其次是不损害他人和公共的财物。休闲离不开一定的物质条件，从事休闲娱乐活动总要与他人的财物，与公共的休闲活动场地和设备发生关系。休闲活动的场地和设备并不是为某一个人而准备，更不是为某一个人的某一次休闲活动而准备。因为休闲活动也是一种社会性的活动，是你、我、他都有权参与的活动。所以爱护他人财物和公共财物也是对休闲的社会性的肯定。剥夺了休闲的社会性，也等于剥夺了自己的休闲，因为自己也可以成为某个人的“他人”，也是公共财物的受益者。

（三）可持续性原则

休闲作为人的一种活动方式，与人类生存的自然环境密切相关。许多休闲活动，尤其是户外休闲活动必须依靠某些特定的环境状况，要有“环境资源基础”，并且休闲活动的质量也在很大程度上依赖于这些环境资源条件。不当的休闲活动可能对环境资源造成破坏。

我们知道，野营可能导致森林污染，甚至会引起火灾；全程沙漠越野赛车几乎不可避免地会破坏那些本已很脆弱的生态环境；旅游自然景区的扩展、生态旅游的进一步开发可能会对生态资源造成不可逆转的破坏等。如今，人类开始呼唤生态休闲，呼唤可持续休闲。

休闲的可持续性伦理原则要求：第一，满足人们的休闲需要，不能以破坏生态平衡为代价；第二，休闲过程是否合理，应以资源的适度使用作为检验的标准；第三，以人与经济、社会的持久、全面发展作为休闲价值的最终体现。可持续休闲的提出，凸显了休闲的时代精神，标示出当代休闲应有的道德品格，为规范和调节人们的休闲行为提供了又一价值标准，是人类休闲文明的重大进步。

休闲的身心健康原则、不损害他人利益原则和可持续性原则是现代社会休闲的基本特征和内在的道德要求，也是我们评价休闲价值合理性的依据。这些原则表达了我们对环境和未来的关心，也表达了对生物和整个人类的关心；人与人之间的相互关爱也是对自己的关爱。这些都是我们选择活动时做出价值判断的标准。通过这些标准，能够判断某些活动比另一些活动更好。这些标准也是我们对以内心的爱为核心的休闲所做的决定。

三、失范休闲行为

（一）失范休闲行为的概念

所谓失范休闲行为就是缺乏正面意义的、消极的休闲行为。从理想的角度说，规划与利用好休闲时间，开展丰富多彩的休闲活动，可以使休闲者在得到身心放松与愉悦的同时，进行自我开发，不断提高自身的素质与能力，提升生活质量、生存质量和生命质量。然而我们从现实中看到的情形往往与理想大相径庭。埃米尔·多克因姆指出："在都市化的过程中，社会快速变迁，传统规范丧失约束力，社会处于无规范状态，个人的欲望也无法受到社会适当的制约"，以致滋生出许多与常理和规范相悖的失范休闲方式。失范休闲行为主要有如下四种类型。[①]

1. 炫耀性休闲

炫耀性休闲是指人们通过物质消费进行休闲，追求奢侈豪华，消费过度攀高，为自己获得某种"包装"与"面具"，其目的已不在于满足自身正常的物质和精神需要，而是把休闲当作一种标志与象征，炫耀自己的富有、身份、地位、成功与所谓的品位。如一些旅游者乘豪华游轮、客机，穿名牌服饰，住五星级宾馆，吃高档餐厅，购奢侈品。在他们眼里似乎只有金钱的支出大大超出其他旅游者，才能给自己带来自尊与优越感，产生旅游的快乐，甚至有一种自我实现的"高峰体验"。实际上，他们的旅游消费行为已经异化了。

2. 强迫性休闲

强迫性休闲是指反复的，而且经常是过度的休闲行为，以此来摆脱压力、焦虑、沮丧、苦闷或无聊。强迫性休闲是一种持续的行为，注重的是休闲的过程而非结果，期望在自我陶醉或麻痹中忘记一切，借以逃避现实。比如酗酒，其结果往往是"借酒消愁愁更愁"。由于现代城市生活压力增大、竞争加剧，人们的心理及情绪失衡几率越来越大，强迫性休闲行为也有增无减。

3. 成瘾性休闲

成瘾性休闲是指对某种休闲方式或行为在生理上和心理上形成依赖。当休闲者以任何一种休闲方式或行为来缓解某些问题或满足某些需要的程度达到极至时，都可以看成是成瘾。成瘾性休闲在现实生活中最常见的有上网成瘾、赌博成瘾、"性休闲"（西方用语）成瘾等。

---

① 万兵，赵世华.失范休闲行为研究[J].新西部，2007（5）.

4. 颓废性休闲

颓废性休闲是指把钱财用于既有害于休闲者本人身心，又直接或间接造成社会危害的休闲行为，是一种没落的倒退性行为。近年来，社会上嫖娼、赌博、酗酒、吸毒的行为有上升势头。一些人致富后不思进取，不讲奉献，尽情挥霍，放纵自我，在灯红酒绿、纸醉金迷的生活中打发时间。

上述失范休闲行为在社会中具有较大的普遍性，有些行为在社会的中上阶层颇为流行，在社会上产生一定的误导，带来一系列的危害。这些危害，小则打乱个人正常的工作学习，影响身心健康，导致生活方式腐败，道德品质沦丧，家庭破裂；大则祸害社会，引发拜金主义、享乐主义、消费主义，误导休闲时尚，败坏社会风气，削弱社会控制机能，加剧社会动荡，不利于节约型社会与和谐社会的建设。

【阅读材料 6–1】

紧急事件：波士顿的玩笑①

在一个新年之夜，圣·托马斯医院的事故和紧急事件处理部门的工作人员完全没有过节的快乐心情。其助理主任 Susan White 表示："我们通常不会准备太多的呕吐袋，但事实上像今天的情形多备些完全有必要。"第一个到达医院的患者大约在晚上 11 点 25 分，到达时患者已经神志不清，头发上沾了些呕吐物，大腿在流血。当救护人员把他从车中抬出来时，他还在疯狂的大叫："Waaaa"。

到午夜，当钟声响起的时候，患者一个接一个的送过来，他们大多是十几岁到二十几岁的年轻人，满身酒气，穿着很脏的沾有呕吐物的牛仔裤。在外科门外有一排人坐着或躺着，他们脸上都有打架痕迹，头上有被瓶子砸过的伤，鼻子破了，嘴唇也割伤了。救护人员讽刺地说："新年快乐"。

四、规范休闲行为

所谓规范休闲行为是指那些在社会伦理、道德的影响和约束下的休闲行为。在开展休闲活动时，无论以什么形式出现，个人休闲活动起码应该与身心健康和社会利益相一致。

兰德伯格曾提出判断什么是好的或者令人满意的休闲活动的 7 个标准，即改进、快乐、社会化、发现自我、创造性、娱憩、精神。我国学者李仲广、卢

① 特莱伯·约翰. 休闲经济与案例分析[M].沈阳：辽宁科学技术出版社，2007.

昌崇在此标准上增加了自我实现、体验和有效利用闲暇时间三个标准。上述的标准可以整合为进行规范休闲行为判别的四大标准。

（一）实现及自我发展

人们在自由支配时间里，主动自由选择规范的休闲活动，可以享受活动的乐趣，同时达到自我的实现及发展。休闲可以表现自我，宣泄情绪，培养志趣爱好，丰富情感世界，展现独特的个人风格。休闲为人们重新认识自我、实现自我提供机会。任何欺骗或自欺行为都会影响休闲活动的质量。

（二）促进身心健康

这里提到的健康是要求休闲行为主体在参与休闲活动时，能保证其行为及行为后果有益于自己的健康，且无损于他人的健康。在现行社会，生物学角度的健康已经远远无法表达社会的需求，身心健康成了人们的共识。规范的休闲行为不仅能够实现其内在的目的，而且对人们的身心都有改进和完善的益处。

（三）具有社会化功能

人的社会化需要一定时间，而且社会化的实现无法绕过人与人的交往，许多休闲行为都为人们提供社会化的机会，参与休闲活动能使人们结识更多的新朋友，维系情感联系。

（四）能够获得精神上的追求

我国学者马惠娣认为，休闲作为一种特殊的文化形态，往往以渗透、融合、感染、凝聚、净化等多种形式影响人的生活方式和生命质量。因此它的意义不仅在于恢复体力，更重要的在于精神的调整与升华。借助规范的休闲文化可以修身养性、愉悦身心、陶冶情操、提升品位、优化人格，最终能够获得文化生活的富足、满足精神上的追求。

第二节　休闲教育

一、休闲教育的内涵

对于我国而言，休闲教育并不是一个新的观念。在我国古代社会中，早已存在“寓教于乐”的思想，中国的圣人也都提倡休闲人生。孔子曾自称“好歌好和，好鼓瑟，好射，好乐。”在西方古代社会，休闲教育思想的萌芽可追溯至古希腊的柏拉图、亚里士多德时期。古希腊时代的教育除了基础学问之外，还包括体育、音乐、读书、乐器演奏、象棋、魔术练习等休闲教育。在这些古代西方思想家的观念中，我们也能看到休闲教育思想的雏形已经形成。亚里士多德认为“为了休闲而进行的教育才是崇高的、真正的教育”。他认为“人类的幸福就在闲暇中。如果有正确利用闲暇的能力，就可以形成作为自由公民的健全的生活基础。”教育是使自由公民获得正确利用闲暇的能力的途径。

休闲教育的思想传统虽然悠久，但至于什么是休闲教育至今却仍未形成一个明确的定义，每个人对休闲教育都有着不同的界定，以下介绍一些有影响的观点。

美国哲学家查里斯·波瑞特比尔（Charles K Brightbill）在《以休闲为中心的教育》中主张我们应该改变价值观，普及休闲教育，使人们都能以欣然之态做心爱之事。他认为，只要我们勇于改变当下的价值观，我们不仅能以欣然之心态去欣赏休闲，而且我们还能有意义地享受休闲，去设计生活的蓝图。[①]

美国休闲教育家曼蒂认为：“休闲教育是提升个人生活质量的整体活动，是促进个人提升休闲的价值、态度和目的的过程；休闲教育增进个人在休闲过程中自觉、自促的能力，帮助个人决定休闲在个体生活中的地位，增进个人对自我的认识；建立个人需求、价值、技能与休闲的关系并体会休闲经验，协助个人评价休闲行为与个人生活目标的关系的过程；休闲教育还是激发个人潜能以提高生活质量的最佳途径”。[②]

世界休闲教育特别委员会对休闲教育给出了以下的界定：休闲教育旨在培养个人才能、情感、身体和社交的发展，帮助青少年和成人获得美好生活和最佳休闲习惯。

马惠娣认为休闲教育是对人们休闲行为的选择和价值判断能力的培养。[③]要通过教育来提高人的判断能力、选择和评估休闲价值的能力。休闲教育的内容很广泛，表现为智力、玩的能力、对美的欣赏能力、价值观判断能力、心理承受能力、社会交往能力等。

傅文伟认为休闲教育是为教导人们善用休闲时间，从事有意义的休闲活动，体验休闲心境及培养自我决定和行动能力的一种教育。其最终目的在于通过教育、通过一种思考及自愿学习的过程，提升学习者的休闲品质与生活品质，使之获得自由参与及自我内在的满足。[④]

---

① 刘海清.生命与休闲教育[M]. 北京：人民出版社，2008.

② 曼蒂 J，奥杜姆 L. 闲暇教育理论与实践[M].叶京，译.北京：春秋出版社，1982：28.

③ 马惠娣.瞭望休闲学研究之前沿[J].洛阳师范学院学报，2010，29（1）：6-9.

④ 傅文伟.休闲革命与休闲教育[J].浙江教育学院学报，2010（4）：20-25.

本书作者对休闲教育的理解：休闲教育是规范社会生活与个人行为的基础性教育。积极、健康、文明的休闲方式可以提升人的教养，减少社会不和谐因素。休闲教育的意义在于，通过教育，帮助受教育者树立正确的休闲价值观，传授有关休闲知识，提升其休闲能力，最终达到提高受教育者闲暇生活质量的目的。

二、开展休闲教育的必要性

随着生产力的发展，社会进入普遍有闲时代，休闲成为普通大众的一种生活方式，这使得休闲与休闲教育拥有越来越广泛的社会基础。但是，在现实休闲生活中存在着一些人不能正确地对待劳动与休闲的关系，片面追求休闲安逸、轻视劳动；正确的休闲价值观尚未树立，休闲文明水平较低，格调不高，许多人还缺乏从事休闲活动的技能等问题。因而有必要开展休闲教育，具体而言，在当代社会开展休闲教育的必要性表现为以下四个方面。

（一）当代休闲异化现象需要休闲教育来进行指导

虽然工业化的生产使各行业的体力劳动强度降低，空闲时间增多，但劳动者往往无法享受更有意义的休闲。他们将这一状态归因于缺少足够的金钱，缺乏必要的社会关系，但从根本上来讲，是人们对休闲的误解导致了这一后果。事实上，休闲不等于消费，真正的休闲状态并非只是物质的满足。目前我们所处的年代似乎有更多的余暇时间，但是仍然没有休闲的空间，没有足够的想象力促进休闲的产生。大众对于休闲的误解导致劳力和金钱的浪费，甚至制造出不良行为和犯罪，这往往成为扰乱社会治安的根本原因。当余暇时间和休闲方式已经成为问题时，就需要休闲教育进行指导，把休闲真正变成再创造的机会，从而选择最合适的活动。总之，对于正确休闲理念的掌握有待于广泛的休闲教育的开展。

（二）实现人的全面发展呼唤休闲教育

先进的科学技术和发达的生产力为人们提供了丰富的娱乐设施和便捷的交通，使休闲时光变得多姿多彩。闲暇时间不再被主要用于恢复因劳动而消耗的体力，维持劳动力的简单再生产。由于整块的休闲时间从工作时间中单独划分出来，而且人们在很大程度上摆脱了对经济因素和生产的依赖，休闲服务于人的全面发展成为可能。艺术欣赏、科技发明活动、文学创作等休闲方式日益渗透到普通人的日常生活中，他们的人生在健康的休闲中得到充实和升华。这类休闲活动需要一个学习的过程作为前提，所以休闲教育作为休闲的必要准备，它的实施与完善关系到人的全面发展。

（三）是对传统教育理念的补充和改进

现代教育在强调适应经济社会现实需要的过程中，逐渐淡化了长远的责任意识，忽视了对健康的休闲观念和休闲行为的培养。人们掌握了一定的工作技能，却在休闲时间里茫然失措，用一些无聊的甚至有害的休闲活动打发时光。传统教育把教育等同于学校、课堂，并没有充分阐明家庭和社会在教育过程中的重要地位。事实上，家庭休闲教育对人的性格成长起着最初的引导作用，而利用社会现有资源进行生动的休闲教育也是对学校教育的一个必不可少的补充。调查表明，人在校外可以获得有意义的新鲜信息和知识，并且自觉地学习掌握某种休闲技巧。图书馆、美术馆、博物馆以及网络、广播等传播媒介对于培养个人的休闲技能具有重要的作用。

（四）树立正确的休闲价值观需要休闲教育

学校、社会对休闲教育的缺失，导致我们当代的大中小学生把休闲简单的定义为旅游、看电视、上网，甚至歪曲地理解为唱歌、朋友间吃饭等。因为没有正确的休闲观念，一些不良的休闲行为大量涌现，如不切实际地追求高消费、贪图享受，所以休闲活动偏重于对感官欲望的满足。这些不良的休闲行为不仅有损于个人，而且还有害于社会。应通过休闲教育，培养公众正确的休闲理念，让公众认识到休闲不仅是寻找快乐，也是在寻找生命的意义。正如研究娱乐休闲的美国学者布赖特·比尔提出的那样，休闲教育的关键是教导人们以一种整体性的、脱离了低级趣味的、文明的、有创造性的方式来享受新型的休闲生活。面对各种各样的休闲活动，人们还应该有一种对待休闲的选择决断能力，选择符合自己内心感受的、有意义的休闲方式，提高休闲的质量。总之，对于正确休闲理念的掌握有待于对休闲教育的广泛开展。

三、休闲教育的意义

（一）有利于健全终身教育体系

终身教育无论作为一种思想理念还是一种政策制度，它正在经历从满足个人或社会对教育功利取向的应急需要，转变为适应个人或社会对教育的多元取向的长远需要；从被动的选择教育，转变为自觉地追求教育的发展过程。这种终身教育的价值转向，使人的全面发展得到充分表达与实现。在休闲中人的个性得到充分自由的发展，人的创造性有了最大可能的发挥，人也能真正回归本身的日常生活。

（二）可更好地推进素质教育的开展

从基础教育来说，休闲教育的理论与实践为素质教育提供前提和背景。素质教育关注学生的生命质量，而休闲教育在很大程度上决定着学生的生命质量，只有实施休闲教育，才能真正全面地推进素质教育，才有利于学生创造力的培养。

基础教育课程一直以来都被赋予了双重价值：训练心智与提升实用技能，它与学生生涯发展紧密关联。基础教育课程生涯发展聚焦于与个人终身职业、休闲、社会与人际关系，密切关联着个人适应、社会适应和职业适应。它通过静态的结果、内容、学习经验、评估以及证书等构成要素与适应年龄阶段的动态操作历程显示出其存在价值。

（三）是对教育功能的拓展

休闲教育使人适应社会，适应工作和个体发展的需要，促进个人的身心发展，是教育从指向人的工作到指向人的休闲、从培养工作的人到培养休闲的人的转变。休闲教育是一种新的教育实践活动领域，它从“工作”转向“休闲”，从“适应社会”转向“享用休闲”，是对被传统教育忽视了的人的生活世界的关怀，因此教育实践活动势必得到彻底转换。

另外，休闲教育是教育生活方式的变革。休闲教育认为教育必须关注人的休闲，培养身心健全的人；人生活的意义不仅在于未来，更在于当下；人不仅要学会工作，还要学会休闲。因此休闲教育注重认知、情感、需要、交往等因素，教育内容涉及个体的全部生活，教育的时间和空间范围具有开放性。这种教育是人们绝对需要和必不可少的。

四、国外休闲教育发展状况

西方的休闲教育有着悠久的历史，古希腊的“自由臣民教育”、中世纪的“骑士教育”都属于休闲教育的范畴，但仅限于贵族，都属于上等人的生活方式，老百姓没有任何形式的消遣行为。因此这时的休闲教育实际上是上层社会的生活教育。

随着工业化的快速发展，以物质生产为中心的文化价值观对教育的影响结果就是使工作教育成为生活的中心活动，盛行于整个工业时期，一直延续到机械化时期，有些人对休闲抱有偏见，将休闲与贪食、好色、懒惰，甚至是一些严重过失等同起来，而且大多数人认为休闲必须是“挣”来的。它是对创造物质财富的辛勤劳动偿付的报酬。另外，还必须以“生产创造的方式花掉休闲时间”，这样才算是明智的使用“休闲”。

到20世纪六七十年代，美国关于休闲教育的大量学术论文、专著发表，众多研究休闲教育的学术团体、研究机构成立，标志着休闲教育在美国成为研究热点。这期间主要讨论在教育系统内进行休闲教育的必要性，主张休闲教育应当成为一项明确的课程目标。休闲教育不仅与其他科目一样设置学分，而且获得了更多的理论研究成果。

1993 年 8 月，国际休闲与娱乐协会在耶路撒冷召开了一次专门针对休闲教育的会议，会议通过了《世界休闲教育国际宪章》，其目的就是使政府、非政府组织和教育机构充分认识到休闲和休闲教育的重要性，并为教育机构，如学校社区和人事培训机构提供指导，希望能以《世界休闲教育国际宪章》为基础来制定休闲教育的政策和措施。1996 年，国际 21 世纪教育委员会向联合国教科文组织提交的一份报告中强调:“完整的教育应当是包括工作教育和休闲教育在内的、两者不可偏废的、塑造人的品性的一种方式。”从而把休闲教育与工作教育摆在同等重要的位置上。

综观西方国家在休闲教育方面取得的成绩，休闲教育成了社会、学校、社区、集体、个人都愿意学习的人生内容，主要体现在下面五个方面。

1. 休闲教育从小抓起

休闲教育强调以休闲活动的参与为基础，从最本质和最贴切的意义上理解休闲，即一种思考和学习的过程。它意味着尽早地让人参与家庭、学校和社区的休闲活动，帮助他们培养休闲技巧和休闲鉴赏能力，以使人们充分利用越来越多的自由时间。

休闲教育的内容很广泛，主要包括（1）智力的、体力的、审美的、心理的、社会经验的。（2）创造性的表达观念、方法、形状、色彩、声音和活动。（3）主动参加各种公益活动的经验。（4）社会参与和表达友谊、归属和协作。（5）野外生活经验。（6）促进健康生活的身体娱乐。（7）培养一种达到小憩、休息和松弛的平衡方法的经验和过程。休闲教育的形式多种多样，如阅读、音乐、游戏、文体活动、社交俱乐部、野外远足、登山或各种娱乐活动。

2. 注重家庭休闲教育

家庭是社会的细胞，是人生命中的重要载体，是塑造个体人格、精神、气质、道德伦理的最直接、最基本的成长环境，是一个国家、民族赖以发展的最基本的单位，是社会的支柱，是保障个人安全、减少个体压力的港湾；家庭在生养、培育下一代和促进社会进步方面具有重要的作用和责任。在以家庭为核心的休闲活动中，对教育和传播价值观、信仰及文化传统方面有不可替代的作用。家庭休闲是构筑文化资本的“首善之区”。西方的思想家说：“家庭是对文明最有影响的学校，因为文明本身归根到底要转化成个人的训练问题。而社会的每一个成员在青少年时期受到良好或不良好的教育，决定了社会整体文明程度的高低。”

3. 注重大学教育与人才培养

大学的休闲教育，主要体现在人们对休闲价值的深刻理解，并有能力将它运用到生活实践、社会实践、工作实践、创造实践中，对个体的成长、兴趣的培养、自由与独立意识的确立、社会责任的承担等都奠定良好的基础。休闲作为一种文化思想和精神传统常常体现在与人文学科教学相关的课程中，当然也有专门的专业课程，比如休闲哲学、休闲社会学、休闲经济学、休闲行为学、休闲与健康教育、休闲与环境保护、休闲与文化创作、休闲与体育娱乐、休闲与旅游、休闲与艺术、休闲与政治、休闲与宗教、休闲与社会发展等。另外还设立独立的休闲研究系、学院、研究生院，在学科上培养人才，以不断地发展这方面的理论和专业知识。休闲教育的目光同时也投向休闲经济与休闲服务，通过大量研究，建立一些对休闲服务业及政府的休闲政策颇有实用价值的分析、预测、规划和管理方法，并广泛应用于休闲项目的规划与管理上，如休闲设计、休闲策划、休闲政策、休闲园林、休闲规划等。

4. 广泛利用社区开展各种形式的休闲教育

社区学校有计划、有组织、有目标地对休闲技能培训做出安排。一般的社区学校开的课程可多达几百种，有会计、金融、自动化、艺术、汽车、生物、商务、计算机、制图、经济、电子、外语、消防、急救、历史、人类、体育、社会科学、音乐等课程，几乎无所不包。这里成为社区成员学习休闲技能的主要场所。人们也在不断的体验中，通过表演、文学创作、音乐欣赏、体育比赛、制作活动，甚至是玩耍，参与到家庭、学校、教堂和社区的休闲活动，社区的休闲活动完全是寓教于乐的活动。

在美国，社区活动大多数是社区居民自发组织、共同参与的，周末、节假日，甚至每天晚上都有类似的休闲活动安排。社区还鼓励人们进行创造性的休闲娱乐项目设计，完全不拘一格，可以异想天开。近年来，西方国家对休闲做出了许多创新，从人文精神和人文关怀角度丰富休闲的内涵和外延，比如参加志愿者活动、捐助活动、慈善活动、扶贫活动、社会救助、简单生活、食素、亲子阅读、环保、爱动物、爱植物、反战等，鼓励人们把自我发展和承担社会责任联系在一起，用这样的行为方式营造充满温馨、友善、互助、和平的社会氛围，增强社会的凝聚力、亲和力，达到社会和人际关系的和谐发展。

5. 扩展公共文化空间，引导人们参与多样化的休闲体验

休闲教育的重要平台包括各种类型的公共文化空间，如公共绿地、运动场所、游憩空间、文化娱乐设施等，不仅可以丰富人民大众的闲暇生活、培养休闲情趣，还可以给人的休闲生活以多种选择、塑造人的个性和心灵。大力发展公共文化空间成为国富民强的重要手段。

以日本为例，在面积仅有37.8万平方千米的国土上有公民馆17 525个、公共图书馆2 172座、博物馆861座、少年自然之家294座、文化中心72座、青年之家410座、服务教育设施221座，这些场所为提高国民素养，接受休闲教育提供了良好的环境基础。在英国，共有5 000多家图书馆，8500多个仅向学生、研究人员和官员开放的资料档案馆。60%的英国居民经常去所在地区的图书馆。公共图书馆共有藏书1.28亿册，每年借出书籍4.8亿册次。在美国，约有9 000个公共图书馆。在德国，2000年注册的普通公共图书馆为11 322家，科学图书馆为1 268家。在2001年，政府支出14亿欧元用于维护发展公共、科学图书馆。

此外，不惜重金修建艺术馆、音乐厅也是西方国家一大文化特色，此举一为文化传统所致，二为提供休闲消费场所，三为提升人的休闲生活质量，四为从根本上提高劳动者的素质。欧洲的休闲文化造就了亚当·斯密、莎士比亚、牛顿、席勒、贝多芬、马克思、罗素、达芬奇等最有创见和最为敏锐的思想家、科学家、艺术家、文化家，留下了狄德罗的“百科全书”式教育体系，留下了欧洲浪漫主义的诗作，留下至今仍充溢着浓香的咖啡屋，留下了剑桥大学的“下午茶”文化，留下了世界著名的艺术馆、博物馆、图书馆、歌剧院。他们折射出人性的光辉，而所有这些都和他们的休闲生活紧密联系在一起。

五、国内休闲教育现状及发展方向

（一）当前我国休闲教育现状

与西方国家完备的休闲学科体制相比，我国因受到传统文化的影响，人们往往把休闲与“游手好闲”联系在一起。休闲教育仍然是一个不为大多数人所熟悉的新概念，许多高校根本就没有涉及。中国艺术研究院中国文化研究所特聘研究员、休闲研究中心主任马惠娣是我国较早开展休闲研究的学者之一，她认为在科技生产力不断发展的今天，只需较少的社会必要劳动时间就能创造极大的物质财富，人们因而获得越来越多的闲暇时间，由此也必然会带来人的需求结构的变化——由对物质的追求转向对精神享受的渴求。

加强休闲教育的意义对于社会而言极其重大，但在我国休闲教育尚未引起人们普遍的关注，休闲教育现状不容乐观。其现状主要表现在以下四个方面。

1. 不同年龄阶段自主接受休闲教育程度不同

如果我们把人的一生划分为儿童和青少年时期、成人职业时期和退休时期。

退休时期更容易自主接受休闲教育。在老年活动中心或老年大学的退休居民，主要在其社区参加各类培训学习，他们的目的在于陶冶情操、交朋会友、使个性得到不断的发展。与此相比，处在成人职业时期的人们却有所不同，他们的教育多倾向于功利化。成人接受教育不是为了提高自身的精神境界，而是要适应外在的工作变换，以晋升、提升、加薪、提高自己的地位、寻找令人羡慕的职业为目标。他们接受休闲教育的时间有限，项目相对比较倾向于有一定功利色彩的教育。儿童和青少年的境遇则显得更糟糕，他们所处的地位使他们不能自己作出决定，既不能选择最适合于他们的东西，也不能拒绝自己不想要的或不喜欢的东西。无论是在制度化的教育下，还是在非正式的各项教育活动中，儿童和青少年只是一个单纯的对象，他们置身其中的原则、规律、方法都是从外部强加的，他们并没有成为学习的主人。

2. 休闲时间和休闲教育被任意剥夺

我国青少年，特别是处于升学期的青少年，承受着巨大的课业压力。许多学生的业余时间都被无休止的补课和复习所填满，每个周末是学生们最繁忙的日子，他们要来回奔波于各培训点。大人以其特权剥夺孩子的休闲自由，从而造成他们精神压抑、身心发展处于不健全状态。即使是各种乐器、舞蹈、绘画、书法等休闲教育，也被各类等级考试功利化。原本是青少年的休闲时间，却难以自行安排。成年人的休闲教育多倾向于休闲活动的培训，且由于工作繁忙，难以保证休闲时间，休闲的真正目的难以落实。

3. 对休闲的错误认知

我国很多人认为休闲就是休息，因此在青少年学生的休闲生活中，往往随意性较大，消极的被动接受多，创造性发挥少。一些家长让学生忙于补习，而另一些家长则不知道如何利用休闲做一些有价值的事情，不会安排休闲。我国开展休闲教育时间有限，开展的范围尚未普及，目前多集中在研究和推广高校和体育的休闲教育，尚未全面渗透并影响到基础教育领域，因此很多青少年及成年人对休闲的认知不清晰。

4. 开设休闲教育的层面有限

目前，我国关于休闲教育的研究多停留在高校层面，并未贯穿于人的终身教育中。幼儿园、小学、初中、高中、大学及成人教育、老年教育都有休闲活动项目，但关于休闲教育的内容牵涉过少，不利于培育规范休闲习惯。最近几年，休闲教育仅在我国高等教育中逐渐出现，如华南师范大学、中山大学、四川师范大学、厦门大学等都开设了与休闲有关的课程。浙江大学也申请到休闲学硕士、博士点。

（二）中国休闲教育发展方向

通过分析国外休闲教育的发展，可以看出一些发达国家和政府已经把休闲教育和工作教育放在等同的位置，甚至认为休闲教育比工作教育更重要。在我国，休闲教育的起步相对较晚，尚处于探索实施阶段，还有很长的路要走。通过借鉴国外关于休闲教育的经验，从终身教育的观点出发，协调休闲教育与家庭教育、学校教育、社会教育的相互关系，结合我国教育特色，寻求适合我国的休闲教育发展方向，具体可以从以下六个方面考虑。

1. 通过各种宣传，使人们正确认识休闲

目前，相当多的人对休闲的价值缺乏正确认识，在他们的潜意识中，认为休闲是浪费生命，唯有工作才能体现人的价值。许多大学教授、科研人员的节假日正是他们全身心投入研究的时刻，而看似风光的商业巨头和演艺界人士更是将自己的休闲时间尽可能地转变为创收时间，这种势头的不断增长将带来种种健康问题。亚健康已经成为现代流行词，忙于工作的人士绝大多数身体都处于亚健康状态。“过劳死”现象在现代社会中频繁出现。另外，由于社会竞争激烈、工作压力大、生活节奏快、社会矛盾加剧，许多人常常处于忧虑、紧张、苦闷的情绪中。所以无论身体健康还是心理健康都需要我们正确认识休闲的意义，尽情享受休闲的惬意。

2. 将培养休闲技能与确立正确的休闲价值观统一

任何强调一方而忽视另一方的观点都是片面的，技能技巧是休闲的基础，价值观决定休闲方式的判断与选择。所以休闲教育，既要从精神享受和个性需要出发，向人们传授一些休闲技能技巧，又要帮助人们树立健康、科学、合理的休闲价值观念，引导他们选择文明健康的休闲方式。只有这样，休闲教育才能真正使人们知道什么时候以何种方式来休闲，使休闲既能带来愉悦，又能发展心智，最终实现休闲教育的长远目标——休闲真正成为人的一种生活方式和生命状态。

3. 把休闲教育纳入学校教育体系中

教育的基本目标应该是全面开发学生的感官、情感、智力、心理和精神等各方面的综合素质，培养完善的人。然而在应试教育统治的今天，当代教育却背弃了这一办学宗旨，成为成绩说明质量的代表。这种重视应试教育而忽视休闲教育的教育模式是不完整的。学校教育必须超越专业性的实用领域，把休闲教育纳入整个教育体系中。从幼儿园、小学、初中、高中，到大学、成人教育及老年大学等各级教育都应纳入休闲教育，进而使一个人的终身学习过程都能接受到休闲教育方面的内容，也让休闲教育能真正陪伴一个人接受各级教育的

全过程。

4. 建立社会休闲教育服务体系

我国需要建立社会休闲教育服务体系，将大众传媒和休闲服务机构建设成休闲教育的重要阵地，把社区作为实施休闲教育的一种有效载体与场所。大众传媒应该充分发挥其自身优势，努力倡导丰富多彩、健康有益的生活方式。休闲服务机构要及时了解人们休闲生活的变化，相应地调整和扩充其工作计划和服务项目。社区要通过提供各种内容的休闲活动参与到休闲教育中来。

5. 特别关注一些特殊群体的休闲教育

发育不健全、精神混乱、肢体残疾的人们，往往比一般人有更多的闲暇时间，而且对休闲方式有特殊的需要，因而如何对他们进行休闲教育是一个不容忽视且值得专门研究的问题。另外，知识分子群体、老年人和青少年群体，也是休闲领域的弱势群体，他们缺乏休闲的技能，没有良好的休闲习惯，不知道如何合理、科学、健康的利用自己的时间，所以他们更需要休闲教育。

6. 休闲教育中坚持贯彻“古为今用，洋为中用”的方针

中国有着悠久的休闲历史，先人们总是以不同的方式把自己的闲情逸致表现得淋漓尽致。他们或琴棋书画、诗词歌赋，或游山玩水、花鸟鱼虫，或美酒佳肴、烟花柳巷，或赛马斗鸡、宠物茶道，或红粉青楼、赌场歌舞……应有尽有，不应有的也有，这些不同的休闲方式构成了中国传统的休闲文化。在西方，过去雅典人曾经午前办理公务，午后便跻身浴室、角力场、剧场中尽情地饱尝休闲之乐。现代的西方人则更钟情于危险刺激的休闲方式，如登山、跳伞、滑翔、高空走索、飞车特技、潜水、冲浪、滑水、漂流等。中西方各具特色的休闲发展为我们今天的休闲教育提供了大量素材，所以我们要贯彻“古为今用，洋为中用”的方针，既研究历史，又研究世界，使我国的休闲教育在实施中少走弯路。

六、休闲教育体系建构

（一）休闲教育的对象

休闲教育的实施对象包括所有的未成年人和成年人。对青少年的休闲教育只是为他们未来休闲生活做知识和技能上的准备。对成年人的休闲教育则是为了适应社会的竞争提高自身的综合素质，主要是提高工作能力和劳动技能，具有即时性、应急性。当然也不排除单纯的以健康的休闲娱乐为目的，如对退休人员的休闲教育主要就是丰富其退休后的精神生活。

（二）休闲教育的目标

美国休闲教育家曼迪认为，休闲教育的目标是对休闲行为价值判断的能力发展；选择和评估休闲活动的能力发展；决定个体目标和休闲行为标准的能力发展；对合理运用闲暇时间重要性的意识和理解的发展。

休闲教育的最终目标是实现人的休闲素养与休闲能力的整合发展，造就与现代社会相适应的“有休闲时间的主体”。具体包括休闲知识与技能；休闲行为；休闲态度和价值观；休闲道德。

（三）休闲教育的内容

休闲教育以人的发展为出发点，以人的情趣为线索，以知行相促、循序渐进的认知规律为依据，组织、构建休闲教育内容。休闲教育内容包括认识模块和活动模块两部分。认识模块包括界定休闲、休闲与人的发展、如何寻找休闲资源、如何利用休闲资源等，目的在于为休闲活动的开展奠定认识和理论基础。活动模块是休闲教育的主体，包括艺术赏析、阅读明理、科技探索、运动健身、旅游博识、社会实践等若干方面，每一方面兼顾知识性、活动性和人文性，它们共同构成内容丰富、形式多样的休闲实践活动。

（四）休闲教育的实施

1. 实施休闲教育的条件

休闲时间的增加；国家生产力发展水平的提高；法律政策的保障；信息化社会为休闲教育提供了良好的背景和舞台。

2. 实施休闲教育的方式

目前主要通过以下两种方式进行休闲教育。第一，以渗透为主要方式进行休闲教育。主要表现为以活动课程为载体，寓教于活动之中；以课堂教学为依托，寓教于知识学习之中；以娱乐活动为契机，在休闲活动中认识和学会休闲。第二，针对学生实际开设休闲教育课程。休闲教育的课程设有学科课程和活动课程两类。休闲学科课程主要是向学生传授科学的休闲价值观和一些休闲生活的基本知识。休闲活动课程则以组织培训学生利用休闲生活的技能技巧为主，大体上包括以下几类活动：陶冶情操、充实精神生活的活动；科技创作发明活动；社会实践和交际活动；有意义的体育活动。

3. 实施休闲教育的途径

休闲教育是家庭、学校、社会共同作用的结果，三者在休闲教育体系中的地位和作用如下。

（1）家庭是休闲教育的基础　家庭中的休闲教育主要表现为对儿童早期的智能开发和休闲教育的意识培养。家庭和幼儿园是休闲教育的启蒙场所，可以进行玩玩具、唱儿歌、听故事、猜谜语等活动。广泛开展休闲的学前教育对于儿童的成长是非常有意义的。

（2）学校是休闲教育活动的主体　学校是较为正规的休闲教育场所。学生可以根据自己的兴趣爱好参加各种课外活动小组或社团，如天文观测、乐器演奏、电影鉴赏、武术、体操、舞蹈、文学创作、公益活动等。

（3）社会环境是开展休闲教育，满足人们休闲需要的中心　社会是较为重要的休闲教育场所，以社区为依托，开展书法、绘画、诗歌、演唱、舞蹈、棋类、插花、茶艺、电脑、编织、刺绣等休闲教育；另外通过图书馆、影剧院、运动场所、博物馆、广场、电视台、广播等多种媒体和场所，在全社会广泛开展休闲知识和技能普及活动；每年安排一定场次的公共休闲讲座活动，丰富群众休闲知识，提高休闲生活质量；有面向社会开放的、形式多样的公共休闲教育。此外单位、社区及福利机构为了提高其组织成员的凝聚力可开展一些休闲教育活动，如为歌咏比赛、体育竞技比赛而进行培训等。

4. 实施休闲教育的原则

（1）主体性原则　主体性原则是指在教育环境下，所有的学生都是学习活动的主体，教学活动要围绕着培养和发展学生的自主性、合作性和创造性来进行，加强师生多向互动、鼓励学生主动参与。学校和教师都应当将学生作为学习的主体，在开展教育活动中充分体现学生的主体作用，调动其积极性参与教学活动，促进学生发挥主动性。

（2）多样性原则　休闲教育的内容是多样的，包括 ①智力的、体力的、审美的、心理的、社会经验的教育内容。②创造性的表达观念、方法、形状、色彩、声音和活动。③主动参加各种公益活动的经验。④社会参与和表达友谊、归属和协作。⑤野外生活经验。⑥促进健康生活的健身娱乐。⑦培养一种达到小憩、休息、松弛的平衡方法的经验和过程。同时休闲教育的形式也是多种多样的，如阅读、音乐、游戏、文体活动、社交俱乐部、野外远足、登山或各种娱乐场所的活动。

（3）审美性原则　审美活动达到顶峰后的状态是获得一种“至美至乐”的生命感受。休闲教育的根本方向是提升受教育者的审美能力，懂得欣赏美、发现美、创造美。

（4）协调性原则　是指休闲教育对人的个体成长的各种能力具有发展的相关性和同步性。在休闲教育中，个体的感性认知和生命体所需的各种能力均处于开放状态，并且相互协同作用，使休闲过程得以进行和完成。

（5）整体性原则　是指休闲教育中个体的各种能力对对象是整体感知和整

体认知的，具有整体性。系统性休闲教育涉及教育体系、教育内容、教育方法等多方面的问题。它是针对休闲教育对象的多样性和差异性特点，在教育体系上实施终身化教育；在教育环节上应当将医学康复、心理康复、教育训练、职业技能培养等各个方面统一起来；在教学内容上应当涉及各个领域的知识、技能、情感等方面的要求；在具体的学科教学中要加强知识的联系，形成完整的体系。

【阅读材料 6-2】

大学生如何补上“休闲教育”课①

在一份关于学校附近网吧的走访调查报告中显示，学校周围 200 米以内的网吧电脑总数近 1 500 台，上网成员中 90%是大学生。大一到大三学生中有 58%的受调查学生承认有过“包夜”经历。网络游戏已经让很大一部分大学生沉迷其中而无法自拔，摧毁了并还在摧毁着许多原本美好的家庭、亲情、友情、学业、事业……与男生喜欢网络游戏相比，不少女生却将大把的业余时间花在看影碟、看电视连续剧、读言情小说或从早到晚“扫街”购物上。当代的许多大学生不知道如何利用自己的休闲时间。

日前，苏州大学针对入学新生开展了“成长、成才、成功”系列教育讲座。在其中一场主题为“玩物不丧志——大学生休闲教育”的讲座上，主讲人、苏州大学教育学院党委副书记查佐明提出了关于休闲的一连串问题，让回答的学生犯了难。查佐明给学生们算了一笔时间账：以活到 80 岁、每周工作 30 小时、工作 35 年来计算人一生的时间，除去必须的睡眠和饮食时间，差不多有 1/3 的时间在闲暇中度过。而对于在校大学生来说，由于课程安排比高中阶段宽松了许多，再加上寒暑假，大学生们每年有 170 天左右处于休闲状态。面对如此充裕的休闲时间，大学生往往不懂如何休闲，而不当的休闲方式正严重影响着大学生的学习和生活。

查佐明说，他发现很多大学生并不懂得如何合理地安排自己的业余时间。有些学生一进大学就对自己放松了要求，玩过之后常常觉得疲惫不堪，根本提不起精神学习，严重影响了学业。大学生休闲的奢侈消费增多，校园中“月光族”和“负翁”的不断出现说明大学生不懂怎样休闲。对大一新生来说，开展休闲教育显得更为重要，这对他们 4 年的学习生活都将有积极的指导作用。他

① 丁姗. 大学生如何补上“休闲教育”课[N]. 中国教育报，2006-9-26.

认为，对大学生开展休闲教育并不是鼓励他们不学习、去玩乐，而是希望能对大学生正确对待休闲时光起到正面的引导作用，最终是为了帮助他们健康快乐成长。查佐明还告诉学生们："积极的休闲应当是让学生学会在紧张的学习中得到放松，让自己感到身心愉悦。参加学校的各类社团活动、积极参加体育锻炼、约上三五个好友出门旅游、钻研兴趣爱好、参加社会实践等都是积极的休闲生活方式。"

在听完休闲教育讲座后，大学生们觉得收获不小，纷纷对自己的休闲生活进行反思。新生小曹说："和高中相比，大学给我们的自由很多，但听过讲座后，我感到大学四年的时间宝贵而有限，应该充分利用好。"她认为大部分同学高中时都已养成了每天学习看书的习惯，现在少了老师的督促，反倒觉得无所事事。现在她已经通过面试加入了校科协，打算好好锻炼自己的能力。"我终于明白应该怎样积极地休闲了。能在开学一周内就听到这样的教育讲座，我很幸运。"教育学院应用心理学专业的大一新生包盛楠说，自己过去对休闲的理解也仅仅停留在睡觉、看书、听音乐的层面上，讲座让她有耳目一新的感觉，她表示自己会合理安排好大学4年的时间。

【思考题】

1. 简述休闲教育的内涵和开展休闲教育的必要性。
2. 试分析休闲伦理三大原则如何指导我们开展正确的休闲活动。
3. 简要介绍国外休闲教育的特点。

第七章 休闲政策

【学习目标】

- 了解休闲政策的概念与分类
- 了解美国、英国等发达国家的休闲政策演变过程
- 了解中国休闲政策演变

【知识要点】

- 福利主义休闲观
- 国外的休闲政策
- 中国休闲政策演变

第一节 休闲政策的概念与分类

一、休闲政策的概念

所谓政策是指国家政权机关、政党组织和其他社会政治集团为了实现自己所代表的阶级、阶层的利益与意志，以权威形式标准化地规定在一定的历史时期内，应该达到的奋斗目标、遵循的行动原则、应完成的明确任务、实行的工作方式所采取的一般步骤和具体措施。

休闲政策是政府机关为了解决休闲问题而进行规划和决定的关于国民休闲的行动指南，休闲政策的目标是通过休闲活动提高国民生活质量，并为此建立健全相应的社会体系和按一定的程序运作的组织。①

① 孙海植，安永冕，曹明焕，等. 休闲学[M]. 朴松爱，李仲广，译. 大连：东北财经大学出版社，2005：113-114.

二、休闲政策的分类

由于世界各国和地区的历史、文化、政治背景和环境不同，因而各国和地区的休闲政策存在着显著的差异，而且休闲政策与劳动政策、体育政策、福利政策、文化政策等也有显著的差异。休闲政策的实施，必须以国家财政收入、劳动时间的增加以及劳动福利、国民生活水平等方面的提高为前提。在各国出台的休闲政策中，既有休闲发展的指导方针、总体原则，也有休闲产业发展政策、休闲就业政策、休闲管理政策、休闲配套与保障政策等。

吴承忠曾在2008年依据休闲政策涉及的产业领域对休闲政策进行了分类，包括户外游憩政策（具体分为资源政策、野生生物政策、海岸游憩政策、海港游憩开发政策、森林游憩政策、乡村游憩政策六个方面）、运动政策、艺术和娱乐政策、旅游政策（包括海滨旅游政策、生态旅游政策、文化旅游政策、乡村旅游政策、国际旅游政策等）、针对特殊人群的休闲政策、休闲服务业的人力资源管理政策等六个类型。①

第二节 国外休闲政策

一、美国休闲政策发展

现代美国休闲政策发展经历了三个阶段。②③

（一）19世纪后期至20世纪初

凡勃伦在《有闲阶级论》中描述了19世纪后富裕的“有闲阶级”的“炫耀性消费”及其娱乐生活。在那个时期，休闲仍被看作是一种特殊阶层的专利。美国从国家层面上对休闲资源进行保护，也始于19世纪后期，因而成为全世界保护休闲资源的先驱。19世纪30年代，一些有识之士看到美国东部地区的快速发展对当地土著居民及其文化造成了破坏，而同时那些尚未开发的大平原地区人与自然环境却和谐相处，因而提出建立国家公园，对自然荒野地带加以保护的思想。1864年，美国国会把现在约塞米蒂国家公园（Yosemite National Park）

① 吴承忠.国外休闲经济：发展与公共管理[M]. 北京：人民出版社，2008：178-196.

② 吴承忠.美英休闲经济的发展历程[J]. 城市问题，2009，4：94-98.

③ 程遂营.北美休闲研究:回顾与展望[J].旅游学刊，2009，24（10）：87-92.

的一小块但非常重要的一部分给加利福尼亚州用做“公共使用、旅游胜地和游憩”，这成为美国国家公园成立前期的初步尝试。1872 年，美国成立了世界上第一个真正意义上的国家公园——黄石国家公园（Yellowstone National Park）。同年，美国法律（《黄石法案》）宣称，将黄石公园作为“一个公共公园或者人民享受游憩的场所”。这是世界上开始向全民提供游憩体验的公共自然游憩场所的开端。之后，大峡谷国家公园（Grand Canyon National Park）、雷尼尔山国家公园（Mount Rainier National Park）等相继在美国西部地区建立，这些公园保护了大片自然风景优美的地域。随着交通条件的改善，美国的许多风景地迅速地从发现和探索阶段转变到大规模的旅游开发阶段。这些保护资源与建立国家公园的举措为日后美国普通大众的休闲活动提供了资源基础。

（二）20 世纪初至二战前（1945 年）

20 世纪初期，北美大量的农村人口进入城市成为工厂的工人，工作与休息的关系开始被广泛地关注。就连工厂主也认识到，“休闲对于整天从事重复性、低技术含量、穿梭于机器之间的工人单调乏味的工作来说，是一种额外的补偿。”在这种背景下，工人的工作时间逐渐被缩短，使他们可以有闲暇时间去教堂，或与家人一起度周末。

为了满足城市社会对休闲生活的需求，地方和联邦政府开始行动起来。1902 年，将近 800 个美国城市组织了自己的公园管理系统；1916 年，美国国家公园管理机构“国家公园署”正式建立，负责管理全国的国家公园和纪念馆；1927 年，有将近 1 700 座城市建立了自己的公园管理系统，下辖的公园总面积达到了 1 011 平方千米。政府和非政府组织开始从开辟公园、提供娱乐设施方面考虑工人逐渐增长的休闲需要。

除在休闲资源与休闲设施方面美国政府作出了许多努力之外，在政策方面，美国联邦政府通过立法、政策和政府项目等方式，承担自己在公共休闲事业方面的责任。政府的这种责任尤其体现在对儿童、青少年、残疾人休闲权利的保护上。城市老人的问题、无业流动人口等问题也逐渐引起政府的重视。1914 年，国会颁布的史密斯法令呼吁，对那些没有上过大学的人进行农业和家庭经济学方面的示范和教学，并尽可能使农村居民有更多的游憩机会。1916 年，国会建立了美国国家公园署，这是当今国家公园服务署的前身，专门负责美国境内的国家公园、国家历史遗迹、历史公园等自然及历史遗产的保护工作。1935 年成立公共事业振兴署（Works Progress Administration，WPA），WPA 先后启动了联邦作家计划、联邦戏剧计划、联邦音乐计划、联邦艺术计划、美国设计索引等项目，完成出版了数百本书和小册子，向国民提供免费或低价的戏剧、音乐会，举办免费音乐与其他艺术培训班（《大萧条时代》中记载，仅音乐培训班每个月就吸引了50多万弟子，其中大部分人从来都请不起老师进行私人授课），扶持近百个社区艺术中心，还对历史建筑和早期艺术及手工艺品的样品资料进行留存与保护。① WPA刺激了广大普通民众在音乐、绘画、戏剧、写作和历史研究方面的兴趣。

（三）二战以后至今

1945年至今是美国的富裕时期。二战以后，公民休闲消费多样化，游憩与休闲领域成为市场供给与公共供给共同作为的空间。为保障公民的基本游憩权，许多国家的公共游憩形成了由城市政府担负城市公园公共游憩供给、由中央政府担负国家公园公共游憩供给的供给格局。

进入20世纪50年代以后，美国召开的一系列白宫会议以及相继成立的休闲与游憩部门，休闲资源的普查、休闲产业的引导、规划和发展，对美国人休闲权利的保障与实现起到了重要作用。1958年，美国联邦政府成立了“户外游憩资源审察委员会（ORRRC）”，对美国休闲资源做普查并于1962年形成资料集《美国的户外游憩》。1962年，美国联邦政府设立“户外游憩部”，以对国民游憩提供持续的协调、资助、管理与服务。1978年，联邦政府以“国家公园与游憩行动”的名义斥资12亿美元用于城市和国家公园建设。政府同时重视对休闲空间与休闲产业的规划，在城市规划、社区规划中倡导对城市公共休闲空间、社区休闲共享空间的规划和用地整备，尽可能打造符合规划期内居民休闲活动的空间需要。政府还通过宏观政策调控，鼓励和引导休闲产业的良性竞争发展，推进旅游产业、体育产业、文化产业、娱乐产业的综合发展。

到20世纪90年代，全美50个州都设有以户外娱乐为首要责任的专门机构。另外，处理青年、老年、教育、资源保护区、规划和其他事务的州政府机构也常常向其用户提供娱乐服务。② 同时，地方政府通过所属企业，对休闲度假地的基础设施和卫生条件进行改善；通过政府的城镇规划，积极促进地方休闲度假地，如海滨度假地的发展。因此时至今日，无论在寸土寸金的纽约曼哈顿，还是在休闲小镇宾夕法尼亚州的斯泰德考利奇，都随处可见面积和数量不等的城市社区公园。

2005年，美国游憩联盟（ARC）和其他休闲产业组织共同起草了《2005美国户外休闲政策法案》，这将首次为休闲政策的发展建立起一个全国性的约束

① 韦克特. 大萧条时代：1929～1941[M]. 秦传安，译. 北京：新世界出版社，2008.

② 张海霞. 社会政策之于公共游憩供给：兼议政府作为的空间载体[J]. 旅游学刊，2010，25（9）：20-26.

机制。新《法案》的起草基础是 20 世纪 60 年代户外游憩资源审查委员会的条款和 80 年代总统委员会关于美国户外活动的条款，它描绘出迎合国家需求和增加休闲产业机会的宏伟蓝图见表 7-1。

为了解公众参与休闲的状况，美国联邦政府还进行了覆盖面广的大规模调研系列。这个调研始于 1960 年，由户外游憩资源审查委员会（ORRRC）举行全国性调查，称为全国游憩调查（National Recreation Survey），迄今为止一共进行过六次，用以评估美国人的户外游憩参与情况。在 1999～2000 年，美国还组织了游憩与环境全国调查（NSRE）的系列研究。这在客观上为美国各种休闲政策的制订提供了依据。

如今，在美国大量现代休闲活动的开展，大量公共休闲地的开发，大量公共和私人休闲设施的建设及其高利用率，高额的休闲投资和休闲消费，休闲经济所处的重要产业地位，完善的休闲运动教育体系，以及政府在休闲公共服务中所起的重要作用等，都表明美国休闲经济发展已经逐步进入到一个成熟和发达的阶段，见表 7-1。

表 7–1 美国休闲政策的发展阶段

时　间	休 闲 政 策
19 世纪后期至 20 世纪初	休闲被看作是一种特殊阶层的专利； 大力发展国家公园，保护荒野休闲游憩地带
20 世纪初至二战前	休闲被认为是全民享有的权利； 关注以工人为代表的普通城市居民的休闲； 保障儿童、青少年、残疾人等弱势群体的休闲权利； 进一步保护并开发为普通大众服务的休闲资源与设施； 政策导向是全民享有
二战以后至今	政府进一步保障美国人的休闲权利，各种与休闲游憩相关的部门相继成立； 国家大规模投入休闲设施建设，强化政府在休闲公共服务中所起的重要作用； 鼓励私人休闲设施的建设； 政策导向是休闲成为的一项公民福利

【阅读材料 7-1】

2005 美国户外休闲政策法案[①]

美国在20世纪50年代成立了户外游憩资源审查委员会，60年代成立了国际休闲研究中心，70年代制定了《休闲宪章》。2005年，美国休闲联盟（ARC）和其他休闲产业组织共同起草了《2005美国户外休闲政策法案》，这将首次为休闲政策的发展建立起一个全国性的约束机制。新《法案》的起草基础是20世纪60年代户外休闲资源评估委员会的条款和80年代总统委员会关于美国户外活动的条款，它描绘出迎合国家需求和增加休闲产业机会的宏伟蓝图。该《法案》有三个目标。

第一，宣布联邦政府管辖的土地和水资源管理及使用的国家政策，为美国公众提供高质量、丰富多彩的休闲机会，提高公众的健康和福利，让公众能欣赏更多的自然资源环境，为乡村和其他社区户外休闲的经济效益打开门户。

第二，指导内政部秘书处在12个月内成立一个协调机构，明确了全国休闲战略的法定地位，提高和促进国有土地和水资源休闲机会的多样化，提出了提高公众参与休闲机会的数量和质量的合理方法。

第三，建立联邦休闲中介协调委员会，协调各州等地方官员和其他休闲产业人士的建议，协调好国家休闲战略的政策和计划制定以及实施。

二、英国休闲政策的演变

自20世纪30年代以来，英国休闲政策的变迁可分为四个阶段。[②] 前两个阶段，国家干预休闲政策所奉行的基本原理是传统的多元论，国家参与体育、艺术等休闲服务的提供。增强国家的竞争力以及对于问题青年的健康教育活动，是这个时期国家干预休闲政策的主要导向。二战后，伴随着经济的复苏以及福利制度的改革，休闲作为一种福利由国家供给。这一时期促进休闲发展的目的，不仅重视其外部效益，而且开始重视开发艺术、体育和旅游自身的价值。实践证明，在工业社会时期，政府参与休闲的政策导向具有一定的意义，国家干预政策不仅保护了自然风景和国家遗产，同时也提升了公民的休闲权。

---

① 郝海亭. 2005 美国户外休闲政策法案[EB/OL]. http://epub.cnki.net/grid2008/detail.aspx?filename=TYKA200602013&dbname=cjfd2006.

② 朱寒笑，苗大培. 欧洲休闲政策的演变[J]. 体育文化导刊，2009，2：155-158.

（一）1937～1964 年

早在 1843 年，利物浦市就出现了英国首个免费开放的城市公园——伯肯海德公园，随后城市公园的公共游憩价值很快被其他发达国家所接受。休闲作为福利提供给英国本国公民的思想在 20 世纪 30 年代成为现实，国家负担了本国公民的大部分福利供给。保障公众健康、滋养道德精神、提高劳动者工作效率等是城市公园的存在价值。按照福利主义休闲观的思想，休闲游憩应当是社会公民权的一部分，国家应保障公民的基本游憩权，公共游憩供给的根本初衷是体现“社会公平”，因此城市游憩部门应采取无差别策略提供服务，而不是基于各类群体的需要。① 城市公园公共休闲空间的建立是福利主义休闲观在公共休闲资源配置上的体现。

（二）1964～1976 年

福利主义休闲观对西方国家休闲环境的营造曾发挥了巨大作用，多数国家以法律形式保障了公民游憩的时间供给，城市公园、国家公园在世界各地的空间蔓延，很大程度上也是受福利主义休闲观的影响。

但是 20 世纪 70 年代初期，英国经济出现长期停滞的现象，1974～1975 年英国发生经济危机。有人认为英国经济出现衰退是由英国福利制度的不良影响带来的。由于当时英国福利制度是一种让政府承担大多数义务和责任的制度，政府把不属于自己的义务和责任全部接收过来，虽然保证了分配平等原则，但却忽视了社会效率。因此英国执政党在酝酿着一场关于福利制度的改革。

（三）1976～2000 年

1976 年以后，英国经济持续不景气，失业人数也持续增加。英国执政的保守党决定通过减少社会福利支出，让政府财政压力有所缓解，从而减轻英国经济的沉重负担。于是将市场作为福利改革的先锋，在一定程度上减少国家对福利的干预以降低政府在福利上的投入，加大市场的自由化程度，促进经济发展活动，并在保证国民基本生活的前提下，使个人拥有更多自由选择的权利成为英国政府在 70 年代中后期经济危机之后的福利主导政策。② 福利主义文化被企业文化所取代，全面福利被代之以选择性福利，福利政策主要转为向弱势群体提供基本生活保障。休闲从被提供作为一种社会服务转变为当公共服务预算降低时在公共服务中尽可能地增加收入和降低成本。休闲政策的重点也转变为将休闲作为经济复苏的一种工具，而不是社会发展的一种工具。

---

① 张海霞. 社会政策之于公共游憩供给:兼议政府作为的空间载体[J]. 旅游学刊，2010，25（9）：20-26.

② 孟瑞.20 世纪 70 年代以来经济危机与英国福利制度改革[D].西安：西北大学，2009.

20世纪80年代，随着后工业社会的到来，国家用于全民上的福利费用大大减少，国家供给模式逐渐被商业供给模式所替代，休闲促进社会发展的导向逐渐被休闲促进经济复苏所替代。

表7–2　英国休闲政策的发展阶段[①]

时　间	休　闲　政　策
1937～1964年 传统多元论	运动——国家的投资局限于实现体育的外在价值，主要通过志愿者组织来进行； 乡村休闲——大力发展国家公园
1964～1976年 福利改革主义	艺术政策的自由化：促进社会艺术的发展和文化民主； 体育和休闲被认为是公民的权力，社会服务的一部分； 政策导向是全民享有
1976～2000年 经济现实主义阶段	国家降低在休闲上的开支； 国家管理新方式的引进：国家供给的商业化； 政策导向是休闲从社会发展工具转向经济发展工具

三、韩国休闲政策

韩国学者将二战以后韩国的休闲阶段发展划分为过渡期、萌芽期、飞跃期、发展时期几个阶段，下面按照这几个阶段介绍韩国休闲政策的变化。[②]

（一）1945～1961年　休闲的过渡期

1953年，韩国公布工人实行每年12天的带薪休假制的勤劳标准法，人们开始有了一定的闲暇时间。1954年，韩国设置了观光科，形成执行旅游行政工作的体制改革。但是抗美援朝战争中，韩国经济受到打击，国民的休闲需求被忽视。这一时期的休闲政策主要是针对少数高收入和特权阶层。

（二）1962～1971年　休闲的萌芽期

20世纪60年代，韩国出现休闲的概念，开始重视休闲和旅游开发。这个时期，随着经济发展，城市居民希望摆脱紧张压抑、暂时逃避都市的喧闹生活，因而追求放松心情，改换环境的休闲形态比较普遍。

1963年，韩国颁布了旨在促进综合利用和保护国土的《国土建设综合计划法》，为国民休闲设施的开发及保护创造了契机。1967年，韩国成立了第一个国家公园，旨在为大众提供公共休闲空间。1968年，韩国交通部颁布了关于振

① 朱寒笑，苗大培. 欧洲休闲政策的演变[J]. 体育文化导刊，2009，2：155-158.

② 孙海植.休闲学[M]. 大连：东北财经大学出版社，2005：25-28.

兴旅游的综合措施，确定了旅游目的地的组成、文化遗产的旅游资源化和严格保护的制度，温泉、海滨浴场等休闲空间也得到了扩充和利用。

表 7-3 韩国休闲政策的发展阶段

时　代	休 闲 政 策
1945～1961 年 休闲过渡期	1954 年，在交通部下设置观光科； 1953 年，公布工人实行每年 12 天的带薪休假制的勤劳标准法； 20 世纪 50 年代末，制订旅游事业振兴 5 年计划，政府支持民间酒店建设，推动模范旅游目的地的开发； 休闲政策主要是针对少数高收入和特权阶层
1962～1971 年 休闲萌芽期	重视休闲与旅游开发； 1963 年，制订《国土建设综合计划法》，为国民休闲设施的开发及保护计划提供契机； 1967 年，成立国家公园； 1968 年，颁布振兴旅游业与休闲业的综合措施； 休闲政策针对大众化休闲
1972～1981 年 休闲的飞跃期	制订关于韩国观光振兴的长期综合计划； 1978 年颁布《自然保护宪章》，提倡爱护国土、保护自然休闲资源； 休闲行政组织与法律进一步完善； 休闲资源开发类型多样化； 休闲政策针对大众休闲
1982 年至今 休闲发展时期	1983 年，提出国民休闲供求问题与对策，进一步扩充休闲设施以提升国民休闲质量； 旨在促进低收入及其他弱势阶层的休闲活动的休闲福利政策得到大力加强。

在 20 世纪 60 年代，休闲只是停留在自发的水平上，但是这一时期，韩国通过建立国家公园、成立休闲行政组织和完善休闲法规，为 70 年代大众化休闲的发展奠定了基础。

（三）1972～1981 年　休闲的飞跃期

20 世纪 70 年代，随着韩国经济的腾飞，国民生活水平与消费水平有了极大提高，人们开始追求生活质量。大众化休闲也是韩国政府在这一时期大力倡导的。到 20 世纪 70 年代后半期，放松逃避型休闲和家庭野营休闲各占一半。政府在全国范围内扩大了国民休闲生活圈，这些措施包括开发休闲疗养地、建立国家公园等，还制订了关于韩国观光振兴的长期综合计划。1978 年颁布了《自然保护宪章》，以保护自然休闲空间。

（四）1982 年至今　休闲发展时期

随着经济发展的加速和国民对休闲的关心，国民的消费结构从简单的物质充足阶段上升到高质量阶段。不过 20 世纪 80 年代，伴随着奢侈型享乐产业和过度消费型休闲方式的增加，引发了青少年为获得消遣经费而犯罪的社会问题。这促使韩国政府旨在促进弱势阶层的休闲活动的休闲福利政策得到大力加强。

1983 年，韩国观光公社以 2001 年为目标制订了国民旅游中长期综合计划，提出了国民休闲供求问题与对策，其中包括针对国内国际游客的增加，和扩充休闲设施的方案。

第三节　中国休闲政策

一、新中国休假制度政策变化

新中国成立以后，在全国各行各业统一执行每周工作六天的循环休假制度。国务院于 1949 年 12 月 23 日发布了《全国年节及纪念日放假办法》，形成了建国初每年的法定休息时间约为 59 天的节假日基本格局。

1991 年 6 月，国务院下发的《关于职工休假问题的通知》开始对职工带薪年休假做出相关规定。1995 年颁布实施的《劳动法》中相关条款显示：劳动者连续工作 1 年以上，可享受带薪年休假。该条款的颁布实施标志着中国正在开始推行带薪年休假制度。同年，开始执行“五天工作日”，这是这一阶段国家对于全民休闲时间做出的几次最重要调整。1994 年 5 月 1 日，我国开始尝试实行 5 天半工作制，也就是隔周多休息一天，在每月的第一周星期六和星期天休息，第二周星期天为休息日，依次循环。1999 年，国务院修订了《全国年节及纪念日放假办法》，规定春节、劳动节、国庆节和元旦为法定公休假，其中春节、劳动节和国庆节为 3 天，元旦为 1 天；将五一劳动节放假 1 天的旧例延长为放假 3 天，将国庆节放假 2 天延长为 3 天。共增加 3 天，总节日由 7 天延长至 10 天。因此从 1999 年开始，我国法定公休日和节假日全年总计为 114 天。另外还规定法定公休假如逢星期六、星期日，应当在工作日补假。

从 2000 年国庆放假开始，我国对国庆、春节和劳动节的休假时间进行了统一调整，移动节日前后的二个周末四天和法定假期三天集中休假，这样共计 7 天时间。从实行这种休假制度以后，每逢这三个节日的休假称为“长假”，通常前面冠以节日名称加“黄金周”，例如“春节黄金周”、“五一黄金周”、“国庆黄金周”。

2008年1月1日起，中国实施新的《全国年节及纪念日放假办法》及《职工带薪年休假条例》，在全国全面推行带薪休假制度。此次节假日调整后，中国法定节假日和周末休息日达到115天，如加上职工带薪年休假，一年中平均休假时间超过1/3。这次休假制度的改革可以说是一次休假理念的根本性变革。逐步建立以带薪休假为基础，以刚性的休假模式和弹性的带薪休假制度相结合的一次积极尝试。这次休假制度调整是与国际休闲制度接轨的调整，为以后进一步推广全民带薪休假奠定基础。

二、新中国休闲政策

休闲是建立在一定经济发展基础之上的。与发达国家一样，中国的休闲政策也始于为某些特权阶级服务。我国现代意义的城市公园，如1868年上海建成的“黄浦公园”，最早以欧式公园的形式移植进入，但其服务对象主要局限于殖民特权阶级，普通大众并没有权利进入。辛亥革命直至新中国成立前，出现了一些在原有风景名胜基础上改建或新建的公共休闲场所，但是受生活水平制约，公民的休闲需求并不强烈，因而这些公共休闲场所的公共休闲游憩功能也非常有限。

从1949年新中国成立到改革开放前，人们忙于工作与劳动，闲暇时间很少，因此休闲生活也非常简单。“文化大革命”中，政治上对休闲的无情压制，使休闲成为无处生存也不可能生存的奢侈活动。[①]

改革开放后，经济生活水平的提高激发了居民的休闲动机，其中最为瞩目的是国内旅游与出境作为一项休闲活动在中国的兴起与发展。以下着重梳理改革开放后我国在休闲政策上，尤其是国民旅游政策的演变过程。

（一）1978～1985年

1978年，以党的十一届三中全会胜利召开为标志，开启了中国改革开放的伟大时代。中国改革开放的总设计师邓小平同志发出了“旅游事业大有文章可做，要突出地搞，加快地搞”的号召。1978年3月中共中央批转外交部党组《关于发展旅游事业的请示报告》里提出调动一切积极因素，在短时期内使我国旅游事业出现一个崭新的面貌。但是中国根据当时的国情，确立了“以入境旅游为先导，以赚取外汇为目的”的非常规发展战略。对于国内旅游则采取“不提

---

① 李仲广，卢昌崇. 基础休闲学[M]. 北京：社会科学文献出版社，2009.

倡、不宣传、不反对”的政策。这个阶段的旅游政策体现为我国旅游业战略发展的需要是“先立后破”，主要是由中央政府部门制定与旅游业相关的各项政策法规，特别是完善旅游接待政策，以此推动入境旅游事业的发展。此阶段，国内旅游仅有小规模的差旅和公务活动，更不存在严格意义上的出境旅游。

这一时期，人们的日常休闲活动多为室内休闲，卡拉OK、摇滚、迪斯科和蹦迪是当时最为流行的休闲活动。

（二）1985～1997年

1985年，国务院批准《全国旅游事业发展规划（1986年至2000年）》，首次把“旅游业作为国家重点支持发展的一项事业”列入国民经济发展计划。1985年，国务院批转国家旅游局《关于当前旅游体制改革几个问题的报告》，提出：要从只抓国际旅游转为国际、国内一起抓。这一指导方针的出台，积极促进了国内旅游的发展。这期间随着综合国力的提升，居民收入显著提高，国内旅游市场开始形成。1993年，国务院办公厅转发国家旅游局《关于积极发展国内旅游业的意见》，对国内旅游工作提出“搞活市场、正确领导、加强管理、提高质量”的指导方针。为克服1993年下半年经济过热引起的通货膨胀以及1997年的亚洲金融风暴，客观上必须大力发展国内旅游以扩大内需。在内外因素的共同作用下，国内旅游受到高度重视。1995年实行双休日制度，居民闲暇时间增多，近郊短途休闲活动在全国范围内兴起。

中国公民出境旅游是旅游休闲需求的延伸和升级，中国政府于1990年10月率先开放中国公民自费赴新加坡、马来西亚和泰国这三国旅游。自1997年起，在试办港澳游、边境游的基础上，正式开展中国公民自费出境旅游业务。但是出于外汇方面的考虑，国家对出境旅游的政策是“适度发展出境旅游”，使得公民出境旅游在一定程度上受到限制。

在城市公共休闲方面，20世纪90年代以来，上海、北京、深圳等大城市大规模投入休闲基础设施建设，呈现出“城市经济发展水平越高、居民生活水平和消费能力越高，则城市政府的休闲供给量越大”的特征。然而市场化的倾向在城市公园中也比较明显，除对市民征收门票外，小商业挤占公共空间的现象也愈演愈烈，影响了市民的公共休闲体验质量。

总的来看，“效率优先，兼顾公平”是这个阶段的休闲政策的制订原则，极大程度上促进了我国休闲业，特别是旅游业的快速发展。

（三）1998年至今

这是一个以人为本，休闲业在中国全面发展的阶段。1998年全国中央经济工作会议上将旅游业、房地产业、信息产业列为新的经济增长点，各地方对旅游业的投资与建设热情空前高涨。特别是2000年开始的黄金周，使国内旅游在假日期间出现“井喷”现象，显示了独特而强劲的内生性消费需求，与入境旅游共同成为驱动中国旅游业发展的两个车轮，进一步扩大了旅游业投资的热潮。

2003年十六届三中全会上提出了科学发展观，即“坚持以人为本，树立全面、协调、可持续的发展观，促进经济社会和人的全面发展”，科学发展观成为国家事业发展的重要战略思想。2003年，中国与欧盟草签了《中欧旅游目的地国地位谅解备忘录》。2005年，国家旅游局将今后一个时期我国三大市场的开发战略调整为“大力发展入境旅游，规范发展出境旅游，全面提升国内旅游”。同时国家对出境旅游所需外汇额大幅度提高。这些政策调整，强调了国民旅游的重要地位，提出“全面提升国内旅游”以及对出境旅游管制的放松表明政府对国民旅游消费的关注，开始将注意力转到满足公民的旅游休闲度假需求上来。

从城市公共休闲来看，2000年以来，长沙、沈阳、珠海、杭州等城市掀起了一场城市公园免费潮，有学者将其归结为“公众对城市公园重要性的认知度提高、公众自利思想的胜利以及发达国家城市公园模式的影响”，称这是“福利主义休闲观在我国城市休闲空间配置上的胜利。”[①]“以人为本”的理念为我国休闲事业的全面可持续发展提供了政策保障。

2009年，休闲作为一个专门领域，被正式纳入行政管理范畴，“引导休闲度假”被正式确定为国家旅游局的职能，相关管理工作有了特定的机构归属。国务院41号、44号文件、《文化产业振兴规划》、《全民健身条例》的颁布以及“全民健身日”的设立，不仅为休闲相关产业的发展提供了有效激励，更引起了全社会对旅游休闲、文化休闲、体育休闲的重视。

国发[2009]41号文件关于“制定国民旅游休闲纲要”的决策，既传达了推动国民休闲发展的重要导向，也是促进休闲业发展的战略性举措。它表明休闲已走出学术界和企业界的范畴，突破了少数地方和部门积极推动的工作格局，上升到了关乎国计民生的国家战略高度，并可能纳入国民经济和社会发展的五年规划。

然而我们也应当看到，近二十多年来，休闲的城乡差距在逐渐扩大。虽然农村的经济越来越好，但相比城里丰富的休闲活动，和日益齐全的各种休闲设施，农村人的闲暇生活显得单调了许多，看电视、串门聊天、玩麻将、呆在家里睡觉，这些方式基本可以概括为农村人的日常闲暇生活，反映出农村人的休闲尚未受到政府重视。

① 张海霞. 社会政策之于公共游憩供给:兼议政府作为的空间载体[J]. 旅游学刊，2010，25（9）：20-26.

【阅读材料 7–2】

《关于试行广东省国民旅游休闲计划的若干意见》部分材料

一、参与主体

参与国民旅游休闲计划的主体是具有我省户籍的居民，以及办理了我省暂住证或居住证的暂住人员。

二、主要措施

（一）落实带薪休假制度，弹性安排带薪休假时间。鼓励根据个人意愿，将带薪年休假分段灵活安排，与法定节假日相连接。

（二）在保证生产、工作正常进行的前提下，落实无会旬制度，[①] 创造必要条件鼓励和引导居民在“五一”国际劳动节等国家重要法定节假日前后集中安排休假，形成较长假期的旅游黄金周。

（三）推动建设一批旅游休闲服务社区、旅游休闲小城镇、环城市旅游度假带、城市中央休闲休憩区，推动打造一批高水平的国际旅游度假区和发展一批各具特色、品牌价值高、内涵丰富的休闲产业功能集聚区，为居民提供更多旅游休闲场所，营造良好的旅游休闲环境。

（四）创建一批旅游休闲示范旅行社和示范基地。大力开发乡村旅游、森林生态旅游、滨海旅游、工业旅游、农业旅游、会展旅游、科技旅游、文化旅游、教育旅游、体育旅游、红色旅游、温泉旅游等旅游产品，着力打造一批旅游休闲精品线路，构建丰富多样的旅游休闲产品体系。

（五）积极探索推行“国民旅游休闲卡”，持卡人员凭卡参加旅游休闲活动可以获得相应的便利服务和价格优惠。

（六）各级文化、文物部门归口管理的公共博物馆（文物建筑及遗址类博物馆除外）、纪念馆、爱国主义教育基地向社会免费开放。鼓励城市休闲公园、科普教育基地、红色旅游景点等，实行免费或以优惠价格向社会开放。

（七）推动旅游休闲示范旅行社和基地对在校学生、农村进城务工人员、残疾人、低保救助对象、五保户及年满 60 周岁的老年人等特定群体参与国民旅游休闲计划给予特别优惠。

（八）各级各类学校可在寒暑假和黄金周等法定假日期间组织教师和学生开

---

① 无会旬制度是指广东省政府于 2005 年实施的以“原则上每月中旬不召开会议”为主要内容，对全省各地会议的规格、规模、时间进行限制性规定，旨在减少政府机关“文山会海”弊端的制度。

展修学旅游活动，将修学旅游纳入学生综合实践课程。

（九）鼓励企业将安排职工旅游休闲作为奖励和福利措施，相关费用可按有关规定列支。

（十）鼓励开发跨行政区域的旅游专线，增设行政区域内的旅游专线，推进实施公交低票价制度。

（十一）深化与港澳地区的旅游合作，做好“144小时便利签证”政策及相关配套措施的落实，不断优化交通、安全和通关环境，推动三地旅游服务便利化对接。

（十二）鼓励和支持珠三角等有条件的地区和单位先行先试，加大试验探索力度，采取更加有力的政策措施，为全省推行国民旅游休闲计划积累经验，发挥示范带动作用。

（十三）各地要引导和鼓励当地相关企事业单位尤其是交通、餐饮、住宿、购物、娱乐等服务单位出台更多的优惠措施，进一步增强服务意识、改进服务质量、提高服务效率。

（十四）各地、各有关单位要加大对旅游休闲项目的扶持力度，在项目审批、信贷等方面给予积极支持，并扩大对旅游休闲配套基础设施建设的投入。

（十五）充分发挥旅游扶贫资金等财政资金的作用，重点支持开发和完善一批乡村旅游休闲项目。

（十六）鼓励资源互补性强的地区开展形式多样的交流与合作，深入开展“广东人游广东，粤游粤精彩”等省内游活动，进一步推动广东旅游市场发展。

（十七）建立以高等院校、职业技术学校和旅游企业为主的旅游人才教育培训体系，加快培养推行国民旅游休闲计划急需的中高级旅游经营管理人才和生产服务一线的技能型人才。

（十八）将国民旅游休闲计划纳入全省经济社会发展的总体规划，将旅游公共服务设施建设纳入全省城乡建设规划。

【思考题】

1. 简述美国各时期的休闲政策及其制订的背景。

2. 简述福利主义休闲观的主要思想。

3. 1978年以后，中国对出入境旅游政策的调整是基于怎样的背景，对中国国民休闲有何影响？

4. 如果在全国范围内实施国民休闲计划，对中国将产生哪些方面的影响？

第八章　休闲组织

【学习目标】

- 掌握休闲组织的分类及其主要职能
- 了解国际性休闲组织及其现状
- 了解我国休闲组织及其现状

【知识要点】

- 休闲组织的分类
- 休闲组织的重要职能

第一节　休闲组织概论

休闲组织是指为了加强对休闲业的引导和管理，适应休闲业的健康、稳定、迅速、持续发展而建立起来的具有行政管理职能或协调发展职能的专门机构。不同类型和不同层次的休闲组织在地方、国家、乃至世界休闲业发展的进程中都起着不可忽视的推动作用。

一、休闲组织的分类

目前来说，世界范围内的休闲组织可谓种类繁多，其功能特点各不相同。其中，既有全球性休闲组织，又有区域性休闲组织；既有特定行业的休闲组织，又有针对休闲特点建立起来的休闲组织；既有官方的机构，又有许多民间的组织。以不同的标准，可以对休闲组织作出多种不同的划分。

（一）按休闲组织的层次划分

1. 国际性休闲组织

国际性休闲组织又分为狭义和广义两种。狭义的国际休闲组织是指成员来自多个国家并为多国利益工作和服务的全面性国际休闲组织。而广义的国际休闲组织除包括狭义国际休闲组织外，还包括那些工作范围中的一部分涉及国际休闲事务的国际组织，以及专门涉及休闲事务某些方面工作的专业性国际性休闲同业组织。

2. 国家级休闲组织

国家级休闲组织是一个国家中被国家政府所承认，负责管理全国休闲事务的组织。

其设置形式有三种：第一种是由国家政府直接设置，作为国家政府的一个部门或机构；第二种是经国家政府承认，代表国家政府执行全国性休闲行政事务的半官方组织；第三种是经国家政府承认，代表国家政府行使休闲行政管理的民间组织。

3. 地方性休闲组织

地方性休闲组织是指代表地方政府对当地休闲产业进行管理的组织机构，或为服务于地方休闲产业的发展而专门成立的休闲组织。

（二）按休闲组织的职能性质划分

1. 休闲行政组织

休闲行政组织属于官方组织，是指由国家专门设置负责管理休闲事务且具有行政效力的政府部门，它是代表国家政府或地方政府行使其对休闲发展干预职能的载体。

政府公共部门在休闲政策的规划执行、休闲资源的提供、公共休闲设施的建设与推动、休闲的结构性阻碍的改善与克服方面承担着责任，同时也是其必须发挥的社会职能。

2. 休闲行业组织

休闲行业组织是一种非官方组织，它是指由有关企事业单位和社团组织在平等自愿的前提下组成的各种行业协会，就其组织性质而言，它们属于非营利性的社会组织，具有独立的社团法人资格。

（三）按休闲组织的社会功能划分

1. 休闲服务公共部门

公共部门是指被国家授予公共权力，并以社会的公共利益为组织目标，管理各项社会公共事务，向全体社会成员提供法定服务的政府组织。政府是公共经济部门的最主要成员。

2. 非营利性休闲组织

非营利组织的英文为 Non-Profit Organizations，缩写为 NPO，泛指为提供服务，而并非以获利为目标的组织，具有服务社会大众的公益使命。非营利组织是指介于政府和企业之间的那些社会组织，如民间组织、社会团体、慈善组织、独立部门、第三部门、市民组织、市民社会、志愿者组织、免税组织、非政府组织和草根组织等。从20世纪80年代开始，非营利组织在世界范围内发展十分迅猛。

非营利性休闲组织具有沃尔夫（Wolf）所归纳的一般非营利性组织的五项特征，包括（1）有服务大众的宗旨。（2）不以营利为目的的组织结构。（3）有一个不致令任何个人利己营私的管理制度。（4）本身具有合法免税地位。（5）具有可提供捐助人减（免）税的合法地位。

联合国国际标准产业分类体系把非营利组织划分为教育、医疗和社会工作、其他社区服务和个人服务三大类。在其他社区和个人服务类别中又包括环境卫生、商会和专业组织、娱乐机构、图书馆、博物馆及文化机构，运动和休闲等等。可见非营利性休闲组织是其中重要的一类。

3. 营利性休闲组织

营利组织包括所有以营利为目的的社会组织。主要是那些从事经营活动的工业企业、商业企业和其他以营利为目的的社会组织。

营利性休闲组织通常是指商业休闲机构，如电影、电视和广播公司、度假村、俱乐部等。

表8–1　政府公共部门、非营利性组织、商业休闲机构的比较[①]

	政府公共部门	非营利性组织	商业休闲机构（营利性组织）
经营管理哲学	通过提供有意义的休闲活动，丰富整个生活共同体的生活品质，是非营利取向的	通过提供有意义的休闲活动，丰富参与成员的生活，关注特定的群体和个人，是非营利取向的	通过努力满足公众的多元需要，以获得丰厚的利润
目标	提供对社区及其居民社会的、身体的、对总体状况有益处的娱乐机会	与公共部门机构类似，但是有成员条件限制。向其所服务对象提供公民权利、行为准则和人生哲学等价值理念，并实现其休闲兴趣	提供能吸引顾客的活动或项目，提高竞争力并赚取更高的利润
管理机构	中央到地方的各级政府部门	例如男童子军、社会公益慈善团体与福利机构等	休闲事业经营机构，例如电影、电视和广播公司、度假村及俱乐部等

① 黄世明. 休闲管理概论[M].台北：五南图书出版公司，2007：318.

【阅读材料 8-1】

政府在休闲产业中的角色（一）[①]

凯利（Kelly）认为休闲是具有政治性的，许多休闲活动与休闲产业，必须要有政府公共部门的介入，才能顺利进行与运作。公共部门在不同层级的行政机构职掌并负责业务，提供不同类型的休闲资源，满足不同的休闲需求，同时对修订法律，规范某些活动可以在哪些特定的地点和特定时间才可以被允许适度进行。这些明显使休闲归属于政治范畴，受政治的控制与管理。有许多实际例子可以看出休闲与政治的密切关系。

（1）政府机构拥有和管理许多休闲活动场地，政府是森林、水源、山区和其他游乐资源的主要供应者。

（2）从休闲发展史的许多文献可以看出，统治团体有许多管理休闲事务的企图与具体措施，例如特种行业或酒吧要持有执照和规定营业时间。

（3）公共部门从事公共建设，提供补助资金，例如完善的铁路公路等设施，让居民能消除休闲的结构性障碍，能使用更适合的途径来享受休闲资源，更便捷地参与各类休闲活动。

（4）在许多国家，政府赞助推广热门运动项目，成功主办奥林匹克运动会和其他国际性比赛，是为了提升国家形象和建立全民精神。

政府在休闲服务中扮演的角色（二）[②]

在不同的国家，政府在提供休闲服务上扮演的角色是不同的。巴西在1946年发布了总统令，成立社会商业服务局（Social Service of Commerce），这个机构由商业部门出资、管理，旨在开发能够提高工人阶级福利的服务项目。这些项目包括医疗、营养、非正式教育、体育和文化活动。目前，它支持的休闲活动有培训班、研讨会、节日、展览、电影、古典的和流行音乐会、旅游和体育。这个机构所管理的设施包括工人及其家属的“乡村俱乐部”、工艺品商店、剧院，以及设计在POMPEIA的休闲中心。POMPEIA是坐落在圣保罗的一家巨大的老工厂，现已改建成休闲中心。

在许多国家，政府要求商业部门以某种方式负责其职员的休闲服务。在日

① 黄世明. 休闲管理概论[M].台北：五南图书出版公司，2007：310-313.

② 戈比·杰弗瑞. 你生命中的休闲[M]. 康筝，译. 昆明：云南人民出版社，2000：373-374.

本，劳务省在 1972 年颁布了一个法律，要求“雇主应尽量采取必要的措施提供体育设施、娱乐和其他活动，以便于了解并提高体质”。

在澳大利亚，体育在其国民的休闲生活中一直担负着重要角色，联邦体育、游憩和旅游部（Federal Ministry of Sport，Recreation and Tourism）通过各种各样的方式来推广体育和健身。其中一个办法是向一些全国性的单项体育组织，如游泳、网球和橄榄球等组织提供直接的财政援助。这些私人的非营利性体育组织担负着一系列体育任务，如比赛的推广、辅导、比赛规则的制定和“杰出”运动员的培养。澳大利亚在 1941 年颁布了全民健身法，力图通过政府的努力来提高人民的身体素质。该法律建立了州一级的委员会，负责安排健身活动、组织儿童娱乐营、开发社区健身项目和成人健身营。还发起了一项名为“把握生命（Life. Be In It）”的运动。这项运动用漫画人物代表一个典型的澳大利亚家庭，鼓励人们关掉电视机到外面去锻炼身体。这一运动已由国家游憩和公园协议引入美国。

二、休闲组织的职能

在不同的国家，由于休闲业发展水平的差异，休闲行政组织和休闲行业组织在管理和协调休闲事务方面的地位和作用也有所差异。一般说来，处于休闲业发展起步阶段的初期，或休闲业发展水平较低的国家，作为政府部门存在的休闲行政组织对国家休闲事务的干预力度较大，对其休闲业的发展起决定性作用；而早期休闲业比较发达，私人休闲企业非常活跃的国家和地区，具有独立法人地位的半自决权性质的休闲行业组织更合适于行使全国性休闲组织职能。

（一）休闲行政组织的职能

休闲行政组织的主导职能是调控与管理，具体而言其基本职能主要包括以下七个方面。

（1）负责制定国家休闲产业发展总体规划。

（2）海外市场推销宣传。

（3）确定并参与优先发展休闲城市的开发工作。

（4）就休闲产业的发展问题同政府有关部门协调。

（5）规定和控制休闲产业的质量标准和发展速度。

（6）休闲产业发展问题的调查研究，预测未来休闲产业市场。

（7）休闲产业教育培训。

【阅读材料 8–2】

台湾青辅会采取措施提高青少年休闲生活品质[①]

2004 年 11 月 25 日，台湾青辅会在其下成立青年旅游专案小组，这是一个政府组织，主要负责规划研商招徕各地青年赴台旅游具体措施。

（一）推动方针

1. 整合台湾的“高山岛屿、多元文化、热情好客、佳肴美食”，创造旅游交流与学习的附加值，开创各地青年赴台旅游的独特吸引力，并树立观光新形象。

2. 优先提供政府可动员资源，结合青年活动效益、优势资讯科技，以及民间组织活力，建立休闲交流网络，营造便宜、便利、安全、永续的青年旅游友善环境。

3. 运用政府宣传以及整合性行销传播的力量，协助积极招徕青年学生来台旅游。

（二）推动策略

1. 建立有利于青年旅游发展的政策与整体相关建设。
2. 营造青年旅游公共运输、住宿、服务的友善环境。
3. 整合青年 Easy–go 旅游系统及配套措施。
4. 积极开发多元主题，以吸引青年学生来台旅游。
5. 发展以青年旅游为目标的观光宣传推广。

（二）休闲行业组织的职能

（1）代表职能　代表休闲行业全体企业的共同利益。

（2）沟通职能　作为政府与休闲企业之间的桥梁，向政府传达休闲企业的共同要求，同时协助政府制定和实施行业发展规划、产业政策、行政法规和有关法律。

（3）协调职能　制定并执行行规行约和各类标准，协调同行业之间的经营行为。

（4）监督职能　对休闲行业产品和服务质量、竞争手段、经营作风进行严格监督，维护行业信誉，鼓励公平竞争，打击违法、违规行为。

（5）管理职能　接受政府委托，进行休闲企业资格审查、签发证照等。并

① 黄世明. 休闲管理概论[M].台北：五南图书出版公司，2007：303.

平衡行业内发展，及时制止恶性竞争。

（6）统计职能　对休闲行业的基本情况进行统计、分析、并发布结果。

（7）研究职能　开展对中国休闲行业国内外发展情况的基础调查，研究休闲行业面临的问题，提出建议、出版刊物，供企业和政府参考。

（8）狭义的服务职能，如信息服务、教育与培训服务、咨询服务、举办展览、组织会议等。

三、休闲组织的模式

1. 政府机构模式

这种模式包括单一职能模式和混合职能模式，前者是指将休闲主管部门设为某个职能部门的下辖机构，在行政上隶属部门主管；后者是指与其他部门合并为一个部门，休闲事务管理为其职能的一部分。

2. 政府机构中的非正式机构模式

在机构编制上不属于政府部门序列，而是挂靠在某一部门，却代表国家政府执行全国性休闲行政事务的半官方组织。这个组织的部分经费由国家政府拨款，主要负责人也由国家政府中分管休闲的部门任命，但其具有自己的法人地位，在行政和财政上是独立的。

3. 委员会模式

主要适应休闲业综合性的特点，对休闲业的发展起协调作用。因此在很多国家属于协调部门，而非权利机构。

4. 民间组织模式

该模式由民间自发组成的具有全国性影响力的休闲协会代表国家政府行使休闲行政管理职能。政府向其提供一定的财政拨款，但其领导成员并非由政府指定，而是由该组织的会员自己选举产生。

第二节　国外休闲组织

20 世纪以来，随着个人拥有的物质财富和自由时间的增多，人们弥补和发展精神生活方面的需求显得尤为迫切，特别是 20 世纪 60、70 年代，国际社会已步入一个具有新的休闲伦理观和娱乐道德观的大众休闲时代，人们正是通过休闲而不是工作来充分展示个性和自我价值。随着休闲产业的产生，各种类型的休闲组织也随之成立。为了加强世界各国休闲组织间的协作，更大程度地发挥休闲产业在促进国际交流、世界和平方面的积极作用，各种国际性休闲组织应运而生。

一、国际性休闲组织

（一）世界休闲组织

世界休闲组织（World Leisure Organization）成立于 1952 年，又称世界休闲与游憩协会（World Leisure and Recreation Association）。它是一个具有联合国咨询地位的非官方机构，与联合国科教文组织和有关国家、地区的官方、非官方机构有着良好的合作关系。

1. 成立背景

为致力于发掘和创造各种有利条件，让休闲成为人类成长、发展与幸福的动力，1970 年，世界休闲组织的前身国际娱乐协会通过了著名的《休闲宪章》。《休闲宪章》明文规定：休闲同健康、教育一样对人们生活至关重要；任何人都享有从事休闲活动的权利；各国政府必须承认和保护公民的这种权利。1979 年，世界休闲组织对《休闲宪章》加以修改，并于 2000 年 7 月正式批准，作为机构活动的准则。

世界休闲组织理事会是该组织的决策机构，每年召开一次会议。理事会由 20 名来自全球各地、不同行业的成员组成，下设三个常务理事会，即执行理事会、财务理事会和发展理事会。世界休闲组织秘书处负责处理日常事务。

2. 活动形式

（1）举办世界休闲大会和休闲专业类的展览、贸易促进活动。

（2）组织论坛：从面对面的世界休闲大会、专题会议及工作场所，到各种印刷品及电子媒体，包括世界休闲报、时事通讯、专论和网站（http://www.worldleisure.org）。

（3）提供教育、咨询、培训、研究、学生服务及讨论项目，包括研究及教学、研究生教育、专门委员会、留学生培养等。

（4）就某一课题、项目成立工作小组或委员会。

（5）与联合国和其他国际组织及有关国家、地区的官方、非官方机构、私人部门共同工作，以宪章、国际宣言、权威文件、观点报告及声明的形式，致力于各种内容广泛的研讨。

（二）国际休闲产业协会

国际休闲产业协会（International Leisure Industry Association，简称 ILIA）

是由中国、中国香港、俄罗斯、马来西亚、新加坡、美国、加拿大、韩国、日本、澳大利亚等十个国家和地区的休闲产业机构和精英人士在 2002 年共同发起的国际性休闲产业合作组织。协会网站（中文网）为 http://www.ilia.org.cn/。

国际休闲产业协会以推动国际休闲产业的协调、合作与发展为己任，是相关成员国关于休闲产业政策的智慧支持机构，在加拿大和中国香港注册，在 ILIA 成员国家及地区备案，拥有合法有效的手续。会址在加拿大温哥华，秘书处设在中国香港。该协会的活动形式主要有二种。

（1）定期举办各种学术交流活动，包括国际休闲产业区域性峰会、中国休闲经济发展论坛。

（2）国际休闲产业协会授权评选国际最佳休闲城市和国际休闲产业示范基地奖项。

（三）旅游观光和休闲教育协会

旅游观光和休闲教育协会（Association for Tourism and Leisure Education，简称 ATLAS）成立于 1991 年，协会网站为 http://www.atlas-euro.org/。

协会宗旨是发展跨国旅游和休闲教育措施。ATLAS 提供了一个促进教育人员和学生之间交流跨国性研究以及促进学校课程和专业发展的平台。目前，旅游观光和休闲教育协会已经有来自 75 个国家的 283 个成员机构加入。该协会在欧洲、亚太地区、非洲及北美都设有分支机构。协会的主要活动有以下五个。

（1）组织旅游和休闲教育的研讨会，在非洲和亚太地区组织区域性的会议。

（2）信息服务和出版物，包括旅游观光和休闲教育协会网站，会员门户和年鉴《ATLAS 看法（ATLAS Reflections）》。

（3）推动国际课程发展，如欧洲冬季大学课程及亚洲夏季课程。

（4）组织和参与跨国研究项目，例如文化旅游与可持续旅游和旅游信息技术等项目。

（5）出版研究报告。

（四）国际主题休闲产业协会

国际主题休闲产业协会（International Theme Leisure Industry Association，简称 ITLIA）在中国澳门特别行政区注册成立，为非营利社团，会员定位为世界各地区主题休闲、主题小区、主题公园、主题酒店、主题餐厅的企业及个人。协会网站为 http://www.itlia.org/。

协会的宗旨：为弘扬世界各民族主题休闲文化，联合世界各地区一切具有鲜明经营特色和突出主题休闲的从事生产和提供文化服务经营性行业，把人类所创造的宝贵文化资源转化成为企业独特的经营卖点，创造更高的文化销售附加值，为世界各地区主题休闲企业提供研究、交流、培训和推广的平台。其业务范围如下。

（1）定期举办会员大会，并组织会员单位之间开展业务交流和各种形式的联谊活动。

（2）编辑、出版专业刊物，建立网站，加大会员单位的宣传力度，提高该会和会员单位在国际的知名度，为各会员单位的品牌扩展、提升提供有效服务。使该会成为主题休闲产业共同的营销平台和信息平台，为会员单位的业务拓展开辟出更加广阔的空间，推动国际主题休闲产业向品牌化、规模化发展。

（3）举办训练课程，设立奖学金、奖品及其他奖励办法，以提高本行业管理水平，如文化专员、主题职业经理人等。

（4）维护各会员企业的知识产权、产品专利，保护会员企业的文化资源，并努力把会员企业的文化资源变为文化资本。

（5）向会员单位提供全方位的主题休闲建设咨询指导。

（五）世界休闲健康产业协会

世界休闲健康产业协会（World Leisure Health Industry Association）在美国加利福尼亚州注册，洛杉矶市认证，是专门从事全球休闲业、医疗、科研和管理的国际组织。协会总部设在加利福尼亚州，在世界各国设立秘书处和分支机构。该协会由世界杰出健康专家委员会、知名企业委员会、经济发展委员会、投资银行内务委员会、市场委员会、生态—市议会、教育培训委员会、媒体合作事宜委员会和有关的工业研究机构。协会网站为 http://wlha.org/。

二、地区性国外休闲组织

（一）美国国家游憩与公园协会

美国国家游憩与公园协会（National Recreation and Park Association，简称NRPA）成立于 1965 年，由 5 个国家组织合并组成。

NRPA 是致力于教育专业人才及对公共公园和市民休闲的研究。协会主张增加联邦政府对国家公园和休憩的拨款补助并倡议支持健康的生活方式、经济活力和环境管理。协会还提倡联合专业人士、供应商和政府领导人一起，实现共同的目标，进一步推进协会的运动。协会网站为 http://www.nrpa.org/。

（二）加拿大公园和游憩协会

加拿大公园和游憩协会（Canadian Parks and Recreation Association）是一个全国性志愿组织，注册慈善团体。在其 60 年的发展过程中，加拿大公园和游憩协会在休闲领域已经成为一个可信的和强有力的领导者。其宗旨是致力于市民的健康和活力的公园及康乐服务。协会成员都是来自加拿大的2 600多个社区的公园和娱乐专业人士。协会在休闲、运动、环境、设施、体育、卫生、预防犯罪和社会服务领域与13个省和地区的公园和游憩协会及其他国家组织合作。

协会除了宣传公园和休闲服务的益处，还提供和分享公园的信息、资源、专业发展。协会网站为http://www.cpra.ca/。

（三）澳洲休闲研究协会

澳洲休闲研究协会（Australia and New Zealand Association for Leisure Studies）成立于1991年，是澳大利亚和新西兰之间的跨国性非政府组织，其宗旨是促进学术交流，与业界的合作，加强国际联系，提倡休闲政策。

（四）英国谢·菲尔哈伦大学休闲研究中心

英国谢·菲尔哈伦大学休闲研究中心（Leisure Industries Research Centre of Sheffield Hallam University）在休闲研究领域颇有影响。英国Sheffield大学管理学院休闲管理系于1996年建立该休闲产业研究中心，从事应用研究和咨询服务，目前有6个研究组，其研究领域包括休闲产业革新、休闲需求者分析、休闲可持续发展、休闲产业和城市复兴、休闭业的国际化和休闲市场变化分析。

（五）加拿大休闲研究协会

加拿大休闲研究协会(Canadian Association For Leisure Studies,简称CALS)成立于1981年，是由那些对娱乐和休闲研究、休闲服务感兴趣的加拿大人和世界学者以及业界人士所组成的一个非正式组织，每三年召开一次加拿大休闲研究大会。出版《加拿大休闲学会休闲研究期刊》(Journal of the Canadian Association for Leisure Studies)，并开展相关的交流活动。

第三节 我国的休闲组织

一、中国休闲经济研究中心

中国人民大学中国休闲经济研究中心成立于2004年2月。该中心每年举办一次休闲经济论坛。在该中心，设有旅游经济研究室、体育经济研究室、文化娱乐经济研究室、休闲教育经济研究室以及公益事业研究室等，涉足休闲经济的各个领域。例如体育经济研究室关注2008年的奥运会，研究“奥运经济”。主要研究方向是休闲产业的供给、休闲消费的需求、休闲经济发展趋势、休闲企业的管理等问题。休闲产业主要包括旅游、体育、文化娱乐、休闲教育以及公益事业等。中心网站为 http://www.xiuxianjj.com/index.php/。

二、中国旅游协会休闲度假分会

中国旅游协会休闲度假分会是中国旅游协会的分支机构，主管单位为中华人民共和国国家旅游局。是由中华人民共和国境内从事和促进中国休闲度假产业发展的相关机构，在平等自愿的基础上组建的行业性、非营利性社团组织。

中国旅游协会休闲度假分会的宗旨是：坚持中国特色与面向国际相结合，根据国家的宪法、法律、法规和有关政策，在平等互利、优势互补、资源共享、合作共赢的原则下，推广积极向上的休闲文化，树立健康休闲观念，提高大众休闲度假生活质量，促进业界沟通，推进休闲度假理论研究，制订和推广规范，提高休闲度假服务水平，拓展休闲度假消费领域，促进中国休闲度假业的可持续发展。

分会向相关政府部门反映会员的愿望和要求，开展休闲度假领域的调研和预测，组织开展休闲度假教育和培训，向相关管理部门提供咨询，制订和推广相关规范，向休闲度假相关企业提供咨询，组织休闲度假学术研究，开展国际国内休闲度假学界交流，举办休闲度假领域的相关交流和推广活动，并承办国家旅游局和中国旅游协会委托的其他工作。

三、中国国际户外休闲产业联盟

中国国际户外休闲产业联盟（China International Outdoor and Leisure Industry Alliance，简称 COLIA）。是由致力于开发、生产、服务和推广户外休闲产业的生产企业及相关机构单位自愿结合组成的合作组织。在中国轻工工艺品进出口商会领导下开展工作。联盟秘书处设在北京，秘书长由轻工商会推荐。

联盟的宗旨是促进建设完整的户外产业链和成熟健康的市场，维护产业和会员单位的合法权益。联盟发挥行业渠道优势，积极向政府反映户外休闲产业企业的意愿和要求，争取政府支持。联盟促进国际间行业的信息交流、技术合作及贸易往来。联盟网站为 http://www.huwaiclub.com/sns/index.php/。该联盟的业务范围如下。

（1）促进行业、国家或国际标准的制定，使其在本行业和其他相关行业中得到广泛的认可和推广。

（2）促进会员之间、本产业与其他产业之间的合作，协调会员企业之间的关系，以形成一个完整的产业链。

（3）针对产业内共同存在的问题，利用联盟的优势协商解决方案。

（4）反映会员的愿望和要求，提出产业发展的建议。

（5）与国际同行业及相关行业组织进行交流，促进合作。

（6）共同组团参加国际展览会。

四、浙江大学亚太休闲教育研究中心

浙江大学亚太休闲教育研究中心（Asia Pacific Center for the Study of Leisure，简称APCL）成立于2004年，由浙江大学与世界休闲组织、杭州市政府联合发起，既是世界休闲组织在亚太地区的学术代表机构，也是浙江大学与地方合作的战略平台之一。“中心”的宗旨是在遵守国家宪法、法律、法规和国家政策，遵守社会道德风尚的前提下，汇集各方资源，全面支持和推动国内外休闲事业的长远建设和发展。中心网站为http://www.apcl.zju.edu.cn/。该中心的工作范围包括以下内容。

（1）人才培养　各种类型、不同层次的休闲业及相关人员的教育培训；接受外国留学生与访问学者。

（2）学术研究　开展休闲学基本理论、休闲文化、休闲产业、休闲管理等方面的学术研究。

（3）咨询服务　为各级政府部门、相关企事业单位制定与休闲领域相关的政策与发展规划提供决策咨询。

（4）项目规划　休闲产业及相关领域项目的规划与研发。

（5）活动组织　策划组织相关的会展、庆典等各类活动。

（6）文化推广　致力于提高民众的休闲认知水平，以及休闲文化的普及和推广等公益性活动。

（7）建立休闲研究资料信息库，开设“中心”网站，编辑出版休闲研究学术期刊。

（8）建立休闲业评估指标体系，开展休闲业及相关领域的评估与认证。

五、浙江省休闲学会

浙江省休闲学会是由浙江大学、杭州市世界休闲博览会组委会办公室、杭州师范大学联合发起创办。由从事休闲研究的学术机构、热心推动休闲发展的社会人士和社会团体共同发起的学术性、地方性的非营利社会组织。旨在积极发挥中介职能，在政府、业界和民众之间架起交流学习和传递信息的桥梁，全面支持和推动浙江省休闲业的建设和发展。学会的主要业务如下。

（1）开展休闲学基本理论、休闲文化、休闲产业、休闲管理等方面的学术研究。

（2）举办各级各类休闲业及相关人员教育培训。

（3）为各级地方政府、相关企事业单位制定政策与发展规划提供决策咨询。

（4）策划并组织与休闲发展相关的活动，积极开展各类休闲学术合作及交流活动。

（5）致力于提高民众的休闲认知水平，普及和推广休闲文化。

六、亚太国际休闲文化中心

亚太国际休闲文化中心（Asia-Pacific International Leisure Culture Center，简称 APILCC），成立于 2007 年 5 月，是在中国北京正式注册登记的法人机构。协会网站为 http://www.atlas-euro.org/。APILCC 专业从事休闲文化及相关产业的国际交流与合作，是亚太乃至国际范围发展速度最快、市场潜力最大的休闲服务市场。

（一）中心宗旨

（1）整合行业资源，构建全方位的互助合作关系网络，为会员之间的商务合作提供服务，为政府、企业及专家学者提供休闲文化及产业发展问题的对话平台。

（2）倡议传媒积极传播优秀休闲文化。

（3）立足 LOHAS（Lifestyles of Health and Sustainability，健康和可持续的生活方式）生活原则，倡导经济活动的人文关怀和审美境界，通过跨区域、跨行业的交流合作，推进生态经济建设。

（二）中心业务范围

（1）出版《休闲经济 · Leisure Economy》杂志（会刊）。

（2）以专题策划为先导，深入挖掘个性案例，横向展示产业全景。

（3）促进休闲应用理论研究和交流。

（4）搜集和发布相关产业发展信息，突显商务合作机会。

（5）为会员开展国际形象传播及业务推广。

（6）提供国际或地区船业发展的宏观形势分析、年度报告等。

（7）组织亚太国际休闲文化论坛（APILCF）。

（8）独立或合作开展有助于实现中心宗旨的项目交易、会议展览、行业评奖、信息交流、经济评估、教育培训、电子商务等各类活动。

七、运动休闲研究专业委员会

运动休闲研究专业委员会（简称专委会）是由北京体育科学研究所、北京国民体质监测中心、北京市教委体育美育处、北京市职工体育运动技术学院等单位发起，经北京市民政局核准登记，隶属于“北京体育休闲产业协会”的二级非营利性社会团体。专委会吸收各类体育、运动、休闲、娱乐、健康产业的经营单位、研究机构、教育培训机构及其他相关组织和个人参加。协会网址为www.ktxx.com.cn/。专委会的服务功能有以下五点。

（1）依照国家及北京市有关规定及行业标准，对本行业及会员企业单位进行调研、普及、开发提供服务，为政府制定相关决策政策法规提供依据。

（2）组织专家对新兴体育休闲项目进行点评、论证与推广。

（3）通过多种形式为企业与政府主管部门、与科研知识部门，以及相互之间搭建合作发展、宣传交流的共赢平台降低宣传成本，打造行业品牌。

（4）组织承办各种交流活动，积极推介国内外经营管理的先进理念，不断引进新项目，为企业的持续发展提供技术支持。

（5）建立专家资源库、利用专业优势开展行业培训、组织研究论证行业课题。

【思考题】

1. 休闲组织的职能主要有哪些？
2. 营利性与非营利性休闲组织的经营管理哲学与目标有哪些区别？
3. 简单介绍世界休闲组织。
4. 简述我国休闲行业组织目前的基本状况。

第九章　未来社会休闲发展趋势

【学习目标】

- 了解未来社会的休闲发展趋势
- 理解为什么工作与休闲的界线将逐渐消失，逐渐走向融合
- 理解休闲为什么会成为人们的基本生活权利
- 理解休闲的“后标准化意识”
- 理解休闲消费方式与休闲经济的可持续化

【知识要点】

- 未来社会中，休闲与工作的关系
- 可持续的休闲消费方式与休闲经济

第一节　世界休闲发展趋势

英国著名未来学家格雷厄姆·莫利托（Graham Molitor）在英国《经济学家》发表的《全球经济将出现五大浪潮》一文中指出：休闲是新千年全球经济发展的五大推动力中的第一引擎。21世纪全球经济将出现五大浪潮，首先出现的即是休闲时代的浪潮，并席卷世界各地。到2015年人类将走过信息时代的高峰期而进入休闲时代，首先是在美国，其休闲产业产值将占GNP的50%以上，新技术和其他一些趋势可以让人把生命中50%的时间用于休闲，休闲产业将成为社会的主导经济并逐步发展为支柱产业，将提供最大规模的就业市场。

休闲将成为人类生活的重要组成部分。休闲社会是人类社会发展的高级社会形态。

一、工作与休闲的界线逐渐消失

休闲已成为我们这个时代重要的特征之一，一个普遍有闲的社会正在形成。

在现代社会生活中，虽然工作是人们获得金钱的重要渠道，但是到未来，休闲及其应用将渐渐代替工作而成为人们社会活动的中心。

在美国，20 世纪 70 年代，更多的公众认为工作较为重要，但是 1990 年的一项国家层面的抽样调查表明，更多的人认为休闲比工作重要。[①] 历史发展证明，人们的休闲意识在悄然增长，休闲在人们心目中的地位逐渐上升。甚至还有很多学者预测，工作与休闲之间的界限在不久的将来会再次消失。人们越来越重视工作所能提供的体验，工作本身已经成为目的。这一趋势应验了马克思的预言："如果劳动成为人的需要、目的以及意义之所在，那么工作与休闲的结果就会趋于一致。"休闲即工作、工作即休闲的现象将更加普遍。

表 9-1　休闲与工作三项关系模式[②]

	延　伸	中　立	对　立
含义	工作延伸到闲暇中	工作与休闲有明显的差别	工作与休闲截然相反
特点	工作专注性，自主性和职业满意度较高	工作自主性低，职业满意度主要源于收入而非工作本身	工作具有强制性，人们对工作怀有憎恶心理
行业	商业、医疗、教育、社会工作		
休闲时间	休闲时间短，用于个性发展	休闲时间长，主要用于身心放松	休闲时间长，用于身心复原和补偿
中心生活兴趣	工作	家庭、休闲	休闲
群体	商人、客户代表、社会工作者	半熟练体力劳动者	不熟练体力劳动者
工作态度	积极乐观	中性	消极、悲观

帕克提出的关系模式（表 9-1）反映了工作与休闲关系的嬗变。从表中可以看出，工作与休闲之间有对立、中立、延伸三种模式。在未来社会，延伸模式应该成为工作与休闲关系的主流模式。因为现代社会正从产品经济向服务经济转变，在职业分布上，专业与技术人员（白领工人）在后工业社会中快速成长，且处于主导地位。许多未来学家认为，在未来经济中，只有少数人口从事"生产"，劳动力需求将发生变化。未来，发达国家从事制造和运输产品的传统

① 戈比·杰弗瑞. 21 世纪的休闲与休闲服务[M]. 张春波，陈定家，刘风华，译. 昆明：云南人民出版社，2000：158.

② 刘红玉，粘忠友. 工作与休闲关系的嬗变[J]. 泉州师范学院学报，2008，26（1）：133-136.

工人占劳动力总数的比例不会超过1/6或1/8，大部分人从事的行业是延伸模式中的商业、医疗、教育、社会工作。在延伸模式中，社会成员们更乐于将工作视为亲密的伙伴。

二、休闲将成为人们的一种生活方式

在不远的未来，休闲将不断地演变为人类生活的中心内容，人类对“进步”的定义也将发生根本的变化。传统意义上的“进步”往往意味着物质生活水平的不断提高，时至今日对物质财富的满足将让位于人们追求充实的精神生活。发展的质量标准，将定位于人的生存质量、生命质量以及人的全面发展。休闲不仅已经成为现代人生活中不可缺少的一部分，成为人的基本生活方式。在未来，休闲的中心地位将加强，并成为人的基本生活权利，其原因如下。①

1. 物质财富的不断丰富

由于技术的应用，社会的物质财富在不断增加。近30年来，由于可供自由支配的收入增加了，人们在休闲方面的花销也在相应的增长，有能力参与的休闲方式日趋多样化。

2. 体力劳动强度不断降低

首先，工作中的体力消耗不断降低。在工业时代，工作常使人精疲力竭，疲惫不堪的工作使人们难有心情去体味生活、享受生活。而在未来，相当多的工作对人的体力支出要求已经小到了极点，于是个人得以满怀充沛的精力去尽情享受丰富多彩的休闲活动。

3. 社会组织对个人生活的约束逐渐趋于弱化

在现代社会，人们对自身与外部世界、个人与社会、个人与家庭等关系的基本看法和行为准则都发生了很大的变化，个性成为生命中越来越重要的因素。

4. 对享乐态度的转变

人们越来越不需要借助工作或是苦难来证明自己生活的意义。在传统观念中，人们崇尚吃苦耐劳的奉献精神，既没有把“休闲”作为自己的权利去追求，更没有把“休闲”作为一件“正事”来看待。但在休闲观念已渐入人心的当代社会，休闲将逐渐成为人的基本权益，而且在价值判断上，人们逐渐认为自我实现的愿望并不仅仅局限于工作领域，也可以在休闲活动中获得满足。在休闲中摆脱工作杂事带来的困扰和压力，使人回归自我，暂别异化状态，恢复人性。这些个人权利、回归自然等现代社会伦理正在逐步深入人心。

---

① 马春雷. 休闲与工作的关系及其反思[D]. 北京：首都师范大学，2009：16-17.

5. 个人教育水平的持续提高

人们受教育机会增多、知识水平普遍提高是休闲在人们生活中地位提高的原因之一。受教育程度的提高，使人们的兴趣扩展到多种多样的活动中，其中包括休闲，并从休闲中获得更多的乐趣。

三、休闲方式个性化

在工业社会，随着工业化进程以及科学技术在工业生产中的普遍应用，人们生活的方方面面都已经变得更加标准化。在“标准化时代”人们的消费方式、休闲方式等都是千篇一律的。巨型的保健中心、包价旅游、电视剧以及其他形形色色的休闲方式，都是标准化的产物。

随着信息社会和知识社会的到来，弹性化、分散化和个人化的生活方式将越来越受到人们的欢迎和重视。标准化的生活方式将逐渐衰退，并必将对我们的休闲行为方式产生深远的影响。“后标准化意识”将主导人们的生活与休闲方式，“后标准化意识”将使消费者所使用的所有产品和服务都是相匹配的。休闲活动是在法律允许范围之内，个人选择的、使其快乐的任何活动。休闲活动只代表休闲者个人的兴趣或“生活方式”，并不代表某种文化。这会使越来越多的专营性零售店和精品店涌现出来。甚至大众传媒有可能解体，而针对特定群体的新闻简报、杂志、电子邮件、影印文字材料、家用电脑、袖珍录音带、录像带、家庭微型办公室、其他电缆网络服务设备以及其他新型通讯方式将得到广泛应用，其结果是人们的信息传播途径日趋分散化，休闲方式日趋个性化。

四、全社会经济结构的休闲化

随着人们生活方式和劳动方式的休闲化方向转变，必然带来社会需求方式及人们的消费方式也朝着休闲化方向转变，从而引起经济结构的调整和变化，那些以满足人们休闲生活或休闲化生活需要为主的产业将日益膨胀发展，造成经济结构的休闲化。

一项关于法国人在1995年上半年消费情况的调查报告表明，法国人消费出现的四大主要倾向之一就是追求生活质量，具体表现如下。（1）讲究旅游和休假。（2）爱穿着。（3）娱乐。以上三点在被调查者中分别占42%、34.6%、28%。[①]这一调查基本反映了发达国家人们消费生活的走势，从而也必将引导未来社会经济结构调整的方向。

---

① 刘晨晔. 21世纪人类社会的休闲化趋势与中国社会发展[J]. 辽宁教育学院学报，2001，18（3）：3-6.

对于这一趋势，美国知名战略思想家伊迪斯·韦纳和阿诺德·布朗在他们合著的小册子《权威人士未来指南》中认为，在未来，从工作来看人们将越来越愿意成为提供服务的人，当然相应的也就将有越来越多的人成为享受服务的人；从市场来看，人们将日益追求“良好感觉”，即对个人身体和精神状态的良好感觉，因此“教育娱乐”成为未来市场的关键词，同时在未来，顾客将主要通过在线服务来挑选、订购商品，厂家将送货上门，传统的供应“现成”消费品的商店将减少。这种带有明显休闲化特征的新经济和新关系模式被国外学者称为“情感和激变”的时代。

总之，随着社会经济的不断发展和进步，人类文明水平的不断提高，休闲生活越来越成为影响甚至决定未来经济社会发展方向的关键因素。

五、休闲消费方式与休闲经济的可持续化

人们无节制地生产和消费物质产品也是导致人类生存环境恶化的重要原因之一。目前全社会所盛行的消费型休闲模式对人类的生存环境造成了破坏性的影响，对环境污染也起着推波助澜的作用。有数据显示，休闲旅游业作为世界上最大的产业，是全球交通业的最主要消费者，据测算，交通系统消耗了全球约 1/3 的能源。有资料表明，温室气体中 27%的二氧化碳产生于交通工具，其排放量仅次于能源工业。而奢侈的休闲方式、一些休闲娱乐场所（如高尔夫球场）若不加以妥善管理，都可能给环境带来负面的影响。应该通过采用更有效的、环境友好型的生产与消费方式，把休闲生活方式转到一种可持续发展的模式上来。

未来社会的休闲经济是注重人与自然协调共生的和谐经济。休闲经济将自觉遵守自然法则和经济规律，寻求一条经济社会发展、生态环境友好、人民幸福安康的和谐经济之路，促进人与自然生态协调共生。

第二节　中国休闲社会发展展望

中国社会休闲发展趋势除了具有世界休闲发展趋势外，还有中国自身特色的趋势。

一、中国社会的老龄化将影响休闲政策

中国国家民政部发布的《2010 年社会服务发展统计报告》显示，根据第六次全国人口普查数据，全国 60 岁及以上的老年人口近 1.8 亿人，占总人口的 13.26%，其中 65 岁及以上人口 1.2 亿人，占总人口的 8.9%。根据联合国标准，60 岁以上的人口占总人口 10%，或 65 岁的人口数占到 7%时，标志着一个国家进入老龄化社会。这表明中国已经进入老龄化社会，随着中国老龄化社会的来临，“老年休闲”成为一个越来越引起全社会关注的问题。

在未来社会，老年人将具有如下特征。[①]（1）更多的参与教育和社区组织的活动。（2）对高层文化、大众文化和通俗文化等各方面文化产生更为浓厚的兴趣。（3）妇女走出家门并享有更多的利益。（4）拥有更加多姿多彩的休闲生活方式。（5）更加重视服务和志愿参与并将其作为休闲追求的一部分。（6）受到更好的休闲教育，从而能更好地适应退休后的休闲生活。（7）社会大众对老年人更加尊重，并对退休期间的休闲生活品味的价值有了更好的认识。

老年人口将改变我们的休闲政策，未来的政府也将充分关注保障老年人口的休闲权利。在未来，我国休闲服务与休闲设施的提供需要充分考虑老龄化社会特点以及老年人口的特点和需求。

二、城镇化促进中国休闲产业发展

中国城镇化进程不断加快，截至 2009 年，中国城镇化率为 46.6%，城镇人口达 6.2 亿，城镇化规模居全球第一。休闲的需要随着城镇化的扩大而不断提高。城市是休闲与游憩发展的一个极地，大城市为人类提供了休闲活动的广泛选择。人类发展的历史已表明，人的休闲生活与城市的发展成正比，人的休闲生活越丰富，城市的发展就越多样化。尤其是在人们普遍富裕之后，在生存需求得以满足的条件下对文化精神生活、对社会交往的需求变得日益活跃，高尚的休闲已成为城市人的一种生活追求，也是衡量人们生活质量的一个重要标准。休闲活动的多样化与丰富的内容定将促进消费，同时也促使整个城市做出一系列调整，使城市管理与服务更人性化、人道化，促进城市人的全面发展，从而推动城市休闲经济的进一步发展。

为保障公民的休闲权利，我国城市低薪阶层、老年人群体、青少年群体、

① 戈比·杰弗瑞. 21 世纪的休闲与休闲服务[M]. 张春波，陈定家，刘凤华，译. 昆明：云南人民出版社，2000：94.

非在业者群体等相对弱势群体的休闲质量也将进一步受到政府重视，针对这些群体的福利性公共休闲设施的投资将逐渐加大。

三、城乡差别逐渐缩小，农村休闲消费兴起

目前我国还有一半以上的人口居住在农村。但是我国城乡二元经济社会特征明显，资源配置也不均衡，城乡间在教育、公共服务等方面的差距很大。在我国广大农村地区、城郊地区，非城镇人口闲暇时间分布不平衡、公共休闲设施投入严重不足，公众休闲行为偏向被动消极。随着生产技术的提升，农民也将拥有更多的闲暇时间。未来，农村的公共休闲服务与设施将逐步完善，农村居民也有机会获得高质量的休闲生活体验。农民休闲市场将会成为中国又一个新兴的消费市场。

总的来看，中国距离步入休闲社会还有一段距离。随着中国整体经济和社会的发展，大部分地区和大多数国民已具备更多的可自由支配收入和时间，正在由传统意义上的生存向追求更好的生活质量转变，寻求全面的自我发展。中国虽然还没有达到发达国家那种经济富裕、社会福利与保障完善、休闲时间充裕的状态，但整体社会正处于向休闲社会演进的过程中，因而需要根据中国经济社会发展的阶段和特点来进行分析和把握，必须提出相关的政策保证公民的休闲权利。对此我们首先要对相关法律进行完善以保障人民带薪休假的权利。其次，加强休闲教育，以及出台有效的政策，让每个人到期都能够休假，只有每个人都意识到自己的权利，并利用制度保障这个权利的时候，公民带薪休假才能落到实处。在未来社会，全民休闲以及丰富多彩的休闲产品和高质量的休闲服务成为中国社会发展、进步的重要标志。

【阅读材料】

走向休闲社会：中国未来前景的展望①

中国正进行一场伟大的社会变革，从整体上来说，它仍处于从计划经济向市场经济、农业社会向工业社会，从人口的年轻化向老龄化，从高出生率向低出生率，从自行车和火车向汽车和飞机，从男性主导社会向给予妇女更多权利，从对外国人的怀疑到合作，从把农民看作英雄到把企业家视为英雄，从封闭到

① 戈比·杰弗瑞. 走向休闲社会：中国未来前景的展望[J]. 白雪莲，王丰年，译. 自然辩证法研究，2001，17（12）：62-65.

参与，从肯定到怀疑的社会转型期。

在这一社会背景下，休闲在中国人的生活中也起着越来越重要的作用。中国目前的形势提供了这样的可能性：成千上万的中国人找到了生活更加宽泛的含义，因为生活不仅仅意味着工作和家庭的存在，并且提出了新的严峻挑战，如果不能把休闲问题解决好，那么生活中其他领域的问题也将会浮出水面。

1. 很好地利用休闲意味着一个人必须接受关于休闲的教育。在学习、工作的同时，如果中国的公共教育没有教学生如何很好地休闲，那么自由时间将消磨在诸如看电视、大众媒体和娱乐的消极休闲上。这样的情形会产生一些消极后果，中国人对电视机的拥有量不断提高，就像电视机在美国一样，电视机给人们带来娱乐、消遣的同时，最终是向人们兜售商品。当今世界，人们平均每星期有 35～40 个小时消磨在消极休闲行为中。怎样帮助一些人超越消极休闲行为，是我们共同面临的困境。

2. 中国对其休闲和旅游观光的规划应突出个性化和分散化的需求。目前，中国人在享有越来越多自由时间的同时，也造成了交通系统紧张，各旅游景点和休闲度假场所的过度拥挤。如果休息时间全年分散开，并允许人们可以自主决定何时休假，那么长假日对 12.9 亿中国人所造成的负面影响可能会减少。旅游仅集中于少数几座城市也是一个值得注意的问题。数百万的游人涌到已经拥挤不堪的、人口密度高达 400 人每平方千米的东部沿海城市或附近地区，再加上迁移的农村人口的涌入，导致了比以往任何时候都严重的环境问题。旅游应实行分散化，鼓励游客到人口不很稠密并有丰富的文化和历史、优美的自然风光的中国农村去体验乡村生活。强调"生态旅游"，有助于保护旅游地区的文化和环境。越来越多的证据显示游客们追求最大程度的参与真实的亲身经历，而且对那些能使他们与当地居民相互接触、为他们提供学习机会的各种经历也兴趣盎然。"大众休闲"（Mass Leisure）和"大众旅游"（Mass Tourism）会给中国带来许多社会和环境问题，这些问题可以通过节假日的个性化休闲和推行大众旅游转向农村地区的生态旅游运动得到缓解。

3. 在制定与休闲有关的任何政策时，必须承认在中国的各个地区存在着经济发展的不同阶段，因此合理的休闲和旅游政策必须与不同的地区相适应。

4. 随着经济的发展，会暂时出现一种"有闲阶级"，这个群体的人们拥有大量的财力和可供自由支配的时间，在休闲时他们用其拥有的资源向人们炫耀自己的财富，以此显示自己高人一等。起初，中国人会觉得富有是光荣的，但不断拉大的贫富差距会带来诸多社会问题。

5. 如果休闲是经济富裕的副产品，那么它会改变年轻一代的现有生活观念。据说日本的年轻人现在选择“享受而非付出，娱乐而非工作，消费而非生产，欣赏而非创造”。只知道丰衣足食，在父母的庇护下长大成人的这代年轻人，将不会愿意从事卑微的工作。中国决不能以此为榜样。

6. 在休闲活动方面，中国人的休闲生活如何避免被各大跨国公司所支配呢？美国人的大部分闲暇时间是由各大跨国公司支配的，像迪斯尼下属的主题公园、集电视—体育—娱乐为一体的企业集团、各种疗养胜地、快餐连锁店等。虽然这些大公司倡议的休闲是很重要的方式，但是他们的能量过于强大，他们完全可以控制你的休闲生活。如果中国人放弃生命所赋予娱乐和休闲的责任和义务，那么休闲的意义就将大打折扣，休闲活动将可能只有各大跨国公司所倡导的休闲方式。在这方面美国是一面很好的镜子。

我们并不是反对大公司的参与，只是他们在为中国人民提供更有意义的休闲体验方面不能代替政府和非营利组织。在屏弃和接受外来影响时，千万不要从一个极端到另一个极端。在休闲方面，我们有理由担心有人会毫无批判地接受西方的休闲方式。需要清醒的是美国人因食用农业综合企业制造的“方便食品”已经成为世界上最肥胖的民族之一，而且美国的高消费型休闲模式可以在某种程度上解释美国比其他任一国家对臭氧层的损害更严重，虽然美国的人口还不到世界人口的5%。

7. 需要进一步发展和帮助那些提供有意义的休闲活动的各种组织。这样的组织可以具有广泛的功能，包括推广特定的休闲活动和设施，许多休闲组织会使人们对特定的娱乐和休闲活动感兴趣。

8. 当中国大力规划新城市，以便分流并安居来自农村的上百万流动人口时，这些规划应如何满足这些移民的娱乐、运动、大众文化、接近自然、艺术需求和其他方面的休闲表达需求?

9. 就旅游业而言，中国的目标是什么？这些目标如何因地区和城市的不同而有异？如果盲目地把扩大旅游业当作发展经济是很危险的，没有高瞻远瞩是不会有发展的。如从环境、文化、经济的角度考察，大规模地增加欧洲、北美洲的游人参观武夷山会产生什么样的影响呢？用什么样的尺度来评估国内、国际旅游在中国的成功呢？在许多方面，对中国未来休闲社会的前景展望都是不可忽略的问题。

【思考题】

1. 未来社会的休闲发展趋势是怎样的?
2. 为什么说在休闲社会，工作与休闲的界线将逐渐消失并逐渐走向融合?
3. 如何理解休闲将成为人们的基本生活权利?
4. 休闲消费方式为什么必须可持续化?
5. 结合中国国情，谈谈中国未来的休闲前景。

附录 1 休闲宪章

1970 年，世界休闲组织的前身国际游憩协会正式通过了著名的《休闲宪章》。该宪章规定：休闲同健康、教育一样对人们生活至关重要；任何人都享有从事休闲活动的权利；各国政府必须承认和保护公民的这种权利。

1979 年，世界休闲组织对《休闲宪章》加以修改，并于 2000 年 7 月第六届世界休闲大会上由世界休闲组织正式批准，作为该机构的活动准则，同时也是联合国《世界人权宣言》中第 27 条休闲权的具体化补充。

按照《世界人权宣言》第 27 条，所有文化和社会在不同程度上都承认休息和休闲的权利。因为个人自由和选择是休闲的中心因素，个人能自由选择他们的活动和体验，这些活动和体验给个人和社团带来相当的益处。

《休闲宪章》的主要条款有以下九条。

1. 所有的人都拥有进行与他们同胞的社会规范与价值相一致的休闲活动的基本人权，所有的政府都有承认和保护公民这一权利的义务。

2. 为提高生活质量所提供的休闲与健康、教育等一样重要，政府应当确保公民得到最高质量的休闲与娱乐机会。

3. 个人是自己最好的休闲与娱乐资源。因此，政府应当确保提供获得这些休闲技术与知识的途径，使人们最优化他们的休闲体验。

4. 个人可以利用休闲机会来实现自我，发展私人关系，增进社会团结，发展社团与文化特性，促进国际间的了解与合作，提高生命的质量。

5. 政府应该通过保持国家的自然、社会和文化环境的质量，确保未来实现休闲体验的可能性。

6. 政府应该确保训练专业人员来帮助个人获得休闲技术，发展和发现他们的才能，扩大他们休闲与娱乐机会的范围。

7. 公民必须拥有获得所有形式的关于休闲性质和机会的休闲信息，利用它们来提高知识并影响本地和全国政策的制定。

8. 教育机构必须尽最大努力传播休闲的本质与重要性，以及如何将这些知识融入个人的生活方式中。

9. 《休闲宪章》的颁布，对于在全球范围内进一步推动休闲活动的发展，提高人类的生活质量、尊重人类追求休闲娱乐等自我发展的权利起到了积极的、有益的保障作用。

附录2 圣保罗宣言

1998年10月30日，世界休闲组织联合拉丁美洲休闲与娱乐协会、圣保罗服务组织在巴西圣保罗召开了第五届世界休闲大会，会议主题为“全球化社会中的休闲”。来自世界各地的与会代表在全球化、多样化发展背景下，就休闲与自由之间的各个领域展开讨论。

大会认为，全球化给个人与社区带来希望的同时也带来挑战。相应地，休闲的所有领域面临的挑战和机遇日益增加。休闲组织与休闲研究应当发现和培养那些能够优化集体和个人生活方式、福利等条件的因素。大会重申1948年《联合国世界人权宣言》第24款的休闲权和1983年《世界休闲组织的休闲宪章》。休闲是人们在一定约束下自由选择行动的时间，是可以使人们在与社会和价值观保持一致的前提下获得快乐的、可以充分发挥潜能实现最大抱负的体验。为促进个人与社会发展，大会呼吁联合国、各国政府、非政府组织以及所有人接受并强化这一观念。大会发表《圣保罗宣言》包括以下主要条款。

1. 所有人都拥有通过公平和稳定的经济、政治和社会政策获得休闲的权利。

2. 所有人都有在休闲中举行及分享我们多样性活动的机会和需要。

3. 所有的政府和机构都应该保护及创造文化的、技术的、自然的和建设等方面的自由环境，使人们从中获得举行和分享休闲的时间、空间、设施和表达的机会。

4. 集体与个人的努力应该被允许用来保持休闲的自由和完整性。

5. 所有政府应当制订和实施向所有人提供休闲的法律和政策。

6. 所有的公私部门都应该考虑由全球化带来的地方性、全国性、国际性后果所引起的，威胁休闲多样化和休闲质量的因素。

7. 所有公私部门都应该考虑威胁个人滥用和无用休闲的因素，例如由地方性、全国性和国际性势力所导致的异常行为和犯罪行为。

8. 所有公私部门都应该确保那些向学校和社区系统提供休闲教育课程以及培训相关志愿者和专业人力资源的项目的政策得以贯彻实施。

9. 致力于实施一项持续的、一致的研究计划，使得我们对全球化影响休闲的后果有更深入的理解。

10. 致力于传播全球化某些影响深远的因素给休闲带来的代价和好处的信息。

参考文献

[1] 米歇尔·霍尔，斯蒂芬 J 佩奇. 旅游休闲地理学——环境·地点·空间[M]. 周昌军，何佳梅，译. 3 版. 北京：旅游教育出版社，2007.

[2] 埃德加·杰克逊. 休闲的制约[M]. 凌平，刘晓杰，刘慧梅，译. 杭州：浙江大学出版社，2009.

[3] 埃德加·杰克逊. 休闲与生活质量[M]. 杭州：浙江大学出版社，2009.

[4] 方青，邬丽丽. 1980 年以来的中国休闲研究[J]. 安徽师范大学学报，2009，37（1）：60-68.

[5] 郭鲁芳. 国外休闲经济研究的历史与发展[J]. 经济学家，2004（7）：67-71.

[6] 郭鲁芳. 休闲经济学——休闲消费的经济学分析[M]. 杭州：浙江大学出版社，2005.

[7] 亨德森. 女性休闲：女性主义视角[M]. 刘耳，季斌，马岚，译. 昆明：云南人民出版社，2000.

[8] 黄世明. 休闲管理概论[M]. 台北：五南图书出版公司，2007.

[9] 杰弗瑞·戈比，沈杰明. 北美休闲研究的发展：对中国的影响[J]. 浙江大学学报，2008，38（4）：22-28.

[10] 卡拉·亨德森. 论女性、性别与休闲问题[J]. 浙江大学学报：人文社会科学版，2010（2）：31-38.

[11] 克里斯多弗 R 埃廷顿，德波若·乔顿，多纳德 G 道格拉夫，等. 休闲与生活满意度[M]. 杜永明，译. 北京：中国经济出版社，2009.

[12] 李仲广，卢昌崇. 基础休闲学[M]. 北京：社会科学文献出版社，2009.

[13] 廖小平，孙欢. 休闲价值论[J]. 湘潭大学学报：哲学社会科学版，2011，35（1）：146-150.

[14] 刘德谦，高舜礼，宋瑞. 休闲绿皮书[M]. 北京：社会科学文献出版社，2011.

[15] 吕宁. 中国城市休闲和休闲城市发展研究[M]. 北京：旅游教育出版社，2010.

[16] 马惠娣. 人类文化思想中的休闲——历史·文化·哲学的视角[J]. 自然辩

证法研究，2003（1）：55-65.
[17] 马惠娣. 休闲问题的理论探究[J]. 清华大学学报，2001（6）：71-75.
[18] 马惠娣. 西方休闲学研究述评[J]. 自然辩证法研究，2001（17）：47.
[19] 马勇，周青. 休闲学概论[M]. 重庆：重庆大学出版社，2008.
[20] 宋瑞. 休闲消费与休闲服务调查：国际经验与相关建议[J]. 旅游学刊，2005（4）：62-65.
[21] 田松青. 休闲经济[M]. 北京：新华出版社，2004.
[22] 王建华. 国外休闲理论研究及著作评述[N]. 中国旅游报，2007-7-3.
[23] 王宁. 略论休闲经济[J]. 中山大学学报：社会科学版，2000，40（3）：13-16.
[24] 王琪延. 休闲经济[M]. 北京：中国人民大学出版社，2005.
[25] 威廉姆斯，巴斯韦尔. 旅游与休闲业服务质量管理[M]. 戴斌，依绍华，译. 天津：南开大学出版社，2003.
[26] 吴承忠. 美英休闲经济的发展历程[J]. 城市问题，2009（4）：93-97.
[27] 吴承忠. 国外游憩政策研究[J]. 城市问题，2009（9）：87-90.
[28] 尹世杰. 闲暇消费论[M]. 北京：中国财政经济出版社，2007.
[29] 叶怡矜，吴崇旗，王伟琴，等. 休闲游憩概论：探索生命中的休闲[M]. 台北：品度股份有限公司，2005.
[30] 于光远. 论普遍有闲的社会[M]. 北京：中国经济出版社，2004.
[31] 于光远，马惠娣. 十年对话——关于休闲学研究的基本问题[M]. 重庆：重庆出版社，2008.
[32] 袁其微. 刍议休闲的伦理原则[J]. 经济与社会发展，2009，5：126-128.
[33] 约翰·凯利. 走向自由[M]. 赵冉，译. 昆明：云南人民出版社，2000.
[34] 约翰·特伯莱. 休闲经济与案例分析[M]. 李文峰，译. 沈阳：辽宁科学技术出版社，2007.
[35] 约瑟夫·皮珀. 闲暇：文化的基础[M]. 刘森尧，译. 北京：新星出版社，2005.
[36] 张宫熊. 休闲事业概论[M]. 台北：扬智文化事业股份有限公司，2002.
[37] 朱寒笑，苗大培. 欧洲休闲政策的演变[J]. 体育文化导刊，2009，2：155-158.